tägliches Manna

tägliches Manna

Mit der Bibel durch das Jahr **2021**

Beröa-Verlag
Postfach
CH-8038 Zürich
www.beroea.ch

Die Bibelzitate sind der überarbeiteten Elberfelder-Übersetzung
(Edition CSV-Hückeswagen) entnommen.

Bilder:
© Pavel Klimenko, manyakotic, meandering emu, cannes106 – stock.adobe.com

Verantwortlich für den Inhalt: Marcel Graf / Matthias Billeter

© Beröa-Verlag Zürich 2020
Druck: BasseDruck, Hagen
ISBN 978-3-03811-093-4

393

«Gideon schlug gerade Weizen aus in der Kelter, um ihn vor Midian in Sicherheit zu bringen. Und der Engel des HERRN erschien ihm und sprach zu ihm: Der HERR ist mit dir, du tapferer Held!» (Richter 6,11.12).

Zur Zeit Gideons drangen die Midianiter immer wieder ins Land Israel ein und zerstörten die Getreidefelder. Was tat Gideon in dieser Situation? Trotz der Bedrohung durch die Feinde pflanzte er Weizen an. Nach der Ernte drosch er heimlich das Getreide, um Nahrung für sich und seine Familie zu sichern.

Die Midianiter sind ein Sinnbild des Irdischen, das uns so sehr in Anspruch nehmen will, dass wir keine Zeit mehr finden, uns und unsere Familie durch das Wort Gottes geistlich zu ernähren. Wie schnell kommt das Bibellesen zu kurz, weil dies und das erledigt werden muss!

Das Beispiel von Gideon spornt uns an, trotz der täglichen Verpflichtungen das persönliche Lesen des Wortes Gottes und die Andacht in der Familie nicht zu vernachlässigen. Das «tägliche Manna» möchte uns dabei unterstützen. Es gibt jeden Tag einen Abschnitt aus der Bibel an und erklärt ihn kurz.

Das «tägliche Manna» führt nach und nach durch alle Bücher der Bibel, wechselt aber im Lauf eines Jahres zwischen Büchern aus dem Alten und dem Neuen Testament ab.

Diese Bibellesehilfe existiert seit 1982. Die früheren Jahrgänge sind unter www.beroea.ch erhältlich.

Gott hat vier gläubige Männer beauftragt, einen Bericht über das Leben und den Kreuzestod des Herrn Jesus zu verfassen. Unter der Leitung des Heiligen Geistes hat jeder von ihnen über eine besondere Herrlichkeit des Erlösers geschrieben. Als Folge davon weichen die vier Evangelien in den Einzelheiten voneinander ab. Diese Unterschiede dürfen wir niemals als Widersprüche auffassen. Sie bestätigen vielmehr, dass der Geist Gottes jeden Schreiber inspiriert hat, um Christus von einer besonderen Seite zu zeigen.

- Matthäus beschreibt den Herrn Jesus als *König* Israels. Darum beginnt er mit dem Geschlechtsregister, das seine Abstammung von König David bestätigt.

- Markus stellt Jesus Christus als *Diener* Gottes vor. Nach einer kurzen Einführung berichtet er sofort über das unermüdliche Wirken des Herrn.

- Lukas hat den Auftrag bekommen, das *Menschsein* des Herrn Jesus zu betonen. Darum schreibt er am Anfang ausführlich über die Geburt des Erlösers.

- Johannes zeigt Jesus Christus als den ewigen *Sohn Gottes*. In der Fülle der Zeit ist Er Mensch geworden, hat aber nicht aufgehört, Gott zu sein.

Beim Lesen der vier Evangelien betrachten wir den Herrn Jesus aus verschiedenen Blickwinkeln. Dabei kommen wir immer wieder zum Schluss, dass Er eine herrliche, unergründliche Person ist. Das führt uns zur Anbetung.

Lukas war ein Mitarbeiter des Apostels Paulus. Er schrieb zwei Bibelbücher: das Lukas-Evangelium und die Apostelgeschichte. Es war ihm ein besonderes Anliegen, die *Gnade Gottes* vorzustellen. Sie ist durch das Kommen des Herrn Jesus auf der Erde erschienen und durch das Wirken der Apostel den Menschen bekannt gemacht worden.

Als Arzt hatte Lukas eine gute Kenntnis über den Menschen nach Geist, Seele und Körper. Deshalb war er geeignet, in seinem Evangelium Jesus als *wahren, sündlosen Menschen* vorzustellen.

**FREITAG
1. JANUAR**

Weil Lukas nicht zu den Jüngern gehörte, die dem Herrn gefolgt waren, stützte er seine Berichterstattung auf das ab, was die Apostel als Augenzeugen über das Leben und den Tod des Erlösers berichteten. Zugleich wurde er beim Schreiben vom Heiligen Geist inspiriert. Das gibt uns die Sicherheit, dass seine Erzählung wahr ist. Der Apostel Paulus bestätigt in 1. Timotheus 5,18, dass das Lukas-Evangelium zum geschriebenen Wort Gottes gehört. Er zitiert dort einen Satz aus Lukas 10,7 und bezeichnet ihn als eine Aussage der Schrift.

Wenn es in Vers 3 heisst, dass Lukas «der Reihe nach» geschrieben hat, ist damit nicht eine genaue chronologische Erzählung gemeint. Er hat in seinem Evangelium die Ereignisse und Tatsachen mehr in einer moralischen Ordnung zusammengestellt, um eine geistliche Abfolge aufzuzeigen. Noch heute – nach fast 2000 Jahren – werden wir beim Lesen im Herzen davon überzeugt, dass sich alles so zugetragen hat. Das Wort Gottes ist tatsächlich zuverlässig (Psalm 19,8).

Der Priester Zacharias und seine Frau Elisabeth gehörten zu den wenigen Menschen in Israel, die eine lebendige Glaubensbeziehung zu Gott hatten. Die Auswirkungen davon wurden in ihrem Verhalten sichtbar:

- *Sie waren gerecht vor Gott.* Weil sie seine Autorität über sich anerkannten, wollten sie das tun, was in seinen Augen recht ist.
- *Sie wandelten untadelig in allen Geboten und Satzungen des Herrn.* Gottes Wort war die Richtschnur ihres Lebens.

SAMSTAG
2. JANUAR

Obwohl Zacharias und Elisabeth treu für Gott lebten, hatten sie ein Problem: Sie waren kinderlos. Wie gingen sie damit um? Sie machten diese Not zu einem Gebet (Vers 13). Bestimmt flehten sie lange um ein Kind zu Gott, denn sie waren schon älter geworden.

Gott knüpfte bei diesem Ehepaar an, um mitten in jüdischen Einrichtungen, Gefühlen und Erwartungen seine Gnade zu offenbaren, die allen Menschen gilt. Ist das nicht bemerkenswert? Zacharias befand sich im Tempel, um dem HERRN zu räuchern, als ihm ein Engel erschien und ihm einen Sohn ankündigte. Der Name Johannes bedeutet: «Der Herr ist gütig.» Gott erwies seine Güte nicht nur den Eltern dieses Kindes, sondern allen, die in Israel auf Erlösung warteten. Johannes würde das Volk zur Buße und zur Umkehr aufrufen, um dem Herrn ein zugerüstetes Volk zu bereiten. In ihm sollte sich erfüllen, was der letzte Prophet im Alten Testament angekündigt hatte (Maleachi 3,1). Für diesen Dienst war es unerlässlich, dass Johannes ein Nasir war (4. Mose 6), damit der Geist Gottes ungehindert wirken konnte.

Der Glaube von Zacharias war nicht so gross wie seine Bitte. Es gelang ihm nicht, die Erhörung seiner Gebete vertrauensvoll anzunehmen. Stattdessen zweifelte er aufgrund des vorgerückten Alters an den Aussagen Gottes. – Verhalten wir uns nicht oft ebenso? Anstatt uns auf Gottes Wort zu stützen, wägen wir alles anhand der menschlichen Möglichkeiten ab. Dadurch offenbaren wir unseren Unglauben.

SONNTAG

3. JANUAR

In seiner Antwort bestätigte der Engel Gabriel zuerst, dass er als Bote Gottes redete. Deshalb war seine Mitteilung absolut glaubwürdig. Dann kündigte er Zacharias ein Zeichen an, woran er erkennen konnte, dass sich das Wort Gottes erfüllen würde: Bis zum Zeitpunkt der Geburt seines Sohnes würde der Priester stumm sein. Das war eine Erziehungsmassnahme aufgrund seines mangelnden Glaubens.

Als Zacharias aus dem Tempel kam, konnte er das Volk nicht wie gewohnt segnen. Damit machte Gott am Anfang dieses Evangeliums deutlich, dass es unter dem Gesetz keine Aussicht auf Segen gibt, weil der Mensch unfähig ist, die Gebote Gottes zu befolgen. Die Gnade musste nun einschreiten, um im Tod des Herrn Jesus einen Weg zu schaffen, auf dem der Segen zu allen Menschen fliessen kann.

Elisabeth wurde schwanger. Sie erkannte, dass sie diese Güte nicht verdient hatte. Darum verbarg sie sich. Nie wollte sie die Schmach vergessen, die wegen ihrer Kinderlosigkeit auf ihr gelegen hatte. Bescheiden blieb sie im Hintergrund, bis es Gott gefiel, die bewirkte Frucht sichtbar werden zu lassen.

Im verachteten Ort Nazareth wohnte eine unbekannte Jungfrau mit Namen Maria. Sie war mit Joseph verlobt, der ein Nachkomme der königlichen Familie Davids war, jedoch wegen des Verfalls in Israel als einfacher Zimmermann arbeitete. Zu dieser gottesfürchtigen Frau kam der Engel Gabriel, um ihr anzukündigen, dass sie die Mutter des Messias werden sollte. Was er ihr in den Versen 32 und 33 mitteilt, wird sich im Tausendjährigen Reich erfüllen. Dann wird Christus als Nachkomme Davids segensreich über Israel herrschen.

MONTAG
4. JANUAR

Im Gegensatz zum Johannes-Evangelium, das die ewige Gottheit des Herrn Jesus hervorhebt, geht es im Lukas-Evangelium mehr um seine wahre Menschheit. Er ist vom Heiligen Geist gezeugt und von einer Jungfrau geboren worden. Das ist ein unerklärliches Wunder, das wir ehrfurchtsvoll bewundern. Ein Prophet hat es vorausgesagt: «Siehe, die Jungfrau wird schwanger werden und einen Sohn gebären» (Jesaja 7,14).

Maria reagiert anders als Zacharias. Sie stellt zwar auch eine Frage. Aber darin offenbart sich nicht Unglaube, sondern der demütige Wunsch, mehr über die angekündigte Geburt zu erfahren. Der Engel erklärt ihr in Vers 35, wie dieses Wunder geschehen soll. Hier wird die wichtige Wahrheit vorgestellt, dass der Herr Jesus durch Geburt Sohn Gottes ist (vgl. Psalm 2,7). Zugleich ist Er auch der ewige Sohn Gottes (Johannes 1,1.2).

Diese wunderbare Gnade, die Maria erfährt, macht sie nicht hochmütig. Im Gegenteil! Demütig sagt sie Ja zum göttlichen Plan mit ihr. Von ihrer Gesinnung können wir viel lernen.

Maria reist nach Judäa, um Elisabeth zu besuchen und mit ihr das zu teilen, was ihr der Engel angekündigt hat. Es ist nicht die Verwandtschaft, die diese beiden gottesfürchtigen Frauen miteinander verbindet, sondern der Glaube an Gott. Bevor Maria etwas erzählen kann, erkennt Elisabeth durch den Heiligen Geist, dass die Mutter des Messias zu ihr kommt. Dann hebt sie den Glauben Marias hervor, der schlicht und einfach die Mitteilung Gottes angenommen hat.

DIENSTAG
5. JANUAR

Wir haben hier ein schönes Beispiel von der erbaulichen Gemeinschaft, die Paulus in Römer 1,12 erwähnt: «Das ist aber, um mit euch getröstet zu werden in eurer Mitte, ein jeder durch den Glauben, der in dem anderen ist.»

Ab Vers 46 bringt Maria ihre geistlichen Empfindungen zum Ausdruck, die auf einer guten Kenntnis des Wortes Gottes beruhen. Sie beginnt ihren Lobpreis mit der Einsicht, dass sie auf die Gnade Gottes angewiesen ist und einen Erretter nötig hat (Vers 47). Es ist ihr auch bewusst, wie gross seine Gnade ist, die sie zur Mutter des Messias bestimmt hat (Vers 48). Darum erhebt sie den Herrn und rühmt seine Macht, seine Heiligkeit und seine Barmherzigkeit (Verse 49.50).

Maria bewundert das Handeln Gottes, das durch den doppelten Grundsatz gekennzeichnet ist: Er widersteht den Hochmütigen und erweist den Demütigen seine Gnade (Verse 51-53). Sie freut sich, dass der Herr wieder bei Israel anknüpft, um seine Verheissungen an Abraham zu erfüllen (Verse 54.55). Nur auf dieser Basis kann das irdische Volk Gottes gesegnet werden.

Was der Engel dem Priester Zacharias angekündigt hat, trifft nun ein. Seine Frau Elisabeth bringt ein Kind zur Welt. Ihre Nachbarn und Verwandten freuen sich mit ihr, dass Gott ihr durch die Geburt eines Sohnes seine Barmherzigkeit erwiesen und die Schmach der Kinderlosigkeit weggenommen hat. Aber das göttliche Erbarmen gilt auch seinem Volk, denn dieses Kind soll der Vorläufer des Messias werden.

**MITTWOCH
6. JANUAR**

Die Gottesfurcht dieses gläubigen Ehepaars zeigt sich darin, dass sie das Wort Gottes befolgen und ihren Sohn am achten Tag beschneiden (3. Mose 12,3). Nun muss Zacharias entscheiden, wie das Kind heissen soll. Er gehorcht der göttlichen Anweisung durch den Engel und schreibt auf die Tafel: «Johannes ist sein Name.» Er handelt jetzt im Glauben, aber es ist ein jüdischer Glaube, der auf das Sehen folgt. Er gleicht darin Thomas, zu dem der Herr Jesus sagt: «Weil du mich gesehen hast, hast du geglaubt. Glückselig sind, die nicht gesehen und doch geglaubt haben!» (Johannes 20,29). Der christliche Glaube ist dadurch gekennzeichnet, dass man glaubt, ohne zu sehen (1. Petrus 1,8).

Gott nimmt die Erziehungsmassnahme weg. Zacharias erlangt die Sprache zurück. Sein Lob zeigt deutlich, dass die Zweifel aus seinem Herzen verschwunden sind. Die Menschen, die von diesem Wunder hören, fürchten sich und werden nachdenklich. Sie erkennen, dass Gott nach einer langen Zeit des Schweigens wieder in seinem Volk zu wirken beginnt. Können sie das helle Licht seiner Gegenwart ertragen?

In seinem Lobpreis bringt Zacharias zum Ausdruck, dass Gott mit der Geburt von Johannes wieder Kontakt mit Israel aufnimmt, um sein Volk schliesslich in den verheissenen Segen des Reichs zu führen. Wir können in seinen Worten zwei Schwerpunkte erkennen:

DONNERSTAG
7. JANUAR

- Die Verse 68-75 beschreiben das Handeln Gottes durch den Messias zugunsten seines Volkes bis ins Tausendjährige Reich.
- In den Versen 76-79 geht es um die Aufgabe von Johannes dem Täufer als Vorläufer des Herrn Jesus.

Durch das Kommen des Messias besucht Gott sein Volk und gibt ihm einen Erlöser und König. Durch Ihn wird Israel in der Zukunft von allen Feinden befreit werden. Diese Rettung gründet sich auf die Barmherzigkeit Gottes und auf seine Verheissungen an Abraham. Auf der Grundlage des Gesetzes vom Sinai hat Israel alles verspielt. Nur die Gnade kann dieses Volk retten und segnen.

Die Rettung hat zum Ziel, dass die Menschen in Israel ohne Angst Gott dienen und ein gottesfürchtiges, gerechtes Leben führen können. – Wir erkennen hier einen Grundsatz, der auch für uns gilt: Gott hat uns im Herrn Jesus errettet, damit wir für Ihn leben und Ihm dienen (2. Korinther 5,15).

Johannes der Täufer bekommt den Auftrag, die Menschen in Israel zur Buße aufzurufen und ihnen so den Weg zur Vergebung der Sünden zu zeigen (Kapitel 3,2-4). Wenn sie auf ihn hören, sind sie für Christus bereit, dessen Kommen als «Aufgang aus der Höhe» bezeichnet wird. Er ist das Licht aus dem Himmel, das denen, die in der Finsternis sind, eine Hoffnung gibt.

Das Volk Israel steht wegen seiner Sünden unter Fremdherrschaft und muss die Anordnung des römischen Kaisers befolgen. So gehen Joseph und Maria nach Bethlehem, um sich dort einschreiben zu lassen.

Doch dahinter steht Gott, der alles in seiner Hand
hält. Er benutzt die Verfügung des damals mächtigs-
ten Menschen auf der Erde, um seine Pläne zu erfüllen:
Der Messias muss in der Stadt Davids geboren werden,
wie es ein Prophet angekündigt hat: «Du, Bethlehem-
Ephrata, zu klein, um unter den Tausenden von Juda zu
sein, aus dir wird mir hervorkom-
men, der Herrscher über Israel
sein soll» (Micha 5,1).

**FREITAG
8. JANUAR**

Wir sehen hier, wie der Sohn
Gottes als Mensch zu seinem irdischen Volk kommt, das
unter einem fremden Joch steht. Freiwillig teilt Er das
Los der Menschen in Israel und nimmt diesen Platz der
Erniedrigung ein. Welche Gnade!

Doch Er steigt noch tiefer hinab. Weil seine Eltern
arm sind, ist in der Herberge kein Platz für sie. Der Sohn
Gottes, der Mensch wird, nimmt auch diese Entbehrung
auf sich. Das Kind Jesus wird nach seiner Geburt in eine
Krippe gelegt. Wie gross ist seine Liebe, die Ihn auf die
Erde herabführt und diesen Platz der Verachtung einnehmen lässt!

Eine weitere Herrlichkeit berührt unsere Herzen: Der
Sohn Gottes kommt als kleines Kind in die Welt und
nimmt so an der Schwachheit des menschlichen Lebens
teil. Er ist vollständig auf die Hilfe und Pflege seiner
Mutter angewiesen. Doch gleichzeitig hält Er das ganze
Universum durch das Wort seiner Macht aufrecht.

Die Hirten gehören nicht zur Elite des Volkes und leben abseits von der unruhigen und sündigen Welt. Sorgfältig versorgen und bewachen sie ihre Herde. Nun sind sie die Ersten, denen Gott die Geburt des Herrn Jesus mitteilt. Damit zeigt Er deutlich, was Er wertschätzt und was Er ablehnt. Die Weisheit und der Hochmut der Welt gelten vor Ihm nichts. Aber Bescheidenheit und Treue sind Ihm wichtig.

SAMSTAG
9. JANUAR

Die gläubigen Hirten brauchen sich vor der Offenbarung göttlicher Herrlichkeit nicht zu fürchten. Im Gegenteil! Sie können sich über die Geburt Jesu freuen, weil Er dem Volk den verheissenen Segen bringen wird. Der Engel nennt drei Namen oder Titel des neugeborenen Kindes, die alle etwas über Ihn aussagen. Als *Erretter* starb der Herr Jesus am Kreuz, um uns zu erlösen. Er ist auch der *Christus,* der alle Verheissungen über den Messias erfüllen wird. Als *Herr* besitzt Er Macht und Autorität. Doch wir unterordnen uns Ihm gern, weil Er gütig ist.

In ihrem Lob bringen die Engel die ganze Tragweite der Geburt des Herrn Jesus zum Ausdruck:

a) «Herrlichkeit Gott in der Höhe.» Die Menschwerdung des Sohnes offenbart die Herrlichkeit Gottes, die sich dem Sünder zuneigt und ihm seine Gnade anbietet.

b) «Friede auf der Erde.» Das Kommen des Sohnes Gottes als Mensch ist der Auftakt zum Frieden, den Er allen Glaubenden gibt und in seinem Reich schaffen wird.

c) «An den Menschen ein Wohlgefallen.» Die Geburt des Herrn Jesus macht klar, dass Gott ein wohlwollendes und liebendes Interesse an den Menschen hat.

Der Glaube in den Herzen der Hirten wird aktiv. Sie gehen schnell nach Bethlehem und treffen dort alles so

SONNTAG
10. JANUAR

an, wie Gott es ihnen durch den Engel gesagt hat. Sie haben eine Mitteilung *gehört* und das Kind *gesehen*. Was tun sie nun?

- Sie erzählen das, was sie über Jesus gehört haben, weiter (Vers 17). Damit bezeugen sie, dass Christus als Erretter auf die Erde gekommen ist. – Auch wir dürfen diese gute Botschaft weitersagen.
- Die Hirten loben Gott für alles, was sie gehört und gesehen haben (Vers 20). – Genauso können wir unseren Gott für die Gnade rühmen, die Er uns in der Sendung seines Sohnes als Erlöser erwiesen hat.

Interessant ist das Verhalten von Maria in Vers 19. Sie hält die Worte über Jesus Christus glaubensvoll im Herzen fest und denkt zu ihrer Freude darüber nach. Darin gibt sie uns ein nachahmenswertes Beispiel.

Der Herr Jesus ist als Israelit auf die Welt gekommen. Darum wird Er nach der göttlichen Anordnung am achten Tag beschnitten. Er lebt im Volk Gottes und unter Gesetz, aber Er ist gekommen, um die Gnade allen Menschen zu bringen. Dementsprechend erklärt Er später der samaritischen Frau: «Das Heil ist aus den Juden» (Johannes 4,22).

Auch im Blick auf die Mutter wird nach dem Gesetz gehandelt (3. Mose 12,6-8). Das Opfer, das die Eltern für sie darbringen, macht deutlich, dass sie wenig begütert sind. Es fehlen ihnen die Mittel für ein Schaf zum Brandopfer. Darum opfern sie zwei Tauben, wie Gott es für arme Israeliten vorgesehen hat.

In Jerusalem gab es ein paar Gläubige, die gottesfürchtig lebten und auf den Messias warteten. Zwei von
ihnen, die schon alt geworden waren, erfuhren nun,
dass Christus zu seinem Volk gekommen war.

Simeon *lebte gerecht,* d. h. er verhielt sich so, wie es
vor Gott recht ist. Er *war gottesfürchtig* und hielt sich vom
Bösen fern. Schliesslich *wartete er auf den Trost Israels:*
Er glaubte, dass sich Gottes Verheissung erfüllen und
Christus kommen würde. Unter
der Leitung des Heiligen Geistes
trat er zum richtigen Zeitpunkt in
den Tempel, um den Erlöser und

MONTAG
11. JANUAR

Tröster zu sehen. Wie glücklich war Simeon darüber! Über
das Kind in seinen Armen machte er zwei Aussprüche:

- Die Verse 29-32 drücken aus, dass der Herr Jesus
  die Pläne Gottes offenbaren und erfüllen wird. In der
  Zeit der Gnade ist Er der Heiland der Welt und in der
  Zukunft der Retter Israels.
- In den Versen 34 und 35 spricht Simeon darüber, wie
  Jesus Christus *die Herzen der Menschen offenbart.*
  Durch Ihn wird jeder ins göttliche Licht gestellt und
  muss sich entscheiden, wie er zu Ihm steht.

Anna hatte kein einfaches Leben. Sie war früh Witwe
geworden und stand allein da. Darum hielt sie sich ganz
an ihren Gott. Sie wich nicht vom Tempel und führte ein
aktives Gebetsleben. Trotz ihrer traurigen Umstände
fand sie Grund zum Danken und Loben. Warum? Weil
sie Gott und seine Herrlichkeit kannte. Welche Freude
für sie, dass der Messias geboren war! Diese Botschaft
musste sie allen weitererzählen, die in Jerusalem auf
Erlösung warteten.

Dieser Abschnitt zeigt uns zwei Seiten des Herrn Jesus, die sich wie zwei Linien durch die Verse ziehen. Als *Mensch* wuchs Er ganz normal vom Kind zum Erwachsenen heran. Zugleich war Er jedoch *Gottes Sohn,* der stets eine Beziehung zu Gott, dem Vater, hatte.

DIENSTAG
12. JANUAR

- Jesus sollte unter den Armen und Geringen des Volkes aufwachsen. Darum kehrten seine Eltern nach Galiläa zurück und wohnten in der verachteten Stadt Nazareth (Mt 2,23; Joh 1,46). Welche Erniedrigung war das für den Sohn Gottes!
- In seinem körperlichen und geistigen Wachstum entwickelte sich Jesus wie jedes andere Kind. Er wurde grösser und stärker. Aber als Sohn Gottes war Er immer vollkommen an Macht und Weisheit.
- Als Zwölfjähriger ging Er mit seinen Eltern nach Jerusalem, um nach den Anweisungen Gottes das Passah zu feiern. Weil Er Gottes Sohn war, musste Er in dem sein, was seines Vaters war. Darum blieb Er im Tempel.
- Dort sass Er inmitten der Lehrer. Er hörte zu und stellte Fragen, wie es für einen Zwölfjährigen angemessen war. Dennoch wusste Er als Sohn Gottes alles besser als die Lehrer, so dass sie über seine Antworten und sein Verständnis staunten (Ps 119,99).
- Jesus kehrte mit seinen Eltern nach Nazareth zurück und unterordnete sich ihnen. Aber als Sohn Gottes stand Er über allem und tat das, was der Vater Ihm auftrug.

Joseph und Maria hatten seine Herrlichkeit als Sohn des Vaters nicht erkannt. Deshalb verstanden sie sein Verhalten nicht. Sie wären Ihm sonst anders begegnet und hätten geschwiegen.

Die ersten beiden Verse beschreiben den Zustand im Volk Gottes. Es stand unter römischer Fremdherrschaft. Das Land Israel war in verschiedene Bezirke aufgeteilt, die durch Statthalter für den Kaiser verwaltet wurden. Es gab zwei Hohepriester, was nicht den Gedanken Gottes entsprach.

In dieser traurigen Situation begann Johannes der Täufer seinen Dienst. Durch das prophetische Wort, das er verkündete, nahm Gott wieder mit seinem Volk Verbindung auf. Sein Aufruf an die Menschen enthielt drei Schwerpunkte:

MITTWOCH
13. JANUAR

1) *Tut Buße!* Das ist eine Sache des Herzens. Es geht um die persönliche Einsicht, gegen Gott gesündigt und seine Strafe verdient zu haben.
2) *Lasst euch taufen!* Das ist eine äussere Handlung, ein Bekenntnis vor den Menschen. Hier handelt es sich darum, sich zu Gott und zu seinem Messias zu bekennen.
3) *Ihr bekommt Vergebung der Sünden!* Das ist Gottes gnädige Antwort auf die Buße und das Bekenntnis des Menschen.

Johannes der Täufer kündigte auch das Kommen des Herrn an. Dazu zitierte er Jesaja 40,3-5. Gott selbst würde in Christus sein Volk besuchen. Aber darauf mussten die Herzen der Menschen durch Buße und Glauben vorbereitet sein, sonst würde sein Kommen Gericht für sie bedeuten. Darum appellierte der Bußprediger an das Gewissen des Einzelnen. Wie dringlich war eine echte Buße und Umkehr zu Gott, wenn sein Strafgericht kurz bevorstand! Die natürliche Abstammung von Abraham reichte nicht aus, um verschont zu werden und den Segen zu bekommen.

In Vers 8 hatte Johannes der Täufer die Menschen aufgefordert: «Bringt nun der Buße würdige Früchte.» Nun erklärte er den verschiedenen Gruppen, wie diese Frucht in ihrem Leben aussehen konnte: Tätige Nächstenliebe und praktische Gerechtigkeit zeigen im Alltag, dass innerlich eine Umkehr zu Gott stattgefunden hat. Das gilt heute genauso wie damals.

DONNERSTAG
14. JANUAR

Johannes war nicht der Messias, sondern dessen Vorläufer. Seine Aufgabe war eine doppelte:

a) Er sollte den Weg für den Herrn in Herz und Leben der Menschen bereit machen. Das tat er durch den Aufruf zur Buße.

b) Er hatte den Auftrag, Christus anzukündigen und die Aufmerksamkeit auf Ihn zu richten. Darum versuchte der Vorläufer, möglichst im Hintergrund zu bleiben.

Der Herr Jesus war stärker und vornehmer als sein Vorläufer, denn Er war eine göttliche Person. Nur Gott kann mit Heiligem Geist taufen, was an Pfingsten geschah (Apostelgeschichte 2,1-4; 1. Korinther 12,13). Dadurch offenbarte sich die Macht des Herrn in Gnade, um mitten in einer bösen Welt zum Segen zu wirken. In der zukünftigen Gerichtszeit wird Er mit Feuer taufen. Dann wird sich seine Macht im Strafgericht gegen das Böse in der Welt entfalten.

In den Versen 18-20 sehen wir, dass Johannes der Täufer seinen Dienst ohne Ansehen der Person und ohne Rücksicht auf sich selbst tat. Das Verhalten von Herodes zeigt eindrücklich, wie ein Mensch reagiert, der im Gewissen getroffen ist, aber nicht Buße tun will: Er bringt den Mahner zum Schweigen.

Durch den Dienst von Johannes dem Täufer wurden einige Menschen in Israel zur Buße geführt. Sie sahen sowohl ihr eigenes Fehlverhalten als auch das Versagen Israels ein und liessen sich taufen. So stellten sie sich an den *Platz der Demütigung vor Gott,* der eigentlich für das ganze Volk angebracht war.

Obwohl Jesus ohne Sünde war und darum weder Buße tun noch Sünden bekennen musste, stellte

FREITAG

15. JANUAR

Er sich durch seine Taufe auf die gleiche Stufe wie die bußbereiten Menschen in Israel. Auf diese Weise nahm Er den *Platz der Demut vor Gott* ein und verband sich mit den Glaubenden, an denen Er seine Freude fand (Psalm 16,3). Ausserdem lebte Er als Mensch in ständiger *Abhängigkeit von Gott,* was sich in seinem intensiven Gebetskontakt äusserte (Psalm 109,4b).

Dieses vollkommene Verhalten des Herrn Jesus am Jordan blieb nicht ohne Antwort. Der Himmel öffnete sich und drückte auf eine doppelte Weise seine volle Anerkennung aus:

- Zuerst kam der Heilige Geist in leiblicher Gestalt wie eine Taube herab und blieb auf Ihm. Damit bestätigte Gott, dass Jesus sündlos war.
- Dann bezeugte der Vater seine Beziehung zu seinem geliebten Sohn auf der Erde und zeichnete Ihn vor allen aus: «An dir habe ich Wohlgefallen gefunden.»

Der geliebte Sohn des Vaters ist gleichzeitig wahrer Mensch. Das wird durch den Abstammungsnachweis, der bis auf Adam zurückgeht, deutlich hervorgehoben. Er ist der letzte Adam, der gekommen ist, um verlorene Menschen zu erretten (1. Korinther 15,45; Lukas 19,10).

Der Heilige Geist führte Jesus in die Wüste, wo Er vom Teufel versucht wurde. Diese Versuchung von aussen liess sichtbar werden, wie vollkommen der Mensch vom Himmel ist. Dadurch wird auch der grosse Gegensatz zu Adam offenbar: Während sich der erste Mensch im Garten Eden unter besten Bedingungen zum Ungehorsam verführen liess, wehrte der zweite Mensch in der Wüste unter schwersten Bedingungen alle Angriffe Satans ab. Dazu benutzte Er immer das Wort Gottes.

SAMSTAG

16. JANUAR

Die erste Versuchung betraf den *irdischen Bereich*: «Wenn du Gottes Sohn bist, so sprich zu diesem Stein, dass er zu Brot werde.» Doch der Herr Jesus wollte lieber Hunger leiden, als etwas unabhängig von Gott tun. Er wollte nur handeln, wenn Er einen göttlichen Auftrag besass.

Mit der zweiten Versuchung sprach Satan den *weltlichen Bereich* an. Er zeigte Jesus alle Reiche der Erde und sprach: «Dir will ich diese ganze Gewalt und ihre Herrlichkeit geben ... Wenn *du* nun vor mir anbetest, soll sie ganz dein sein.» Für Jesus war Gott jedoch die einzige Autorität, der göttliche Verehrung und Anbetung zustand. Nur von Gott wollte Er die Herrschaft über alle Völker der Erde annehmen (Psalm 2,8).

In der dritten Versuchung geht es um den *geistlichen Bereich*. Der Teufel wollte den Herrn Jesus dazu verleiten, Gott herauszufordern, seine Verheissung wahr zu machen. Zu diesem Zweck zitierte er sogar einen Bibelvers. Doch Jesus erklärte: «Du sollst den Herrn, deinen Gott, nicht versuchen.» Er vertraute Ihm und brauchte keine Beweise für die Erfüllung seines Wortes. 🔖

Nun begann der Herr Jesus im Volk Gottes zu wirken. Die Begebenheit in Nazareth stellt zu Beginn drei Merkmale vor, die seine ganze Dienstzeit kennzeichneten:

1) Christus offenbart die Gnade Gottes, die verlorene Menschen erretten will.

2) Die Masse des Volkes lehnt Ihn ab, weil sie sich an der schrankenlosen Gnade stösst.

SONNTAG
17. JANUAR

3) Trotz dieses Widerstands dient der Herr weiter und begegnet den Menschen in Güte.

Sein grosser Auftrag war die Verkündigung des Wortes Gottes. In der Synagoge las Er einen Abschnitt aus Jesaja 61 vor, der genau zur aktuellen Situation passte: Nach seiner Taufe war der Geist des Herrn auf Ihn gekommen, um Ihn mit der Botschaft der Gnade zu den armen Menschen in Israel zu senden. Die Heilung von Kranken und die Befreiung von Besessenen zeigten, wie die göttliche Gnade solchen half, die sich im Elend befanden. Doch die rettende Gnade war nicht auf Israel beschränkt. Das machte der Herr durch die Beispiele aus dem Alten Testament klar. Wie reagierten die Zuhörer auf diese Botschaft?

• Zuerst *verwunderten* sie sich über die Worte der Gnade. Das war neu für sie, denn die Schriftgelehrten hatten ihnen nur die Forderungen Gottes vorgestellt.

• Dann *verachteten* sie in ihrem Unglauben die Gnade, die sich in Jesus, dem Sohn des Zimmermanns, so tief herabneigte, um die Elendesten zu erreichen.

• Schliesslich *hassten* sie die souveräne Gnade, die ihre Vorrechte als irdisches Volk Gottes unbeachtet liess. Deshalb wollten sie den Herrn Jesus umbringen.

In Nazareth hatte die *Gnade* Gottes im Vordergrund gestanden (Vers 22). In Kapernaum rückte mehr die *Vollmacht* des Herrn ins Blickfeld (Verse 32.36).

Wieder begann Jesus damit, das Wort Gottes zu verkündigen. Er benutzte die Gelegenheit, die sich am Sabbat bot, wenn die Menschen nicht arbeiteten und in die Synagoge kamen. Die Zuhörer waren über seine Worte erstaunt, denn sie waren – im Gegensatz zu den Reden der Pharisäer – kraftvoll und wirksam. Woran lag das?

- Der Herr besass göttliche Autorität. Darum konnte Er mit Vollmacht zu den Menschen reden.
- Seine Worte kamen von Gott. Sie erreichten das Herz und das Gewissen der Zuhörer (Hebräer 4,12.13).

Die Gegenwart des Sohnes Gottes in der Synagoge brachte die Anwesenheit von bösen Geistern ans Licht. Der Besessene schrie auf und sagte: «Ha! Was haben wir mit dir zu schaffen, Jesus, Nazarener?» Die Dämonen mussten Ihn als den «Heiligen Gottes» anerkennen, nahmen aber eine feindselige Haltung ein.

Der Herr Jesus hatte den Starken in der Wüste gebunden, als Er den Versuchungen des Teufels mit dem Wort Gottes widerstanden hatte. Nun konnte Er dessen Haus berauben und Menschen aus der Macht Satans befreien (Markus 3,27). Mit einem Machtwort gebot Er dem Dämon, vom Besessenen auszufahren. Als die Leute sahen, was geschah, waren sie von der Vollmacht des Heilands beeindruckt. Ob sie auch an Ihn glaubten? Mit dieser Heilung offenbarte Jesus auch seine Gnade, in der Er Menschen aus der Sklaverei Satans befreien und vor dem ewigen Verderben retten wollte.

Im vorigen Abschnitt haben wir gesehen, wie der Herr öffentlich in der Synagoge gewirkt hat. Nun betritt Er ein Haus, um seinen Dienst im privaten Bereich einer Familie auszuüben.

Die Schwiegermutter von Petrus hatte hohes Fieber und war deshalb unfähig, irgendetwas zu

DIENSTAG

19. JANUAR

tun. Der Herr griff in Macht und Gnade ein und heilte die kranke Frau. Sobald das Fieber sie verliess, stand sie auf und diente Ihm und den Anwesenden. – Das Fieber illustriert, wie die Sünde mit ihren Auswirkungen die Menschen unfähig macht, Gott zu dienen. Stattdessen bewirkt sie eine innere Unruhe. Aber der Herr kann alle, die an Ihn glauben, von der Macht der Sünde befreien. Dann sind sie in der Lage, für Gott tätig zu sein (Römer 6,22).

Die Verse 40 und 41 beschreiben, wie der Sohn Gottes als mächtiger und gnädiger Arzt alle Kranken heilte, die zu Ihm gebracht wurden. Auch viele okkult Belastete wurden aus der Macht Satans befreit. Die Menschen aus Israel konnten daraus erkennen, dass der Messias zu ihnen gekommen war (Jesaja 53,4) und Gott im Begriff stand, seine Erziehungsmassnahmen zu beenden. Doch es hing alles davon ab, ob sie den gesandten Christus im Glauben annahmen.

Nachdem Jesus Christus bis spät in die Nacht den Menschen tatkräftig geholfen hatte, pflegte Er am frühen Morgen die Gemeinschaft mit seinem Gott. Als abhängiger Mensch nahm Er von Gott Anweisungen für den Tag entgegen (Jesaja 50,4). So liess Er sich nicht durch die Bedürfnisse der Menschen leiten, sondern handelte nach dem Willen seines Vaters.

Viele Menschen versammelten sich, um dem Herrn Jesus zuzuhören, wie Er das Wort Gottes verkündigte. Damit Ihn alle verstehen konnten, stieg Er in das Boot von Petrus und lehrte sie vom Wasser aus. So musste dieser Fischer seine Arbeit auf die Seite legen, als er sein Schiff dem Heiland zur Verfügung stellte.

MITTWOCH
20. JANUAR

Doch der Herr blieb ihm nichts schuldig. Nachdem Er seine Rede an das Volk beendet hatte, gab Er Petrus den Auftrag, die Netze zum Fang hinabzulassen. Das stand dem Fachwissen und der Erfahrung dieses tüchtigen Fischers entgegen. Aber es war eine göttliche Anordnung. Darum überwand Petrus die menschlichen Überlegungen und gehorchte dem Herrn. Das Ergebnis war ein reicher Fischfang. – Wie wichtig ist es auch für uns, dass wir dem Wort Gottes schlicht und einfach gehorchen. Dann kann der Herr uns segnen.

Durch dieses Wunder erkannte Petrus, dass sich der Sohn Gottes in seinem Schiff befand. Zugleich wurde ihm sein sündiger Zustand bewusst. Er merkte: So wie ich bin, passe ich nicht in die Gegenwart dieser herrlichen Person. Dennoch wollte er in seiner Nähe bleiben. Aus der Antwort des Herrn Jesus lernte er zweierlei:

a) «Fürchte dich nicht!» – Christus hat auch für den sündigen Zustand des Gläubigen am Kreuz gelitten, so dass jeder Erlöste für ewig von Gott angenommen ist.

b) «Von nun an wirst du Menschen fangen.» – Obwohl der Gläubige die Sünde noch in sich hat, will der Herr ihn in seinem Werk gebrauchen.

Überwältigt von dieser unfassbaren Gnade verliess Petrus alles und folgte dem Herrn Jesus nach.

Der aussätzige Mann wusste, dass ihn nur der Sohn Gottes heilen konnte. Darum fiel er vor Ihm auf sein Angesicht und bat Ihn um Hilfe. – Zu diesem Punkt muss jeder Mensch kommen, der seinen verlorenen Zustand erkennt: Nur Jesus Christus, der für Sünder sein Leben gelassen hat, kann ihn von den schlimmen Auswirkungen der Sünde reinigen.

DONNERSTAG
21. JANUAR

Die Art und Weise, wie der Herr bei der Heilung des Aussätzigen vorgeht, offenbart seine Herrlichkeit:

a) Er rührte ihn an, weil Er *Erbarmen* mit diesem Kranken hatte. Zugleich machte es die *Heiligkeit* seiner Person unmöglich, dass Er durch diese Berührung vom Aussatz angesteckt wurde.

b) Der Heiland sagte: «Ich will; werde gereinigt!» In seiner *Gnade* war Er bereit, diesem Mann zu helfen, und mit göttlicher *Macht* vermochte Er ihn gesund zu machen.

Die Heilung des Gelähmten in den Versen 17-26 zeigt, dass die göttliche Gnade nicht nur heilt, sondern auch vergibt. Als Gott und Mensch in einer Person war der Herr Jesus zum Volk Israel gekommen, um Psalm 103,3 zu erfüllen: «Der da vergibt alle deine Ungerechtigkeit, der da heilt alle deine Krankheiten.»

Doch die meisten Menschen in Israel – besonders die Pharisäer und Schriftgelehrten – wollten nicht an Ihn glauben. Darum wird die nationale Wiederherstellung des Volkes durch göttliche Vergebung und Heilung erst in der Zukunft stattfinden. In der Zwischenzeit kann aber jeder, der wie dieser Gelähmte und seine Freunde im Glauben zum Herrn Jesus kommt, persönlich Vergebung seiner Sünden bekommen (Apostelgeschichte 10,43).

Levi wurde von den religiösen Menschen in Israel verachtet, weil er als Zöllner mit den Römern zusammenarbei-

tete. Doch die Gnade rief gerade diesen Mann in die Nachfolge des Herrn Jesus. Wie reagierte Levi darauf?

a) Er verliess alles, um ein Jünger des Herrn zu werden und Ihm sein ganzes Leben zur Verfügung zu stellen.

b) Levi lud den Heiland zu sich ein, um andere Menschen mit der göttlichen Gnade bekannt zu machen.

Mit einem Beispiel aus dem Alltag ging Jesus Christus auf den Einwand der Pharisäer ein: So wie ein Arzt für die Kranken da ist, wandte sich der Heiland in seiner rettenden Gnade denen zu, die sich als Sünder erkannten und deshalb bereit waren, Buße zu tun.

Die Schriftgelehrten wollten in ihrem Unglauben nicht wahrhaben, dass der Messias zu seinem Volk gekommen war. Die Jünger hingegen hatten Ihn erkannt und folgten Ihm nach. Wie konnten sie trauern und fasten, wenn Christus bei ihnen war und die göttliche Gnade zum Segen der Menschen offenbarte?

Ab Vers 36 erklärt der Herr, dass die alte Ordnung des Gesetzes nicht mit der neuen Ordnung der Gnade vereinbar ist. Wenn man Gesetz und Gnade vermischt, verliert beides seinen Charakter. Unmöglich kann man die rettende Gnade, die allen Menschen gilt, in die Verordnungen des Gesetzes hineinzwängen. Die religiösen Leute, die den alten Wein getrunken, d. h. unter Gesetz gelebt haben, lehnen das Neue ab. Warum? Weil die Gnade ihre Anstrengungen nicht anerkennt und alle menschlichen Vorzüge auf die Seite stellt.

Gott hatte dem Volk Israel das Gesetz gegeben. Darin stand auch das Gebot der Sabbatruhe (2. Mose 20,10). Um die Menschen noch mehr zu unterjochen, hatten die Schriftgelehrten zusätzliche Vorschriften erlassen, die in den Evangelien «Überlieferungen» genannt werden.

Die Jünger, die am Sabbat auf dem Weg ein paar Ähren abpflückten, übertraten das Gesetz nicht, wohl aber die jüdischen Überlieferungen (5. Mose 23,26). Als sie von den Pharisäern angegriffen wurden, trat der Herr für sie ein. Er nahm diese Gelegenheit wahr, um anhand der Sabbatfrage die

SAMSTAG
23. JANUAR

aktuelle Situation aufzuzeigen. Zuerst verglich Er sich mit David, dem verworfenen König, und stellte die Frage in den Raum: Welchen Wert hatte das genaue Befolgen der Gebote, wenn gleichzeitig Christus abgelehnt wurde? Dann bestätigte Er als Herr des Sabbats seine göttliche Autorität: Er durfte das Gesetz auf die Seite stellen und die neue Ordnung der Gnade einführen.

Die Begebenheit in der Synagoge illustriert eine Situation, die heute noch aktuell ist:

- Der Mann mit der verdorrten Hand repräsentiert das Bedürfnis aller Menschen nach Heilung und Errettung.
- Der Heiland ist da und vertritt die Liebe Gottes, die jedem Mühseligen und Beladenen in Gnade helfen will.
- Die Selbstgerechten – vertreten durch die Pharisäer – versuchen mit religiösen Argumenten das Wirken der Gnade zur Rettung des Sünders zu verhindern.

Der Herr stellte die Sache klar: Während die Religiösen durch ihren Widerstand am Sabbat *Böses* tun wollten, war Er bereit, *Gutes* zu tun und den Kranken zu heilen.

Jesus Christus war als der Gesandte Gottes zu den Menschen gekommen und hatte ihnen die Gnade offenbart. Nun berief Er selbst zwölf Jünger, um sie später als seine Abgesandten auszusenden. Nachdem sie in seiner Nähe die Liebe und Gnade Gottes kennen gelernt hatten, sollten sie andere Menschen damit bekannt machen.

SONNTAG
24. JANUAR

Diese Auswahl traf der Herr in Abhängigkeit von Gott. Um sich zum ausdauernden Gebet zurückzuziehen, stieg Er auf den Berg und betete dort die ganze Nacht. So ist Er uns als vollkommener Mensch ein Vorbild, bei Entscheidungen Gott um Weisheit und Leitung zu bitten.

Der Herr Jesus kannte alle zwölf Jünger durch und durch. Er wusste um ihre Herkunft, ihren Charakter und ihr Verhältnis zu Gott. Trotzdem sollten sie alle seine Apostel werden. Auch die Wahl von Judas Iskariot, der Ihn später verraten würde, war kein Fehler, sondern entsprang der Weisheit Gottes. Er ist uns in der Bibel als Beispiel eines Menschen gegeben, der sich in der Nähe des Herrn und unter den Gläubigen aufhält, ohne neues Leben zu besitzen – weil er nicht glauben wollte.

Obwohl bald andere die Botschaft der Gnade Gottes verkündigen werden, bleibt der Herr doch der Mittelpunkt für alle, die Gott suchen und an Gott glauben (Verse 17-19).

• Die grosse Schar der Jünger steht stellvertretend für alle, die eine Glaubensbeziehung zu Ihm haben und Ihn als Herrn anerkennen.

• Die grosse Menge des Volkes repräsentiert die vielen suchenden Menschen. Für sie ist Er der Erlöser, der sie retten und zu Gott bringen kann.

Der einleitende Satz in Vers 20 macht klar, dass der Herr Jesus die Jünger im Auge hat, wenn Er mehrere «Glückselig» ausspricht. Es geht ihnen wie ihrem Meister: Äusserlich müssen sie Nachteile in Kauf nehmen, aber innerlich besitzen sie ein grosses Glück. Weil sie sich in einer gottfeindlichen Welt auf seine Seite stellen, erfahren sie Hass und Verachtung. Aber sie werden dafür einen grossen Lohn im Himmel bekommen. Ist das nicht ein Ansporn für uns, jetzt konsequent unserem Herrn nachzufolgen und die Schmach vonseiten der Welt auf uns zu nehmen?

MONTAG
25. JANUAR

In den Versen 24-26 geht es um die Menschen, die nicht bereit sind, zu Gott umzukehren und Jünger des Herrn Jesus zu werden. Über sie muss Er ein vierfaches «Wehe» aussprechen, weil sie wegen der gegenwärtigen Vorteile den zukünftigen Segen aufs Spiel setzen. Sie geniessen jetzt manche Freude ohne Gott und ein gutes Ansehen bei den Menschen. Aber am Friedensreich des Herrn Jesus werden sie nicht teilnehmen. Der Grund dafür ist klar: Sie wollen jetzt nicht an Ihn glauben und etwas für Ihn aufgeben.

Ab Vers 27 leitet der Herr seine Jünger an, in ihrem Verhalten eine gnädige Einstellung zu zeigen. Auch darin sollen sie ihrem Meister gleichen, der sich schlagen liess und am Kreuz für seine Feinde betete (Lukas 22,63; 23,34). Das tiefe Bewusstsein, dass wir selbst Gottes Gnade erfahren haben, macht es uns leichter, den Mitmenschen gnädig und hilfsbereit zu begegnen. Mit der Hilfe des Herrn können wir ihnen Gutes tun, anstatt Böses mit Bösem zu vergelten.

Der Herr gibt seinen Jüngern weitere Anweisungen über ihren Umgang mit den Mitmenschen. Sie sollen sich nicht egoistisch, sondern selbstlos benehmen. Um dies deutlich zu machen, vergleicht Er das Verhalten des natürlichen Menschen mit dem göttlichen Handeln:

- Der Mensch schenkt nur solchen etwas, bei denen er damit rechnen kann, in irgendeiner Form wieder etwas zurückzuerhalten. Das gilt für seine Liebe, seine guten Werke und seine Spenden.
- Gott hingegen bietet denen ein Geschenk an, die nicht in der Lage sind, etwas zurückzugeben. Er liebt die Verlorenen, begnadigt die bußbereiten Sünder und segnet die Glaubenden.

DIENSTAG
26. JANUAR

In der Nachfolge des Herrn Jesus sollen wir nicht nach den menschlichen Massstäben handeln, sondern uns so wie der himmlische Vater verhalten. Das wirkt sich positiv auf uns aus. Einerseits werden wir am Richterstuhl des Christus einen grossen Lohn dafür bekommen. Anderseits wird in unserem Leben sichtbar, dass wir Söhne Gottes sind, weil wir seine Güte und seine Barmherzigkeit offenbaren. Wie gut ist Er doch, dass Er selbst den Undankbaren genug zu essen gibt!

In den Versen 37 und 38 fügt der Herr diesem Thema den Grundsatz von Saat und Ernte hinzu:

- Wenn wir die Mitmenschen nicht verurteilen, sondern ihnen in einer gnädigen Einstellung begegnen, erfahren wir, wie Gott jetzt gnädig mit uns handelt.
- Ein grosszügiges und freigebiges Verhalten wirkt sich auf die Belohnung in der Zukunft aus: «Wer segensreich sät, wird auch segensreich ernten» (2. Kor 9,6).

Die Schriftgelehrten waren blinde Leiter von Blinden. Sie hatten kein Leben aus Gott und deshalb keine Einsicht in seine Gedanken. Trotzdem meinten sie, sie könnten die Menschen zu einem religiösen Leben anleiten. Doch das war ein Weg, der in die Irre führte. Im Gegensatz dazu soll sich der Jünger dem Herrn Jesus unterordnen und von Ihm lernen. So kann er geistliche Fortschritte machen und seinem Meister immer ähnlicher werden.

MITTWOCH
27. JANUAR

Wir neigen alle dazu, andere streng zu beurteilen und mit uns selbst milde zu sein. Diesem Übel begegnet der Herr in den Versen 41 und 42. Er fordert uns auf, immer wieder eine Selbstprüfung vorzunehmen und das Verkehrte in Ordnung zu bringen. Nur so sind wir in der Lage, anderen richtig helfen zu können (Galater 6,1).

Mit einem Vergleich aus der Natur stellt der Herr einen wichtigen Grundsatz auf: Gute Früchte kommen nur von einem gesunden Baum. So kann nur aus einem Herzen, das durch den Glauben an den Herrn Jesus gereinigt ist, ein positives Verhalten hervorkommen. Deshalb ist es möglich, vom äusseren Benehmen auf den inneren Zustand zu schliessen. Der erste Anzeiger dafür sind die Worte, denn aus der Fülle des Herzens redet der Mund.

Aber nur ein schönes Bekenntnis zum Herrn beweist noch nicht, dass wir echte Jünger sind und unser Leben auf ein gutes Fundament gestellt haben. Dazu ist es nötig, dass wir im Glauben zu Ihm kommen, sein Wort hören und Ihm gehorchen. Die Lebensstürme zeigen, ob wir durch das Befolgen seines Wortes im Glauben befestigt sind.

In diesem Kapitel werden einige Grundsätze der neuen Heilszeit aufgezeigt: Die Gnade überschreitet die Grenzen Israels (Verse 1-10), ist stärker als der Tod (Verse 11-17) und wird nicht durch Johannes den Täufer, sondern durch Jesus Christus eingeführt (Verse 18-28). Es ist jedoch nötig, Buße zu tun und an den Erlöser zu glauben, um die Gnade zu erfahren (Verse 29-50).

DONNERSTAG
28. JANUAR

Der römische Hauptmann besass einen echten Glauben an Gott und an den Herrn Jesus. Das zeigte sich deutlich in seinem Verhalten:

- Er behandelte seine Untergebenen gut. Sein kranker Knecht bedeutete ihm etwas (Vers 2).
- Er anerkannte die besondere Stellung der Juden vor Gott. Darum sandte er seine Bitte durch jüdische Älteste zum Heiland (Vers 3).
- Er liebte das Volk Israel, weil es von Gott geliebt war, und unterstützte es nach Möglichkeit (Vers 5).
- Er hatte eine hohe Wertschätzung vom Herrn Jesus. Das machte ihn demütig und liess ihn sagen: «Herr, bemühe dich nicht, denn ich bin nicht wert, dass du unter mein Dach trittst» (Vers 6).
- Er besass ein tiefes Vertrauen in die rettende Gnade und heilende Macht des Heilands (Vers 7).

Angesichts der Feindschaft, die dem Herrn Jesus von der jüdischen Führungsschicht entgegenschlug, bereitete Ihm der römische Hauptmann durch sein glaubensvolles Handeln eine grosse Freude. Die Antwort des Herrn ist schön und eindrücklich: Zuerst zeichnete Er den grossen Glauben aus, um ihn darauf mit der sofortigen Heilung des Knechtes zu belohnen.

Als sich der Heiland der Stadt Nain näherte, wurde ein Toter zur Bestattung hinausgetragen. In einem Satz kommt das ganze Leid zum Ausdruck: Dieser Gestorbene war der einzige Sohn seiner verwitweten Mutter. Der Tod hatte die Beziehung zwischen Mutter und Sohn zerstört und ihr den Ernährer weggenommen. Nun sah sie nur noch Einsamkeit und materielle Not vor sich.

Doch dieser Leichenzug traf mit dem Fürsten des Lebens zusammen. Das veränderte alles. Jesus Christus sah die Witwe und konnte den ganzen Umfang ihrer traurigen Lage erfassen.

FREITAG
29. JANUAR

Ihre Not erschütterte seine Seele. Mit einem Trostwort bezeugte Er ihr sein tiefes Mitgefühl. Dann trat Er hinzu und sprach mit göttlicher Macht zum Toten: «Steh auf!» Da musste der Tod seine Beute hergeben. Die Mutter bekam ihren Sohn wieder. Welche Gnade! – Die Auferweckung dieses jungen Mannes veranschaulicht, wie Menschen durch eine Begegnung mit dem Sieger von Golgatha vom Tod ins Leben hinübergehen (Joh 5,24).

Johannes hatte die Menschen zur Buße aufgerufen und den Messias angekündigt. Nun sass er wegen seines treuen Dienstes im Gefängnis und hoffte, dass Gott in seiner Gerechtigkeit eingreifen und der Herr Jesus ihn befreien würde. Als nichts Derartiges geschah, begann Johannes an Christus zu zweifeln.

In seiner Antwort wies Jesus zuerst auf seine Wunder und seine Worte der Gnade hin, die Ihn als den verheissenen Messias bestätigten (Vers 22). Dann ermutigte Er Johannes, das Vertrauen auf Ihn nicht wegzuwerfen (Vers 23).

Nachdem der Herr Jesus *zu* Johannes dem Täufer gesprochen hat, spricht Er jetzt *über* ihn:

- Der Bußprediger war nicht wankelmütig wie ein Schilf-
  rohr, sondern blieb standhaft bei seiner Botschaft.
- Johannes war kein hochgestellter Mann, der Geld und
  Ansehen versprach. Nein, er forderte zur Buße auf.
- Er trat als Prophet des lebendigen Gottes auf, des-
  halb besass seine Botschaft göttliche Autorität.
- Er war auch der Vorläufer des Herrn, der die Herzen
  eines Überrests in Israel für Ihn bereit machte.

Als grösster Prophet erlebte Johannes der Täufer, wie
sich seine Botschaft erfüllte und der Messias zu sei-
nem Volk kam. Aber er gehörte noch nicht zur neuen
Ordnung der Gnade, in der die Glaubenden im Reich
Gottes eine nähere Beziehung zu
Jesus Christus haben.

**SAMSTAG
30. JANUAR**

Es gab zwei Reaktionen auf die
Botschaft und den Dienst von
Johannes. Die einen taten Buße und liessen sich taufen.
Die anderen wollten ihren verlorenen Zustand nicht einse-
hen. Damit verbauten sie sich den Weg zum Segen, den
Jesus Christus den Menschen nach Gottes Plan brachte.

Ab Vers 31 vergleicht der Herr die Ablehnenden mit
launischen, eigenwilligen Kindern. Als Johannes ihnen
die Buße predigte, wollten sie nicht trauern, sondern
weiter fröhlich sein. Anstatt sich über die Gnade zu
freuen, die Christus ihnen vorstellte, fasteten sie lieber
und hielten mit allen Mitteln am Gesetz fest.

Alle aber, die Buße taten und die Gnade annahmen,
gaben der göttlichen Weisheit Recht, dass dies für die
Menschen der einzige Weg der Erlösung ist.

Diese Geschichte im Haus von Simon zeigt uns, wie zwei Menschen eine ganz unterschiedliche Begegnung mit dem Herrn Jesus hatten:

SONNTAG
31. JANUAR

- Der *Pharisäer* hatte kein persönliches Verlangen nach der göttlichen Gnade. Er lud Jesus aus reiner Neugier ein. Er besass auch keine Wertschätzung für Ihn, denn er sah in Ihm nur einen armen Wanderprediger. Deshalb erwies er dem Herrn der Herrlichkeit nicht die übliche Höflichkeit. Er gab Ihm kein Wasser, um die Füsse zu waschen.

- Die *Sünderin* hingegen kam mit dem tiefen Bedürfnis nach Vergebung ihrer Schuld zum Herrn Jesus. Sie hatte eine hohe Wertschätzung für Ihn, weil Er den Menschen die Gnade Gottes brachte. Sie sah in Ihm Gott, der in seiner Heiligkeit die Sünde bestrafen muss, aber in seiner Liebe den Sünder retten will. In diesem tiefen Vertrauen kam sie zum Heiland und bewies Ihm ihre Liebe durch das Waschen, Trocknen und Salben seiner Füsse.

Die Schuld des Pharisäers mochte kleiner sein als das Unrecht dieser Frau. Aber der entscheidende Punkt war, dass er kein Auge für die Gnade Gottes hatte, die sich in Jesus Christus offenbarte. Weil er selbstgerecht war, wollte er keine Gnade für sich haben. Deshalb blieb ihm der Weg zum Segen verschlossen.

Im Gegensatz zu ihm wurde die Sünderin von der göttlichen Gnade berührt und angezogen. Sie tat Buße über ihr sündiges Leben, glaubte an den Heiland und fand Vergebung und Frieden. Ihre Liebestat, die sie Ihm erwies, war nicht der Grund für ihre Errettung, sondern ein Beweis ihres Glaubens an Ihn und ihrer Hochachtung vor Ihm.

Trotz des Unglaubens vonseiten der religiösen Menschen setzte der Herr Jesus seinen Dienst fort. Er durchzog in Israel Städte und Dörfer, um vielen das Wort Gottes zu predigen. Es begleiteten Ihn solche, die an Ihn glaubten. Durch ihr Leben bezeugten sie, wie die göttliche Gnade sie zum Guten verändert hatte.

**MONTAG
1. FEBRUAR**

Mit dem Gleichnis vom Sämann erklärte der Herr Jesus, wie sich nun das Handeln Gottes mit den Menschen veränderte: Er *suchte* nicht mehr Frucht bei ihnen, sondern wollte durch das Wort Frucht *hervorbringen*. Das war neu. Von den vier Böden, auf die der Same fiel, brachte nur einer das Getreide zur Reife. Die anderen blieben ohne Ergebnis. So sieht die Wirklichkeit aus, wenn das Wort der Gnade durch Jesus Christus und seine Diener verkündigt wird. Es gibt keine weltweite Annahme des Evangeliums.

Dieses Gleichnis bezieht sich also in erster Linie auf die Verkündigung des Evangeliums an die Verlorenen. Jeder, der sich daran beteiligt, soll nicht enttäuscht sein, wenn nicht überall Frucht für Gott entsteht. Zugleich wollen wir uns der Wirkung auf uns nicht entziehen: Welchem Boden gleicht unser Herz, wenn wir das Wort Gottes hören?

Die Pharisäer glichen dem Weg, ihr Herz blieb für die Gnade verschlossen. Andere nahmen das Wort mit Freuden auf, wandten sich aber später vom Herrn ab (Johannes 2,23; 6,66). Der junge Mann ist ein Beispiel für den dornigen Boden. Sein Reichtum war ihm wichtiger als die Nachfolge des Herrn (Lukas 18,23). Petrus war einer, der Frucht brachte (Johannes 6,68).

Wer das Wort Gottes im Glauben aufnimmt und bewahrt, bringt im Leben sichtbare Frucht für Gott
(Vers 15). Gleichzeitig ist er in seinem Verhalten ein Licht,
das den Menschen die Gnade Gottes bezeugt. Nun gibt
es im Alltag zweierlei, was dieses Zeugnis beeinträch-
tigen kann: eine übermässige Tätigkeit (= Gefäss) und
eine träge Bequemlichkeit (= Bett).

In Vers 17 stellt der Herr einen *Grundsatz* vor: Was in
unserem Herzen ist, wird durch unser Leben offenbar.
Wenn das Wort Gottes in uns wir-
ken kann, werden die Früchte davon nach aussen sichtbar. Dann
folgt in Vers 18 eine *Ermahnung:*

**DIENSTAG
2. FEBRUAR**

«Gebt nun acht, wie ihr hört.» Wenn wir das Wort richtig
aufnehmen, haben wir es als Besitz im Herzen und bekommen ausserdem einen Segen im Leben.

Der Herr anerkennt die natürlichen Beziehungen zu
Israel nicht mehr, weil sein Volk Ihn verworfen hat. Die
geistlichen Beziehungen, die Er zu den Menschen ein-
geht, beruhen auf dem Wort Gottes: Wer es hört und
tut, wird ein echter Jünger des Herrn.

Die Überfahrt illustriert, was wir auf dem Weg in der
Nachfolge des Herrn erleben:

- Einerseits gehen wir durch Probleme, die uns völlig
  überfordern. Leider führt uns dann unser Kleinglaube
  oft zur Frage: Warum kümmert sich der Herr nicht um
  mich?
- Anderseits erfahren wir, wer Jesus Christus ist und was
  Er für uns tun will. Nie lässt Er uns im Stich, obwohl
  es anders scheinen mag. Er hat die Macht, die Not zu
  beenden und uns ans himmlische Ziel zu bringen.

Im Land der Gadarener begegnet der Herr der *Macht des Teufels,* der die Menschen durch die Todesfurcht in seiner Gewalt hält (Hebräer 2,15).

Der besessene Mann stellt den Zustand eines Menschen dar, der durch die Sünde in die Gebundenheit Satans gekommen ist:

a) *Er trug keine Kleider.* – Wer unter dem Einfluss des Feindes ein sündiges Leben führt, passt nicht zu Gott.

b) *Er blieb nicht im Haus.* – Genauso unruhig ist der Mensch, der unter der Macht des Teufels steht.

c) *Er hielt sich in den Grabstätten auf.* – Satan bringt den, der in seiner Gewalt ist, in den ewigen Tod.

Der Besessene wird völlig von den Dämonen beherrscht. Sie wissen, wer Jesus ist, aber sie sprechen Ihn nie als Herrn an. Als Er ihnen jedoch in göttlicher Macht gebietet, vom Menschen auszufahren, müssen sie sich Ihm fügen. Sie führen ihr *zerstörerisches Werk* in der Schweineherde fort, so dass sich die Tiere den Abhang hinabstürzen und im See ertrinken.

Das *heilende Werk* des Herrn Jesus wird im veränderten Verhalten des Mannes sichtbar, den Er aus der Gewalt Satans befreit hat. Dieser sitzt nun bekleidet und vernünftig zu den Füssen seines Befreiers. Doch er kann den Herrn Jesus nicht begleiten, als die Leute den Heiland wegschicken. Bei diesen Menschen, die sich dem göttlichen Licht und der göttlichen Gnade verschliessen, soll der Geheilte durch sein verändertes Leben ein Zeugnis von seinem Erlöser ablegen. Wie schön, dass er dem Herrn gehorcht und allen bekannt macht, wie viel Jesus an ihm getan hat.

Die beiden Begebenheiten, die nun bis zum Ende des Kapitels beschrieben werden, ergeben zusammen ein prophetisches Bild: Das Volk Israel (= Tochter von Jairus) liegt im Sterben, weil es Gott den Rücken zugekehrt hat. Christus geht mit dem gläubigen Überrest in Israel (= Jairus) hin, um sein Volk zu heilen. Auf dem Weg dorthin kommen einzelne Menschen (= die blutflüssige Frau) im Glauben zum Heiland und werden errettet. Unterdessen «stirbt» Israel als Volk, weil es Christus endgültig verworfen hat.

DONNERSTAG
4. FEBRUAR

Dennoch gibt es noch Hoffnung. Jesus Christus wird kommen und Israel als Nation aus den Toten erwecken, was jedoch nur der gläubige Überrest miterleben wird. Die grosse Masse des Volkes wird gerichtet werden (Daniel 12,2.3).

Die Frau, die seit zwölf Jahren unter Blutfluss litt, stellt folgende Tatsache dar: Der natürliche Mensch steht unter der *Macht der Sünde* und bringt demzufolge die Werke des Fleisches hervor. Daran kann er aus eigener Anstrengung oder durch die Hilfe anderer Menschen nichts ändern. Es gibt nur einen Ausweg, den auch diese kranke Frau gewählt hat: Sie kam zum Herrn Jesus und berührte seine Kleider, weil sie glaubte, dass Er göttliche Kraft zur Heilung hat. So befreit der Erlöser heute noch Menschen, die sich im Glauben an Ihn wenden, aus der Macht der Sünde (Römer 8,2).

Als das Wunder nicht verborgen bleiben konnte, fiel die Frau vor dem Herrn Jesus nieder und bekannte alles (Römer 10,10). Nun bekam sie durch sein Wort die Sicherheit der Erlösung und damit Frieden ins Herz.

Als die Tochter des Synagogenvorstehers starb, war jede menschliche Hoffnung zerstört. – Darin erkennen wir die Situation des natürlichen Menschen: Er ist in seinen Sünden geistlich tot für Gott und geht ohne Perspektive dem Tod und der ewigen Verdammnis entgegen.

**FREITAG
5. FEBRUAR**

Aber der Heiland antwortete dem enttäuschten Vater: «Fürchte dich nicht; glaube nur, und sie wird gerettet werden.» – So braucht auch der Mensch, der unter der *Macht des Todes* steht, nicht zu verzweifeln. Wenn er im Glauben zum Herrn Jesus kommt, erfährt er, wie das Unmögliche möglich wird. Der Sohn Gottes ist stärker als der Tod und kann neues Leben schenken.

Die Trauernden im Haus des Synagogenvorstehers offenbaren zwei Merkmale des Unglaubens:

a) Angesichts des Todes versinken sie in Verzweiflung und Hoffnungslosigkeit.

b) Sie verlachen Jesus, weil sie Ihn nicht als den Sohn Gottes anerkennen, für den es kein Unterscheid ist, ob jemand schläft oder gestorben ist.

Der Herr Jesus schickt diese Menschen hinaus. Nur den drei Jüngern und den Eltern offenbart Er sich als der Sohn Gottes, der das Leben ist und das Leben gibt. Er ergreift das gestorbene Mädchen bei der Hand und auferweckt es mit einem Wort aus dem Tod. – So kann Er in göttlicher Macht den Menschen, die geistlich tot sind, neues Leben schenken. Das ist kein Prozess, sondern eine sofortige Aktion.

Der Herr befiehlt, dem Kind zu essen zu geben. – Denken wir daran: Jungbekehrte brauchen für das neue Leben gute geistliche Nahrung aus dem Wort Gottes.

Der Herr sandte seine zwölf Jünger aus, damit sie auf gleiche Weise wie Er in Israel das Reich Gottes predigten (Kapitel 4,43; 8,1). Sie sollten auch Kranke heilen, um dem Volk Gottes zu zeigen, dass sie Boten des Messias waren. Alles ging vom Herrn Jesus aus:

• *Die Berufung zum Dienst:* Er rief die Zwölf zusammen und bestimmte so, wen Er gebrauchen wollte.
• *Die Ausrüstung zum Dienst:* Er gab ihnen Kraft und Fähigkeit für ihre Aufgabe.
• *Die Aussendung zum Dienst:* Er sandte sie aus und legte damit den Beginn ihrer Arbeit fest.

SAMSTAG
6. FEBRUAR

Diese drei grundsätzlichen Punkte gelten auch für den christlichen Dienst, der zwar einen anderen Charakter hat, aber vom gleichen Herrn ausgeht.

Die Mission der Zwölf war ein Zeugnis an Israel. Wer ihre Botschaft nicht annahm, verwarf Christus und zog das göttliche Gericht auf sich. Darum mussten die Jünger in den Städten – wo sie abgelehnt wurden – zum Zeugnis gegen sie den Staub von ihren Füssen abschütteln. Weil der Herr auf der Erde anwesend war, sorgte Er direkt für die Bedürfnisse seiner Diener. Darum sollten sie nichts mitnehmen.

Die Jünger gehorchten dem Herrn und taten genau das, was Er ihnen aufgetragen hatte. So konnte ihr Dienst zum Segen sein. Durch ihre Arbeit wurde König Herodes im Gewissen wachgerüttelt und auf Christus hingewiesen. Aber das Werk in seinem Innern ging nicht tief. Er tat nicht Buße, sondern fürchtete sich nur vor den Folgen seiner Sünde. Er war neugierig auf Jesus Christus, glaubte jedoch nicht an Ihn.

Die Verse 10 und 11 unterweisen uns über das Verhalten des Dieners nach einem Einsatz für seinen Meister. Wie wichtig ist es, dass er dann die Gemeinschaft mit dem Herrn Jesus sucht und Ihm alles erzählt. Der göttliche Auftraggeber schenkt seinen Mitarbeitern solche Momente der Ruhe, in denen Er ihre Herzen neu auf sich selbst ausrichtet. Doch diese Zeiten der Erholung sind oft nur kurz. So war es auch damals. Viele Menschen kamen mit ihren Problemen und Nöten an den Ort, wo sich der Herr mit seinen Jüngern aufhielt. Der vollkommene Diener wies sie nicht ab, sondern war unermüdlich für sie tätig, indem Er ihnen das Wort verkündete und ihre Krankheiten heilte.

SONNTAG
7. FEBRUAR

Als der Tag zu Ende ging, kam die Frage des Essens auf. Da offenbaren die Jünger, was im Herzen eines Gläubigen ist, der nicht in Gemeinschaft mit dem Herrn Jesus denkt und handelt:

- Sie sahen an diesem öden Ort keine Möglichkeit, den Menschen, die Hunger hatten, zu helfen. Darum wollten sie die Volksmenge wegschicken (Vers 12).
- Sie hatten auch keinen Glauben an die Macht ihres Herrn, sondern rechneten nur mit den fünf Broten und zwei Fischen, die vorhanden waren (Vers 13).

Die Jünger hatten wirklich nicht viel, aber sie hatten doch etwas. Das wollte der Herr in seiner *Gnade* gebrauchen, um den Hunger der vielen Menschen zu stillen. Am Ende fiel alle *Ehre* Ihm zu, weil Er ein Wunder gewirkt hatte. Nachdem alle satt geworden waren, blieben zwölf Handkörbe voll Brocken übrig, denn der Herr Jesus gibt immer mehr als genug.

Mit der Speisung der Volksmenge hatte sich Jesus als Messias vorgestellt, der seinem Volk Brot zu essen gibt (Psalm 132,15). Aber die Menschen in Israel nahmen Ihn nicht an und glaubten nicht an Ihn. Sie wollten in Ihm höchstens einen Propheten sehen, aber nicht den Christus (Vers 19). Nur einige – wie z. B. Petrus – erkannten in Ihm den Christus Gottes.

Wegen der allgemeinen Ablehnung im Volk trat nun eine Veränderung ein. Die Jünger soll-

MONTAG
8. FEBRUAR

ten den Herrn Jesus nicht mehr als *Christus* verkünden, der gekommen war, um sein Reich zu errichten. Er war jetzt der *Sohn des Menschen,* der vieles leiden musste. Die führenden Leute in Israel würden Ihn sogar töten, Er aber würde am dritten Tag auferweckt werden. Sein Weg ging durch Leiden zur Herrlichkeit.

Diese Veränderung hatte auch Auswirkungen auf die Situation seiner Jünger. In seiner Nachfolge hatten sie gegenwärtig keine Ehre zu erwarten. Sie mussten mit sich selbst und mit der Welt abgeschlossen haben, damit sie dem Herrn Jesus auf diesem Weg durch Leiden zur Herrlichkeit nachfolgen konnten.

Wer als Christ nur für die eigenen Wünsche oder für die Ideen der Welt lebt, geht am wirklichen Leben vorbei. Wenn wir jedoch ein egoistisches und weltliches Leben für Christus aufgeben, tragen wir einen bleibenden Segen davon. Wir brauchen die Ungläubigen nicht zu beneiden, die in der Welt viel gewinnen, aber ewig verloren gehen (Vers 25). Unser Leben hat tatsächlich Ewigkeitswert und findet in der Zukunft die volle Anerkennung des Herrn.

Auf dem Berg gab der Herr drei Jüngern eine Vorausschau auf das zukünftige Reich in Herrlichkeit. Aus dieser Szene lernten sie zwei bedeutende Tatsachen:

1) Christus wird im Friedensreich den zentralen Platz einnehmen und alle Glaubensmänner des Alten Testaments weit überragen. Als Petrus

**DIENSTAG
9. FEBRUAR**

Ihn auf die gleiche Stufe mit Mose
und Elia stellen wollte, zeigte Gott,
der Vater, wie einzigartig der Herr
Jesus ist: «Dieser ist mein geliebter Sohn.»

2) Die Grundlage, auf der glaubende Menschen am
zukünftigen Reich teilhaben werden, ist nicht das
Gesetz (Mose) oder der prophetische Dienst im
Alten Testament (Elia), sondern der Opfertod des
Herrn Jesus am Kreuz. Aus diesem Grund war es für
die Jünger so wichtig, dass sie auf Ihn hörten.

Diese Vorschau auf das Tausendjährige Reich enthält
viele Einzelheiten, die ein herrliches Bild ergeben. Zwei
Personengruppen werden deutlich unterschieden:

• Mose und Elia stellen die Erlösten der Gnadenzeit
dar. Sie treten mit dem Herrn Jesus in die Wolke der
Gegenwart Gottes ein. Sie haben einen Platz im Haus
des Vaters, wo sie die Beziehung zwischen dem Vater
und dem Sohn bewundern werden (Johannes 17,24).

• Die drei Jünger sind ein Bild der Glaubenden des
Alten Testaments und der zukünftigen Drangsalszeit.
Sie werden am Reich teilnehmen, stehen aber Gott
nicht so nahe wie die Gläubigen der Gnadenzeit. Sie
erfahren zwar, dass der Herr Jesus der geliebte Sohn
des Vaters ist, werden jedoch nicht in die gleiche
Beziehung eingeführt.

Der Herr Jesus hatte in der Wüste den Teufel gebunden, um nun okkult Belastete aus ihrer Gebundenheit zu befreien (Matthäus 12,29). Bei der Aussendung seiner Jünger hatte Er ihnen die Machtbefugnis verliehen, ebenfalls Dämonen auszutreiben. Doch in dem schweren Fall des besessenen Jungen gelang es ihnen nicht. Warum? Weil ihnen der Glaube fehlte, ihn im Namen ihres Meisters vom unreinen Geist zu befreien.

MITTWOCH
10. FEBRUAR

Als der Herr vom Berg herabkam, schüttete der Vater des Jungen seine ganze Not vor Ihm aus: Sein einziger Sohn wurde von einem bösen Geist furchtbar gequält! Zuerst tadelte Jesus den Unglauben, der sich in dieser Begebenheit bei allen zeigte. Aber sein herzliches Erbarmen überstrahlte das menschliche Versagen. Er heilte den Knaben und gab ihn seinem Vater zurück.

Treffend beschreibt der Heiland in Vers 41 die damalige Situation in Israel: «O ungläubiges und verkehrtes Geschlecht! Bis wann soll ich bei euch sein und euch ertragen?» Obwohl sich die göttliche Macht im Wirken des Herrn deutlich erwies, wollten die Menschen nicht an Ihn glauben. Das führte in seinem Dienst zu einer entscheidenden Veränderung. Er ging nun nach Jerusalem, um dort zu leiden und zu sterben (Verse 44.51). Danach verliess Er die Welt. Als Folge seiner Verwerfung und Kreuzigung wurde das Volk der Juden für eine lange Zeit auf die Seite gesetzt, damit Gott seine ewigen Pläne mit den Gläubigen der Gnadenzeit ausführen konnte. Dieser Wechsel war für die Jünger schwer zu verstehen (Vers 45).

Die Überlegung der Jünger, wer wohl der Grösste von ihnen sei, offenbarte den Hochmut in ihren Herzen. Jeder von ihnen wäre gern der beste und treuste Jünger gewesen. Jesus begegnete dieser Selbstsucht mit den Worten: «Wer der Kleinste ist unter euch allen, der ist gross.» Was bei Gott zählt, ist echte Demut im Herzen und im Verhalten. Wenn wir dem Herrn Jesus in einer demütigen Gesinnung nachfolgen, ahmen wir Ihn nach (Matthäus 11,29).

DONNERSTAG
11. FEBRUAR

Johannes war darauf bedacht, die Bedeutsamkeit der berufenen zwölf Apostel zu betonen. Es erregte seine Missgunst, als jemand losgelöst von ihnen im Namen des Herrn Jesus Dämonen austrieb. Der Meister verurteilte diese Parteisucht deutlich: «Wehrt nicht; denn wer nicht gegen euch ist, ist für euch.» In einer Welt, die Christus verwirft, gibt es keine neutrale Position. Wer Ihm nachfolgt und dient, steht auch auf der Seite seiner Jünger. Als Folge davon sollen wir uns selbstlos freuen, wenn der Herr durch andere Gläubige wirkt (Philipper 1,18).

Auf dem Weg nach Jerusalem zog Jesus mit seinen Jüngern durch Samaria. Da wurde Er in einem Dorf nicht aufgenommen. Diese Ablehnung veranlasste Jakobus und Johannes, das göttliche Gericht über diese Leute herbeizuwünschen. Der Herr musste sie deutlich zurechtweisen, weil ihr Wunsch nicht der göttlichen Gnade entsprach, die Er den Menschen bekannt machen wollte. Wir lernen daraus, dass uns in seiner Nachfolge eine gnädige Einstellung prägen soll, damit Menschen für die rettende Gnade gewonnen werden.

Der Herr Jesus begegnete drei Menschen und stellte sie bezüglich ihrer Nachfolge auf die Probe. Daraus ergeben sich drei Prüfsteine für die Jüngerschaft, die heute noch gelten.

Der Erste war bereit, dem Herrn überallhin zu folgen. Aus der Antwort, die er bekam, können wir

FREITAG
12. FEBRUAR

schliessen, dass sich dieser Mann *falsche Vorstellungen* von der Nachfolge machte. Vermutlich erwartete er ein besseres Leben auf der Erde. Doch er musste lernen, dass die Nachfolge des Herrn Jesus keine äusseren Vorteile, sondern Entsagung mit sich bringt. Wie sein Meister würde er ein Fremder auf der Erde sein und auf ein gemütliches Leben verzichten müssen.

Der Nächste wurde von Jesus Christus aufgefordert: «Folge mir nach!» Dieser Jünger setzte *falsche Prioritäten.* Er stellte etwas vor den Herrn. Es war durchaus in Ordnung, dass er seinen Vater würdig begraben wollte. Aber der Anspruch des Herrn auf sein Leben kam zuerst. Darum lautete die Antwort: «Lass die Toten ihre Toten begraben, *du* aber geh hin und verkündige das Reich Gottes.»

Der Dritte wollte zuerst von seiner Familie Abschied nehmen, bevor er dem Herrn nachfolgte. Damit bewies er seine *falsche Ausrichtung.* Sein Herz war nicht von Christus erfüllt. Darum konnte er sich kaum von dem lösen, was er für Ihn zu verlassen hatte. Er musste seine Blickrichtung ändern: Anstatt wehmütig auf das zurückzuschauen, was nicht mit einer entschiedenen Nachfolge vereinbar war, sollte er vorwärts auf seinen Meister blicken und Ihm freudig nachfolgen.

Obwohl der Herr Jesus von den meisten Menschen in Israel verworfen wurde, gab Er ihnen durch die Aussendung der 70 Jünger nochmals ein Zeugnis seiner Gnade. Ihre Botschaft zielte nicht mehr darauf ab, das Volk Israel als Ganzes zur Annahme des Messias aufzurufen. Es ging jetzt darum, einzelne Menschen zum Glauben an den verworfenen Sohn des Menschen zu führen. Ihr Dienst sollte eine Unterscheidung im Volk bewirken: Wer ihre Botschaft glaubte und Jesus Christus annahm, bekam Frieden (Vers 6). Wer die Boten und ihren Auftraggeber ablehnte, zog das Gericht auf sich (Verse 10-12).

**SAMSTAG
13. FEBRUAR**

Obwohl der Herr verworfen wurde, war die Ernte gross. Trotz des Widerstands hatten die Menschen ungestillte Bedürfnisse, denen nur Gott in seiner Gnade begegnen konnte. Das ist heute nicht anders.

Die Jünger waren wie Lämmer mitten unter Wölfen. Sie mussten mit Angriffen rechnen, sollten sich aber nicht verteidigen, sondern alles sanftmütig ertragen. Offenbaren wir auch diese Gesinnung, wenn die Menschen dem Evangelium, das wir ihnen bringen, widerstehen?

In den Häusern, wo sie aufgenommen wurden, durften die Jünger essen und trinken, was ihnen vorgesetzt wurde. Das war der Lohn für ihre Arbeit, auf den sie ein Anrecht hatten. Dieser Grundsatz gilt für den christlichen Dienst genauso (1. Korinther 9,4-11).

Die Menschen in Chorazin, Bethsaida und Kapernaum waren sehr bevorrechtigt: Sie erlebten, wie der Herr Jesus in Gnade unter ihnen wirkte. Trotzdem verharrten die meisten von ihnen im Unglauben. Darum musste Er ihnen ein schweres Gericht ankündigen.

Als die 70 Jünger nach ihrem Einsatz zum Herrn zurückkehrten, erzählten sie Ihm freudig, wie sie Dämonen
ausgetrieben hatten. Diese Machtentfaltung bezieht
sich auf das Reich Gottes, das in der Zukunft errichtet
werden wird. Zuvor wird der Satan aus dem Himmel
geworfen und in den Abgrund eingeschlossen werden
(Offenbarung 12,7-12; 20,1-3).

Für die Gläubigen der Gnadenzeit gibt es jedoch etwas, was
höher und besser ist als die sicht-

SONNTAG

14. FEBRUAR

bare Machtentfaltung Gottes: Ihre Namen sind in den
Himmeln angeschrieben. Während Christus auf der
Erde verworfen, aber im Himmel anerkannt ist, besitzen
sie eine sichere Errettung und eine himmlische Stellung.
So wie der Himmel höher ist als die Erde, ist auch die
himmlische Freude grösser als die irdische.

Damals fand also ein Wechsel in den Wegen Gottes statt. Die Errichtung des Reichs verlegte sich in die
Zukunft. Anstelle des irdischen Segens im Reich bekamen die Jünger einen himmlischen Segen: Sie lernten
Gott als ihren Vater kennen. Diese Veränderung blieb
den Weisen und Verständigen der Welt verborgen. Aber
die Menschen, die schlicht an den Herrn Jesus glaubten, wurden in die christlichen Beziehungen eingeführt.
Auch wir kennen Gott, den Vater, und Gott, den Sohn.
Aber die Person des Herrn Jesus, der ewiger Gott und
wahrer Mensch ist, können wir nicht ergründen.

Die Jünger gehörten zu den privilegierten Menschen
in Israel, die den Messias sehen und hören konnten.
Auf Ihn hatten schon viele Gläubige vor ihnen sehnlich
gewartet.

Der Gesetzgelehrte wollte durch das Halten der Gebote
Gottes ewiges Leben bekommen. Er wusste auch, dass das

MONTAG
15. FEBRUAR

Gesetz ihm Verpflichtungen gegenüber Gott und seinen Mitmenschen
auferlegte. Als der Herr ihm erklärte: «Tu dies, und du wirst leben»,
wich der Gesetzgelehrte mit einer Frage aus: «Wer ist mein
Nächster?» Nun erzählte Jesus die Geschichte des barmherzigen Samariters, um zweierlei deutlich zu machen:

1) Kein Mensch kann durch das Halten der göttlichen
   Gebote ewiges Leben bekommen. Wir sind alle auf
   die Gnade und Barmherzigkeit des Herrn Jesus angewiesen. Er ist unser Nächster, den wir lieben und als
   unseren Erlöser annehmen sollen, weil Er uns zuerst
   geliebt und sein eigenes Leben für uns gegeben hat.

2) Jesus Christus gibt uns im barmherzigen Samariter
   ein Beispiel, was es im Alltag bedeutet, den Nächsten auf christliche Weise zu lieben.

Wie dieser Mann von Jerusalem nach Jericho reiste und
unter die Räuber fiel, so geht jeder natürliche Mensch
einen Weg, der von Gott weg ins Elend der Sünde führt.
Die Vertreter des Gesetzes (Priester und Levit) können
dem Sünder nicht helfen. Sie verurteilen ihn nur, und
zwar zu Recht.

Im Samariter erkennen wir den Heiland, der zu uns
gekommen ist, um uns vom Tod zu erretten. Aus Liebe
und herzlichem Erbarmen hat Er sich mit unserer Sün-
dennot befasst und uns Vergebung gebracht. Seit wir
an Ihn glauben, trägt Er Sorge für uns. Er führt uns in
die Herberge (Versammlung), wo der Wirt (der Heilige
Geist) sich um unser geistliches Wohl kümmert.

Aus der Geschichte des barmherzigen Samariters haben
wir gelernt, wie der Herr Jesus uns errettet hat. Die beiden nächsten Abschnitte zeigen uns nun zwei Hilfen,
die wir als Erlöste für unser Glaubensleben besitzen:
das Wort Gottes (Kapitel 10,38-42) und das Gebet (Kapitel 11,1-13).

Martha nahm den Herrn in ihr **DIENSTAG**
Haus auf. So bewies sie ihren **16. FEBRUAR**
Glauben an Ihn und ihre Liebe zu
Ihm, während Ihn die grosse Masse des Volkes ablehnte.
Damit machte sie Jesus Christus eine Freude. Doch
dann heisst es: «Martha aber war sehr beschäftigt mit
vielem Dienen.» Ihre Aufgabe für den Herrn nahm sie
so gefangen, dass Er nicht mehr den zentralen Platz in
ihrem Herzen hatte. Als Folge davon beklagte sie sich
über das Verhalten ihrer Schwester und schrieb dem
Herrn vor, was Er tun sollte.

Mit einer klaren, aber gnädigen Zurechtweisung
stellte der Herr die Situation ins rechte Licht. Er deckte
die Sorge und Unruhe im Herzen Marthas auf und zeigte
ihr, dass es etwas gibt, was wichtiger ist als Dienen.
Maria erwählte dieses gute Teil, als sie sich auch zu den
Füssen des Herrn Jesus niedersetzte und seinem Wort
zuhörte. Was Er ihr zu sagen hatte, war ihr so wichtig,
dass alles andere in den Hintergrund trat.

Auch wir können den Wert des Wortes Gottes nicht
hoch genug einschätzen. Es ist lebendig und wirksam.
Darum gibt es nichts, was das Lesen und Hören des Wortes ersetzen kann. Wenn wir die Gegenwart des Herrn
aufsuchen, um uns demütig von Ihm unterweisen zu lassen, schenkt Er uns einen unverlierbaren Segen.

Das beispielhafte Gebetsleben ihres Meisters veranlasste die Jünger, Ihn zu bitten: «Herr, lehre uns beten.» Das Gebet, das Er sie lehrte, entsprach der Stellung,

MITTWOCH
17. FEBRUAR

in der sie sich damals befanden, als der Geist Gottes noch nicht auf die Erde gekommen war, um in den Glaubenden zu wohnen. Als glaubende Christen beten wir anders, weil uns der Heilige Geist in die christlichen Beziehungen eingeführt hat. Aber vom Aufbau dieses Gebets lernen wir, beim Beten zuerst an die Interessen Gottes und danach an unsere Bedürfnisse zu denken. Ist es bei uns nicht oft umgekehrt?

Mit dem Beispiel des Mannes, der seinen Freund um drei Brote bat, belehrt uns der Herr einerseits über unsere Einstellung beim Beten: Wir sollen *beharrlich* und *mutig* bitten, weil wir Grosses von unserem Gott erwarten können. Anderseits erhalten wir aus dieser Geschichte einen Hinweis auf die Art unserer Gebete: Sie sollen *kurz* und *konkret* sein!

Als *Bittende* sagen wir Gott, was wir brauchen. Zugleich sind wir *Suchende*, die in der Not bei Ihm Zuflucht nehmen und Rat holen. Als *Anklopfende* beten wir zu Gott, um Gemeinschaft mit Ihm zu haben.

Obwohl ein irdischer Vater auch böse werden kann, gibt er seinen Kindern in der Regel nur das, was gut und sinnvoll ist (Brot, Fisch, Ei). Bestimmt gibt er ihnen nichts, was ihnen schadet oder nichts nützt (Stein, Schlange, Skorpion). Wie viel mehr trifft das auf unseren Gott und Vater im Himmel zu, der immer vollkommen handelt. Er ist der Geber jeder guten Gabe (Jakobus 1,17).

Der Herr Jesus trieb in göttlicher Macht den bösen
Geist von einem stummen Menschen aus, so dass dieser
nun reden und Gott loben konnte. Auf dieses Wunder
reagierten die Leute auf zweierlei Weise:

a) Einige schrieben in ihrer *Bosheit* die befreiende Kraft
des Heilands dem Teufel zu
(Vers 15).

**DONNERSTAG
18. FEBRUAR**

b) Andere forderten in ihrem
Unglauben ein Zeichen, ob-
wohl Er gerade seine Macht bewiesen hatte (Vers 16).

Zuerst ging der Herr auf die böse Behauptung der Ersten
ein. Sie war völlig absurd, denn keiner zerstört sich selbst –
auch der Teufel nicht. Sein Reich war weder gespalten
noch zerstritten, sonst hätte er in Israel nicht einen so grossen Einfluss gehabt. Die Sachlage war anders: Der Herr
trieb die bösen Geister in göttlicher Macht aus und bewies
damit, dass Er der von Gott gegebene Messias war.

Mit zwei Vergleichen illustrierte Jesus Christus die
damalige Situation mit ihren Auswirkungen:

- Verse 21-23: Satan war der Starke, der die Welt als
seinen Herrschaftsbereich streng bewachte. Aber der
Herr Jesus überwand den Feind in der Wüste und
besiegte ihn vollständig am Kreuz. Er nahm dem Teufel die Macht des Todes weg, so dass Menschen aus
seiner Knechtschaft befreit werden können.

- Verse 24-26: Als Jesus zu seinem Volk kam, war es frei
vom Geist des Götzendienstes. Es lehnte Ihn jedoch
als Messias ab. Seither gleicht es einem sauberen,
aber unbewohnten Haus. In diesem Zustand ist das
Volk für den Antichristen offen, der es zu schlimmstem
Götzendienst und Okkultismus verführen wird.

Es war ein grosser Segen, die Mutter Jesu zu sein und so in einer direkten natürlichen Beziehung zum verheissenen Messias zu stehen. Aber der Segen derer, die das Wort Gottes im Glauben hören und bewahren, ist viel grösser, weil sie so ihre geistliche Beziehung zu Christus geniessen.

FREITAG
19. FEBRUAR

In den Versen 29-32 spricht der Herr die Menschen an, die in Vers 16 ein Zeichen von Ihm gefordert haben. Er bezeichnet sie als ein böses Geschlecht, weil sie trotz der gewirkten Wunder einen hartnäckigen Unglauben offenbaren. Sie bekommen kein weiteres Zeichen, sondern nur die Ankündigung des Gerichts, die Er das «Zeichen Jonas» nennt.

Die Königin von Scheba hatte den Bericht von der Weisheit Salomos *gehört und geglaubt.* Der Beweis dafür war ihre lange Reise nach Jerusalem. Die Menschen in Ninive hatten die Predigt Jonas ebenfalls *gehört und geglaubt,* denn sie taten Buße. Aber das ungläubige Volk zur Zeit Jesu, das seine Botschaft *hörte* und seine Wunder *sah, glaubte nicht* an Ihn, obwohl Er grösser und herrlicher ist als Salomo und Jona.

Das Evangelium verbreitet das helle Licht Gottes in der Welt. Ob es das Herz und das Leben eines Menschen erhellt, hängt vom Auge ab, d. h. von der Bereitschaft, dieses Licht in sein Inneres leuchten zu lassen. Wer die göttliche Botschaft einfältig glaubt, bei dem wird es im Herzen und im Leben hell. Wer ein böses Auge hat und das Evangelium ablehnt, bleibt im Dunkeln. In Vers 35 geht es um ein falsches Licht: Religiosität oder menschliche Weisheit machen das Leben nicht hell!

Der Herr Jesus wird wieder von einem Pharisäer zum Essen eingeladen. In seiner Gnade nimmt Er die Einladung an, aber in seiner Weisheit unterzieht Er sich nicht der traditionellen Waschung der Hände. Er nimmt diese rituelle Handlung zum Anlass, um das Verhalten der religiösen Menschen in Israel zu tadeln.

In den Versen 39-41 geht es um das Äussere und das Innere. Die Pharisäer waren äusserlich fromm und innerlich böse. Welche Heuchelei! Bei Gott sind jedoch das Herz *und* das Verhalten wichtig. Wer innerlich richtig zu Ihm steht, wird Ihn auch äusserlich ehren.

SAMSTAG
20. FEBRUAR

Ab Vers 42 verurteilt der Herr mit drei «Wehe» das Verhalten der *Pharisäer:*

- In ihrer äusseren Gesetzestreue waren sie genau, aber die Gebote, die ihr Herz betrafen, hielten sie nicht.
- Sie strebten nach Anerkennung bei den Menschen und dachten nicht daran, Gott die Ehre zu geben.
- Nach aussen sah ihr Leben bestens aus, in Wirklichkeit waren sie jedoch böse und verdorben.

Ab Vers 45 geht es um die *Gesetzgelehrten,* die nicht besser dastanden. Auch über sie sprach der Herr drei «Wehe» aus. Zuerst musste Er ihnen den Vorwurf machen, dass sie nicht taten, was sie lehrten. Zweitens widerstanden sie den Boten Gottes, die sie von ihrem bösen Weg überführten. Drittens versuchten sie durch ihren religiösen Einfluss zu verhindern, dass die Menschen den Weg zur Rettung und zum Leben einschlugen.

Diese klaren und wahren Worte offenbarten die Bosheit der religiösen Führer in Israel. Anstatt Buße zu tun, reagierten sie mit Hass und Widerstand.

In den Versen 1-48 spricht der Herr zu den Jüngern über die Zeit nach seinem Weggang in den Himmel. Das Wort Gottes und der Heilige Geist treten dann an seine Stelle, um ihnen in ihrem Zeugnis für Gott eine Hilfe zu sein. Das Thema im gelesenen Abschnitt ist der *religiöse Widerstand*, der sowohl durch Heuchelei (Vers 1) als auch durch Verfolgung (Vers 4) auftreten kann.

SONNTAG
21. FEBRUAR

Heuchelei verdeckt den wahren Zustand. Aber Gott sorgt dafür, dass einmal alles ans Licht kommt – spätestens am Tag des Gerichts. Darum sollen die Jünger mit ihrer Botschaft nicht zurückhalten, sondern sie auch in der dunklen Welt verkünden. Der Herr nennt sie seine Freunde, weil sie eine vertraute Beziehung zu Ihm haben und mit Ihm die Ablehnung der Welt teilen (Johannes 15,14-20). Anstatt sich vor feindlichen Menschen zu fürchten, sollen sie Ehrfurcht vor Gott haben. Er wird die Ungläubigen, die unversöhnt mit Ihm sterben, in die Hölle werfen. Ist das nicht ein Ansporn, den Auftrag des Herrn zu erfüllen und das Evangelium zu verbreiten?

Um die Jünger in diesem Zeugnis für Gott und seine Gnade zu ermutigen, lenkt der Herr Jesus ihre Gedanken auf drei Punkte:

1) Sie erfahren die Fürsorge Gottes, der alle ihre Haare gezählt hat und an jeden Sperling denkt (Verse 6.7).

2) Ihr Bekenntnis vor den Menschen wird der Herr im Himmel anerkennen und belohnen (Verse 8.9).

3) Sie können ihren Auftrag in der Kraft und unter der Leitung des Heiligen Geistes erfüllen. Er hilft ihnen, sich vor der Obrigkeit zu verantworten (Verse 11.12).

Jetzt geht es um die Gefahr der *Habsucht,* die einen Menschen an der Umkehr zu Gott hindern und einen Gläubigen von einer entschiedenen Nachfolge des Herrn abbringen kann. Die Begebenheit in den Versen 13-15 macht dreierlei deutlich:

MONTAG
22. FEBRUAR

a) Dieser Mensch offenbarte ein habsüchtiges Herz, weil er vehement auf seinem Erbe bestand und vom Herrn Jesus verlangte, ihm zu seinem Recht zu verhelfen.

b) Der Sohn Gottes war nicht gekommen, um unter den Menschen Gerechtigkeit herbeizuführen, sondern um die göttliche Gnade zu offenbaren.

c) Aufgrund seiner Verwerfung in Israel beschäftigte Er sich nicht mit dem natürlichen Leben. Es ging Ihm vielmehr um die ewige Errettung einzelner Menschen.

Der Herr unterstrich seine Warnung vor der Habsucht mit dem Gleichnis vom reichen Kornbauern. Dieser Mann war aus menschlicher Sicht klug. Er konnte erfolgreich wirtschaften und zugleich den erzielten Ertrag gut aufbewahren und verwalten. Aber aus Gottes Sicht machte er aufgrund seiner Habsucht einige gravierende Denkfehler:

- Der reiche Mann betrachtete seinen Besitz als persönliches Eigentum, anstatt an die Ansprüche Gottes und die Bedürfnisse seiner Mitmenschen zu denken.

- Der Kornbauer glaubte, sein Lebensglück liege im Genuss des Materiellen. Doch seine Seele fand darin keine echte Erfüllung und ging ewig verloren.

- Der reiche Bauer meinte, er könne über die Zukunft bestimmen. In seiner Planung lagen noch viele Jahre vor ihm. Aber sein Leben ging über Nacht zu Ende, weil Gott es so festgelegt hatte.

Die *Lebenssorgen* sind das Gegenstück zur Habsucht und haben auch mit dem Materiellen zu tun. Diese übermässige Besorgnis um Nahrung und Kleidung kennzeichnet die Ungläubigen, kann sich aber auch ins Herz eines Gläubigen einschleichen. Der Herr Jesus gibt uns manche Hilfestellung zu diesem Thema, damit wir uns nicht unnötig Sorgen machen.

DIENSTAG
23. FEBRUAR

- Unser Leben soll sich nicht nur um das Essen und die Kleider drehen (Vers 23). Als Glaubende besitzen wir mehr als den natürlichen Bereich. Wir leben im Reich Gottes und pflegen eine Beziehung zum Herrn Jesus.
- Gott sorgt für uns. Ihm können wir völlig vertrauen, denn Ihm ist alles möglich. Wenn Er die Raben ernährt, gibt Er auch uns zu essen (Vers 24). Wenn Er die Lilien so schön ausstattet, sorgt Er auch für unsere Kleidung (Verse 27.28). Wir sind Ihm nämlich viel wichtiger als die Tiere und Pflanzen.
- Mit Sorgen können wir an der Situation nichts ändern (Verse 25.26). Sie beunruhigen nur unseren Geist und offenbaren unseren Kleinglauben.
- Das sorgenvolle Bestreben nach dem Materiellen prägt die Menschen, die nur an das kurze Leben auf der Erde denken (Verse 29.30). Ihnen sollen wir nicht gleichen, denn wir haben eine Hoffnung über den Tod hinaus.
- Unser Vater im Himmel weiss, was wir für das tägliche Leben nötig haben, so dass wir unser Herz auf das Reich Gottes ausrichten können (Verse 30.31). Wir wollen unsere Arbeit im Alltag treu verrichten, aber unser erstes Interesse gilt der Sache Gottes. Diese Lebenseinstellung wird Er segnen.

Der Herr nennt seine Jünger eine «kleine Herde». Er sieht die Gläubigen der Gnadenzeit als eine Minderheit in einer materialistischen Welt. Weil sie sich in erster Linie für das Reich Gottes einsetzen, verfolgen sie ganz andere Ziele als ihre Umgebung. Als Belohnung dafür werden sie im Himmel am Segen des zukünftigen Reichs teilnehmen.

MITTWOCH
24. FEBRUAR

Diese himmlische Perspektive hat zur Folge, dass die Glaubenden ihren materiellen Besitz einsetzen, um himmlische Schätze zu sammeln. Wenn sie damit Gutes tun und das Werk des Herrn unterstützen, werden sie im Himmel einen unverlierbaren Lohn bekommen (1. Timotheus 6,18.19). Dadurch wird ihr Herz jetzt schon mit dem Himmel und mit Christus verbunden, der dort seit seiner Rückkehr zum Vater den zentralen Platz einnimmt.

Gläubige, die so auf den Himmel ausgerichtet sind, warten auf das Wiederkommen des Herrn. Sie verwickeln sich nicht in die Beschäftigungen des Lebens, sondern sind jederzeit bereit, die Erde zu verlassen. In der Wartezeit möchten sie ein Licht für ihren Herrn sein und die Mitmenschen mit Ihm bekannt machen.

«Glückselig jene Knechte, die der Herr, wenn er kommt, wachend finden wird!» Das ist seine *Anerkennung* für wartende Jünger, deren Herzen für Ihn schlagen. «Er wird sich umgürten und sie sich zu Tisch legen lassen und wird hinzutreten und sie bedienen.» Das ist seine *Belohnung*. Christus wird den Seinen im Himmel dienen, damit sie den ewigen Segen vollauf geniessen können.

Wir wollen uns durch diese Verse neu anspornen lassen, mit wachen Herzen auf unseren Herrn zu warten.

Wir sind nicht nur *wartende*, sondern auch *dienende* Jünger. Das macht der Herr Jesus in Vers 42 klar, wenn Er anhand eines Beispiels aus dem damaligen Alltag

DONNERSTAG
25. FEBRUAR

über den Dienst in der Verkündigung des Wortes und im Austeilen von geistlicher Nahrung spricht. Wir erkennen darin verschiedene Merkmale, die einen Diener des Herrn auszeichnen.

- Er handelt treu und klug. Gewissenhaft erfüllt er die Aufgabe, die er zugeteilt bekommen hat, und handelt im Sinn seines Meisters.
- Er arbeitet nicht einfach drauflos, sondern fragt sich, wann der richtige Moment gekommen ist, an dem er seine Aufgabe ausüben soll.
- Er verkündigt das Wort in dem Mass, wie es aufgenommen werden kann, und geht nicht über das Aufnahmevermögen der Zuhörer hinaus.

Der Herr anerkennt und belohnt seine Knechte, die Er bei seinem Kommen an der Arbeit findet. Er nennt sie «glückselig» und setzt sie als seine Miterben in der Verwaltung des Universums ein (Epheser 1,10.11).

Leider gibt es auch Menschen, die sich als Diener Gottes ausgeben, aber nur dem Namen nach Christen sind. Weil sie in ihrem Unglauben den Herrn Jesus nicht erwarten, benutzen sie ihren Einfluss für das eigene Wohlergehen und zum Schaden anderer Christen. Doch der Herr wird diese untreuen Knechte bei seinem Kommen dafür bestrafen. Das zukünftige Gericht wird gerecht sein und davon abhängen, wie viel der Mensch in seinem Leben von Gott und dessen Willen gekannt hat. Je mehr er weiss, umso verantwortlicher ist er.

Bis Vers 48 hat der Herr über die christliche Zeit gesprochen, in der Er abwesend ist und seine Jünger von Ihm zeugen. Ab Vers 49 spricht Er über die damalige Situation. Er war auf die Erde gekommen, um den Menschen die Gnade Gottes zu bringen. Aber die meisten lehnten Ihn ab. Deshalb hatte sein Kommen nicht Frieden, sondern Feuer zur Folge.

FREITAG
26. FEBRUAR

Mit der Taufe wies der Heiland auf seinen Kreuzestod hin, wo die Ablehnung der Menschen ihren Höhepunkt erreichte. Doch in seinem Tod triumphierte die Liebe Gottes über den Hass der Menschen, so dass sich die Schleusen der Gnade zur Rettung von Sündern ganz öffnen konnten.

Für seine Jünger führt die Ablehnung des Herrn zu Erprobungen und Anfechtungen vonseiten der Menschen, die Ihn verwerfen (Verse 51-53). Gerade in der Familie zeigt sich deutlich, dass sich an Jesus Christus die Geister scheiden. Wer Ihn ablehnt und hasst, stellt sich auch gegen die, die an Ihn glauben.

Für das Volk Israel als Ganzes bedeutet das Feuer Gericht und Züchtigung vonseiten Gottes (Verse 54-59). In ihrem Unglauben verwarfen die meisten Menschen in Israel den Herrn Jesus. Obwohl seine Zeichen deutlich machten, dass Gott in Gnade zu seinem Volk gekommen war, weigerten sie sich, Ihn anzunehmen. Deshalb befanden sie sich auf dem Weg zum Richter. Noch konnten sie der Verurteilung entkommen. Aber sie verharrten in ihrem Unglauben. So wurde Jerusalem zerstört und die Juden wurden in alle Welt zerstreut. Seither befindet sich Israel im Gefängnis und sitzt seine Strafe ab.

Die Verse 1-5 beziehen sich auf das Volk Israel, offenbaren aber allgemein gültige Grundsätze.

Gott hatte es in seinen Regierungswegen zugelassen, dass die Menschen in beiden angeführten Beispielen durch einen Gewaltakt oder eine Katastrophe getötet wurden. – Daraus können wir jedoch nicht ableiten, dass ein gewaltsamer Tod auf eine grosse Schuld des Betroffenen schliessen lässt.

SAMSTAG
27. FEBRUAR

Nun hatte Gott seinen Sohn zu den Menschen in Israel gesandt, um sie zur Umkehr aufzurufen. Wenn sie aber nicht Buße taten und nicht an Jesus Christus glaubten, würden sie genauso das göttliche Gericht in seiner gerechten Regierung erfahren. Sie würden umkommen, was bei der Zerstörung Jerusalems um 70 n. Chr. auch geschah. Das war eine Folge ihrer fehlenden Bußbereitschaft. – So liegt der Unterschied zwischen den Geretteten und den Verlorenen darin, dass die einen bußfertig sind und die anderen nicht umkehren wollen.

Der Feigenbaum in den Versen 6-9 stellt die Juden dar, die zur damaligen Zeit in Israel lebten. Sie hatten ein religiöses Bekenntnis (Blätter), brachten aber keine Frucht für Gott. Der Weingärtner ist ein Bild vom Herrn Jesus, der sich in Gnade um diese Menschen bemühte. Obwohl sie Ihn ablehnten und kreuzigten, erstreckte sich ihre Gnadenfrist über seinen Tod hinaus. Durch den Dienst der Apostel bekamen sie nochmals eine Chance, umzukehren und Frucht für Gott zu bringen. Doch sie nutzten diese Möglichkeit nicht, so dass das Volk Israel als Ganzes für eine lange Zeit auf die Seite gestellt wurde.

Trotz der Gerichtsankündigung begegnete der Herr
Jesus dem Volk Israel noch in Gnade. Er lehrte und heilte,
nicht weil die Menschen es verdient hätten, sondern weil
Gott diesem Volk bedingungslose Verheissungen gegeben hatte.

Die Frau, die durch ihre Schwäche zusammengekrümmt war,
stellt die Menschen in Israel dar,

SONNTAG
28. FEBRUAR

die unter dem Gesetz standen. Sie waren nicht in der
Lage, die Gebote zu halten. Stattdessen kamen sie durch
ihr sündiges Leben unter die Herrschaft Satans. Der Heiland heilte diese Frau am Sabbat, um zu zeigen, dass die
Gnade Gottes die Schranken des Gesetzes weit über-
steigt. Als die Frau geheilt war, richtete sie sich auf und
verherrlichte Gott. So bekommen erlöste Menschen Kraft
und Frieden, um vor Gott zu stehen und Ihn zu loben.

Der Synagogenvorsteher verstand das Wirken der
Gnade nicht, weil er aufgrund seiner heuchlerischen
Gesetzestreue blind für die Grösse des Herrn Jesus war.
Die Frau hingegen besass einen echten Glauben an Ihn.
Dadurch erwies sie sich als eine Tochter Abrahams.

In den Versen 18-21 spricht der Herr über das Reich
Gottes, wie es sich nach seiner endgültigen Verwerfung
und seiner Rückkehr in den Himmel unter der Verantwortung des Menschen entwickelte:

- Am Anfang bestand das Reich Gottes (= Senfkorn) aus
  den wenigen Christen. Aber mit der Zeit wurde das
  christliche Bekenntnis gross und mächtig (= Baum).
- Am Anfang verharrten die Christen in der Lehre der
  Apostel (= drei Mass Mehl). Aber bald durchdrangen
  viele verkehrte Lehren (= Sauerteig) die Christenheit.

Obwohl der Herr Jesus im Allgemeinen abgelehnt wurde, verkündigte Er in Israel weiterhin die Gnade Gottes, um die Menschen zu einer persönlichen Glaubensentscheidung für Ihn aufzurufen. Anstatt zu überlegen, ob sich viele oder wenige retten lassen, sollte sich jeder die Frage stellen: Bin ich bereit, durch die Tür einzugehen, um errettet zu werden?

MONTAG
1. MÄRZ

- Das erfordert eine *persönliche* Entscheidung (Vers 24). Die Tür ist eng. Jeder muss für sich selbst Buße tun und an Christus glauben.
- Diese Entscheidung ist *dringend* (Vers 25). Die Tür wird bald geschlossen. Dann ist es für eine Umkehr und eine Annahme des Herrn Jesus zu spät.

Leider glaubten viele Menschen in Israel nicht an Ihn, obwohl sie sein Wirken miterlebten. Wegen ihres Unglaubens hatten sie trotz ihrer Abstammung von Abraham kein Anrecht am zukünftigen Friedensreich. An ihrer Stelle werden Menschen aus den Nationen, die Buße tun und an den Heiland glauben, mit den Gläubigen aus dem Alten Testament den Segen des Reichs geniessen.

Herodes war ein Fuchs, weil er die Herrschaft in Israel auf listige und unrechtmassige Weise erschlichen hatte. Diesen falschen König anerkannte der Herr nicht. Er selbst ging im Auftrag Gottes nach Jerusalem, wo Ihn die Menschen verwerfen und umbringen würden. Von diesem Weg des Gehorsams konnte Ihn niemand abhalten.

Zugleich war Jesus der HERR, der Gott Israels, der sich um dieses Volk bemühte. Doch es war vergebens. So musste Er seine Beziehung zu Israel abbrechen, bis ein zukünftiger Überrest umkehren und Ihn annehmen wird.

Der Herr nahm die Einladung des Pharisäers an, obwohl er die unguten Motive des Gastgebers kannte. Die Anwesenheit des wassersüchtigen Mannes gab Ihm die Gelegenheit, vor den Gesetzgelehrten die Gnade zu rechtfertigen. Zuerst fragte Er sie: «Ist es erlaubt, am Sabbat zu heilen, oder nicht?» Sie gaben keine Antwort und bewiesen damit, dass das Gesetz die Gnade nicht einschränken kann. Nachdem Er den kranken Mann geheilt hatte, deckte der Herr ihre Heuchelei auf: Wenn es um ihre eigenen Interessen ging, konnten sie am Sabbat bedenkenlos ein Tier aus dem Brunnen ziehen. Somit hatten sie kein Recht, den Heiland daran zu hindern, an diesem Tag in Gnade zu handeln.

**DIENSTAG
2. MÄRZ**

In den Versen 7-11 spricht der Herr die *Gäste* an, die sich die besten Plätze aussuchten. Sie offenbarten dadurch eine hochmütige und ehrsüchtige Einstellung. Der Rat, den Jesus Christus ihnen gab, entsprach seinem eigenen gnädigen Verhalten. Er war von Herzen demütig und nahm unter den Menschen den letzten Platz ein. Wer seinem Beispiel folgt und bescheiden zurücksteht, erfährt, wie Gott den Grundsatz von Vers 11 wahr macht und ihn vor den Menschen ehrt.

In den Versen 12-14 hat der Herr Jesus ein ernstes Wort an den *Gastgeber*. Anstatt in einer egoistischen Haltung nur die einzuladen, die sich darauf erkenntlich zeigten, sollte er in selbstloser Liebe jene bewirten, die seine Einladung nicht erwidern konnten. Wer sich so gnädig und uneigennützig verhält, führt jetzt ein glückliches Leben und wird in der Zukunft einen grossen Lohn bekommen.

Mit dem Gleichnis vom grossen Gastmahl zeigt der Herr Jesus, wer zu den glücklichen Menschen gehört, die im Reich Gottes Brot essen werden. Es sind solche, die der göttlichen Einladung folgen und seine Gnade annehmen.

MITTWOCH
3. MÄRZ

Als der Sohn Gottes Mensch wurde und auf die Erde kam, war Er der Knecht Gottes, der in Israel wirkte. Er lud zuerst die religiösen Menschen zum Gastmahl der Gnade ein. Doch sie lehnten seine Einladung mit drei Entschuldigungsgründen ab. Der *Besitz*, die *Arbeit* und die *Familie* waren ihnen wichtiger als die Gnade. Was Gott ihnen schenken wollte, war ihnen nicht so viel wert, um deswegen auf irdische Vorteile und Freuden zu verzichten.

Aufgrund dieser Ablehnung wandte sich der Heiland den Armen, Verachteten und Randständigen im Volk Israel zu und lud sie ein, die Gnade Gottes zu ihrer Errettung anzunehmen. Diese Menschen waren im Allgemeinen nicht zu stolz für die Gnade und glaubten an den Herrn Jesus.

Aber im Festsaal war noch mehr Platz vorhanden. Deshalb überschritt die Gnade, die durch den Herrn Jesus auf der Erde erschienen war, schon bald die Grenzen Israels (Lukas 7,1-10). Nach seinem Tod und seiner Auferstehung bekamen die Jünger den Auftrag, alle Menschen aus allen Völkern durch das Evangelium der Gnade einzuladen, an den Erlöser Jesus Christus zu glauben und so am göttlichen Segen teilzuhaben.

Gott möchte, dass sein Haus voll wird. Darum fordert Er nach wie vor alle auf, seine Einladung anzunehmen. Noch gibt es Platz, noch währt die Gnadenzeit.

Wer die Einladung der Gnade Gottes zur persönlichen Errettung annimmt (Vers 16-24), wird ein Jünger des Herrn Jesus. Doch der Weg in seiner Nachfolge fordert uns heraus:

**DONNERSTAG
4. MÄRZ**

- Unser Herr kommt *vor* der Familie und den eigenen Wünschen. Wir leben in den natürlichen Beziehungen und führen unser Leben auf der Erde. Aber wir dürfen uns dadurch nicht abhalten lassen, dem Herrn Jesus konsequent nachzufolgen (Vers 26).
- Jesus Christus ist in der Welt verworfen. Darum gilt es in seiner Nachfolge, unser Kreuz zu tragen und die Schmach der Welt auf uns zu nehmen (Vers 27).

In den Versen 28-33 fordert uns der Herr mit zwei Beispielen auf, die Kosten der Jüngerschaft zu überschlagen. Er stellt uns die Schwierigkeiten am Anfang des Weges vor Augen, damit wir nicht mit menschlicher Begeisterung losziehen, sondern die Probleme erkennen und mit seiner Hilfe überwinden. Es muss uns von Anfang an klar sein, dass wir nicht in der Lage sind, Ihm aus eigener Kraft nachzufolgen. Es kostet uns mehr an Überwindung und Selbstverleugnung, als wir selbst aufbringen können. Ausserdem ist der Feind, der uns auf diesem Weg entgegentritt, stärker als wir. Die Lösung finden wir in Vers 33. Wenn wir für Christus alles aufgeben, bekommt Er den rechen Platz in unserem Herzen und unserem Leben. Dann können wir mit Ihm die Kosten aufbringen und die Hindernisse überwinden.

Wenn wir als Jünger des Herrn Jesus gnädig sind und zugleich das Böse entschieden verurteilen (= Salz), ist unser Zeugnis in der Welt kraftvoll.

Das dreiteilige Gleichnis in diesem Kapitel offenbart das Herz Gottes: Er findet Freude daran, verlorenen Menschen seine Gnade zu erweisen. In jeder Geschichte werden zwei Gruppen einander gegenübergestellt: zum einen die *Sünder,* die mit der Einsicht ihrer Schuld zu Gott umkehren, und zum anderen die *Selbstgerechten,* die nicht Buße tun wollen.

FREITAG 5. MÄRZ

Der Hirte, der das verlorene Schaf sucht, stellt den Herrn Jesus dar. Er geht jedem Menschen nach, der sich durch Eigenwillen und Sünde verirrt hat. Durch das Evangelium sucht Er die Verlorenen. Wenn Er einen Menschen findet, der über sein sündiges Leben Buße tut und Ihn als persönlichen Erlöser annimmt, trägt Er ihn nach Hause. Wie freut Er sich über jeden, den Er gefunden hat! Die Welt mag die Errettung eines Sünders nicht bemerken, aber im Himmel löst sie Freude aus.

Die Frau, die das verlorene Geldstück sucht, ist ein Bild des Heiligen Geistes. Er benutzt das Wort Gottes (Lampe), um Menschen von ihrem verlorenen Zustand zu überführen. Die sorgfältige Suche weist auf sein unermüdliches Wirken hin. Er kann den Menschen, die geistlich tot sind, durch die Neugeburt ewiges Leben schenken. Wie freut Er sich, wenn jemand aus dem Tod ins Leben übergeht!

In diesen beiden Geschichten steht die göttliche Seite bei der Errettung eines Sünders im Vordergrund. Aber der letzte Satz macht deutlich, dass nur solche gerettet werden, die ihre Schuld und ihren sündigen Zustand einsehen. Wer selbstgerecht ist und meint, nicht Buße tun zu müssen, geht ewig verloren.

Der Vater der beiden Söhne stellt Gott, den Vater, dar, der bußbereite Sünder aufnimmt. So wie der jüngere Sohn das Zuhause verliess und in ein fernes Land reiste, hat jeder Mensch Gott den Rücken zugekehrt und ohne Ihn gelebt. Anstatt seine Fähigkeiten (= das Vermögen) zu Gottes Ehre einzusetzen, hat er sie in einem egoistischen und sündigen Leben vergeudet. Dabei ist eine innere Leere entstanden, denn die Vergnügungen der Welt stillen die Bedürfnisse des Menschen nicht.

SAMSTAG
6. MÄRZ

Als der Sohn beim Schweinetrog am Tiefpunkt seines Lebens angelangt war, dachte er an den Überfluss im Haus seines Vaters. Seine Einsicht und Umkehr charakterisieren eine Bekehrung:

- Es beginnt mit einer Sinnesänderung. Jeder muss zur Einsicht kommen, dass er schuldig und verloren ist.
- Dann kommt es zu einem Entschluss im Herzen, zu Gott umzukehren und Ihm die Sünden zu bekennen.
- Darauf folgt die Umkehr vom bösen und verkehrten Weg zu Gott, um nun ein Leben zu seiner Ehre zu führen.
- Schliesslich ist auch ein aufrichtiges Bekenntnis des begangenen Unrechts vor Gott nötig.

Was der Vater tat, als der verlorene Sohn zu ihm zurückkehrte, zeigt eindrucksvoll, wie Gott dem Sünder begegnet, der zu Ihm umkehrt. Er schaut nach ihm aus, kommt ihm entgegen und versöhnt ihn mit sich selbst (2. Korinther 5,18). Die drei Geschenke des Vaters reden vom Segen, den jeder Erlöste bekommt. Das Kleid weist auf die vollkommene Stellung vor Gott hin, der Ring ist ein Sinnbild des ewigen Lebens und die Sandalen sprechen von der Fähigkeit, zu seiner Ehre zu leben.

Der jüngere Sohn spricht von Menschen, die sich innerlich und äusserlich von Gott entfernt haben, aber von einem sündigen Leben zu Ihm zurückgekehrt sind und den vollen Segen der Errettung bekommen haben. Der ältere Sohn stellt die religiösen Menschen dar, die wie die Pharisäer damals äusserlich nahe bei Gott sind. Doch sie haben keine innere Beziehung zu Ihm und verstehen seine Liebe zu den Sündern nicht. Wegen ihrer Selbstgerechtigkeit entrüsten sie sich über die Gnade, die Gott den Verlorenen erweist, die zu Ihm umkehren.

SONNTAG
7. MÄRZ

Doch die Geduld Gottes ist gross. So wie der Vater zum älteren Sohn hinausging und sich um ihn bemühte, so setzt Gott alles daran, um selbstgerechte Menschen davon zu überzeugen, dass auch sie seine Gnade zur Errettung nötig haben.

Die Worte des älteren Sohnes in den Versen 29 und 30 zeigen deutlich den *Zustand* und die *Einstellung* der religiösen Menschen:

- Sie sind äusserlich gerecht und fromm. Nach ihrer Meinung haben sie die Gebote Gottes nicht übertreten.
- Doch sie wollen ohne Gott fröhlich sein. Die innere Gemeinschaft mit Ihm kennen sie nicht.
- Gegenüber begnadigten Sündern sind sie hart, weil es in ihrem Herzen keinen Raum für die Gnade gibt.

Auf all die Vorwürfe seines älteren Sohnes reagierte der Vater milde. Aber er bestand darauf, dass die Gnade gegenüber dem jüngeren Sohn richtig gehandelt hatte. So hat auch Gott gegenüber den selbstgerechten Menschen das letzte Wort. Seine Gnade, die bußbereite Sünder aufnimmt, kann niemals eingeschränkt werden.

Nachdem der Herr in Kapitel 15 die göttliche Gnade gegenüber Sündern vorgestellt hat, spricht Er in diesem Kapitel über die Wirkung der Gnade auf das Leben der Erlösten. Sie lenkt die Gedanken in die Zukunft, so dass das gegenwärtige Verhalten von dem geprägt ist, was die Gläubigen erwartet.

Gott hat den Menschen aus Israel das Irdische zur Verwaltung anvertraut, um sie zu prüfen. Doch

**MONTAG
8. MÄRZ**

sie sind untreu gewesen und haben es nur für sich selbst verschwendet. Mit der Erscheinung der Gnade ist die Zeit vorbei, wo Gott den natürlichen Menschen prüft, wie er mit dem anvertrauten irdischen Besitz umgeht.

Was tut der untreue Verwalter, als ihm die Stelle gekündigt wird? Er benutzt den anvertrauten Reichtum, um sich die Schuldner seines Herrn zu Freunden zu machen, damit sie ihn aufnehmen, wenn er entlassen ist. Er setzt den gegenwärtigen Besitz für die Zukunft ein. In diesem Punkt lobt ihn der Herr.

So werden wir durch dieses Gleichnis aufgefordert, den irdischen Besitz, den Gott uns anvertraut hat, im Blick auf die Zukunft für andere zu verwenden. Die Gnade will bei uns bewirken, dass wir die armseligen, vergänglichen Reichtümer in Mittel zur Ausübung der Liebe umwandeln. Dadurch sammeln wir uns eine gute Grundlage für die Zukunft (1. Timotheus 6,18.19).

Mit den ergänzenden Belehrungen in den Versen 10-13 stellt uns der Herr unsere Verantwortung in der Verwaltung des irdischen Besitzes und des geistlichen Reichtums vor. Es kommt auf unser Herz an. Wenn wir dem Herrn anhangen, werden wir vor der Habsucht bewahrt.

Die Pharisäer meinten, sie könnten Gott dienen *und* das
Geld lieben. Äusserlich sah es auch danach aus. Aber
der Sohn Gottes sah in ihr Herz. Dort war kein Funken
Zuneigung für Gott. Obwohl das Gesetz durch das
Evangelium der Gnade und den Glauben ersetzt wurde,
blieben die Gebote vom Sinai als Forderungen Gottes bestehen. Sie verurteilten auch die religiösen und
selbstgerechten Pharisäer, die im
Blick auf die Ehe eine lockere,
verkehrte Auffassung vertraten.

DIENSTAG
9. MÄRZ

Die Geschichte des reichen
Mannes und des armen Lazarus zeigt den Unterschied
zwischen dem Judentum und dem Christentum: Das
Leben der Juden war auf die sichtbare Welt ausgerichtet. Irdischer Reichtum war in der Zeit des Gesetzes ein
Beweis der göttlichen Gunst. Gläubige Christen hingegen haben die unsichtbare Welt im Himmel vor sich. Ihr
eigentlicher Segen ist himmlisch und das vollständige
Glück zukünftig.

Mit dieser Geschichte informiert uns der Herr Jesus
auch über das Jenseits. Der reiche Mann beschreibt Menschen, die ohne Gott leben und in ihren Sünden sterben.
Der arme Lazarus hingegen stellt Menschen dar, die sich
in ihrer Not vertrauensvoll an Gott wenden und darum als
Gerettete sterben. Nach dem Tod existieren beide weiter. Die Seelen der Erlösten befinden sich an einem Ort
der Ruhe und des Glücks, dargestellt durch den Schoss
Abrahams. Die Seelen der Ungläubigen hingegen sind
am Ort der Qual. Sie leiden Pein. Daran kann nichts mehr
geändert werden. Deshalb ist es wichtig, sich im Leben
für den Erlöser Jesus Christus zu entscheiden.

In der Nachfolge des Herrn Jesus begegnen wir Fallen und Schlingen, die der Teufel durch Menschen auf unseren Weg legt. Wir stehen in Gefahr, durch diese Fallstricke einen Fehltritt zu begehen.

Darum werden wir aufgefordert: «Habt acht auf euch selbst.»

MITTWOCH
10. MÄRZ

Zugleich warnt uns der Herr davor, durch falsche Worte oder ein verkehrtes Verhalten anderen Gläubigen ein Stolperstein zu sein. Wie gross ist darin unsere Verantwortung gegenüber solchen, die noch nicht lange gläubig sind! Und wenn wir einen Christen sehen, der gefallen ist? Dann sollen wir ihm helfen, damit er seine Sünde einsieht und wieder zurechtkommt (Galater 6,1). Hat er gegen uns gesündigt, so wollen wir bereit sein, ihm von Herzen zu vergeben. Der Gedanke an die göttliche Vergebung, die wir persönlich erfahren haben, hilft uns, dem Glaubensbruder und der Glaubensschwester immer wieder zu vergeben (Epheser 4,32).

Die Apostel erkannten, dass sie diese Anweisungen auf dem Weg der Jüngerschaft nicht aus eigener Kraft befolgen konnten. Darum baten sie: «Mehre uns den Glauben!» Die bildhafte Antwort des Herrn zeigt, dass unser Glaube nicht gross sein, sondern die richtige Ausrichtung haben muss. Wenn wir auf Gott blicken und Ihm alles zutrauen, wird sich unser Glaube die grosse Kraft Gottes zunutze machen.

In den Versen 7-10 geht es darum, bescheiden dem Herrn zu dienen. Niemals sind wir in der Lage, alles zu tun, was Er uns aufträgt. Dennoch wollen wir weiter treu unsere Pflicht erfüllen. Gleichzeitig ist uns bewusst, dass Er sein Werk auch ohne uns tun kann.

Auf seiner Reise nach Jerusalem hatte der Heiland eine Begegnung mit zehn Aussätzigen. – Die Zahl 10 spricht von der Verantwortung des Menschen gegenüber Gott. Der Aussatz ist ein Bild der Sünde mit ihren zerstörerischen Auswirkungen. So stellen diese zehn Aussätzigen das völlige Versagen des Menschen in seiner Verantwortung dar. Anstatt den Schöpfer zu ehren und Ihm zu gehorchen, ist der Mensch durch sein sündiges Leben ins Elend gekommen.

DONNERSTAG 11. MÄRZ

Die Männer wahrten den vom Gesetz verordneten Abstand, riefen den Herrn Jesus aber um Erbarmen an. Da wies Er sie an, sich dem Priester zu zeigen. Sie glaubten Ihm und wurden auf dem Weg dorthin gesund. – Die Sünde trennt den Menschen von Gott und bringt ihn in die Verdammnis. Wer jedoch Jesus Christus im Glauben um Hilfe anruft, wird errettet werden (Röm 10,13).

Neun Geheilte gingen weiter. Sie waren damit zufrieden, die Wundermacht des Heilands erfahren zu haben. Einer aber von ihnen kehrte nach seiner Heilung sofort zum Herrn zurück, fiel vor Ihm nieder und dankte Ihm. Er erkannte, dass Gott in Jesus zu finden war. – Glaubende Menschen sind dankbar für ihre Errettung. Doch sie sollen dort nicht stehen bleiben, sondern sich von der Gabe (Erlösung) zum Geber (Erlöser) hinwenden. Er ist es wert, dass sie Ihm zu Füssen fallen und Ihn anbeten.

Der geheilte Samariter zeigt in seinem Verhalten den damaligen Wechsel der Heilszeiten: Der Glaubende verlässt das jüdische Lager und geht zu Jesus Christus, um Ihm zu danken und Gott anzubeten (Heb 13,13-15).

Die Juden erwarteten das Reich Gottes und dachten dabei an eine äussere Machtentfaltung und an die Befreiung vom Joch der Nationen. Doch das Reich entfaltete sich damals nicht durch spektakuläre Ereignisse, sondern zeigte sich durch Jesus

**FREITAG
12. MÄRZ**

Christus, der in Gnade unter dem Volk wirkte. In seiner Person war das Reich anwesend. Weil der König jedoch abgelehnt und ans Kreuz geschlagen wurde, konnte das Reich nicht in Macht und Herrlichkeit errichtet werden.

Die Jünger, zu denen der Herr ab Vers 22 spricht, stellen den gläubigen Überrest in der zukünftigen Zeit dar, der auf den König und das Reich Gottes warten wird. Diese Glaubenden aus Israel werden vor Verführern gewarnt, die sagen: Siehe, hier ist der Christus! Sie sollen wissen, dass der Herr bei seinem zweiten Kommen öffentlich erscheinen wird. Dann werden Ihn alle sehen.

Die Verse 26-37 beschreiben die Situation auf der Erde kurz vor seinem Kommen:

- Sie wird der Zeit Noahs gleichen, als die Ungläubigen sorglos und gleichgültig lebten, bis das Gericht alle wegraffte. Nur Noah und seine Familie, die in die Arche gingen (= an Christus glauben), wurden gerettet.
- Diese zukünftige Zeit wird auch mit der Situation in Sodom vergleichbar sein. Während die Gottlosen sich nicht warnen liessen und im Strafgericht umkamen, wurde Lot gerettet, weil er aus der sündigen Stadt floh.

Diese Unterscheidung wird es auch in der kommenden Zeit geben. Durch die Gerichte wird Gott die Ungläubigen wegnehmen und die Gläubigen für das Friedensreich lassen.

Mit dem Gleichnis vom ungerechten Richter schliesst der Herr seine prophetischen Mitteilungen an die Jünger ab. Sie stellen die Gläubigen aus Israel in der Zukunft dar, die stark bedrängt sein werden. Doch sie werden eine grosse Hilfsquelle haben: das Gebet!

SAMSTAG
13. MÄRZ

Die Witwe ist ein Bild dieses gläubigen Überrests, der den Angriffen Satans wehrlos ausgesetzt sein wird. Verschiedene Feinde werden ihn bestürmen und quälen. In dieser Not kann der Überrest nur von Gott im Himmel Hilfe erwarten (Psalm 121,1.2). Zu Ihm werden diese bedrängten Gläubigen Tag und Nacht rufen.

Wie gross ist doch der Gegensatz zwischen dem ungerechten Richter und dem gerechten und gnädigen Gott! Ihm wird die Not des Überrests nicht gleichgültig sein. Zur rechten Zeit wird Er einschreiten und die Gläubigen aus der Hand ihrer Feinde retten.

In der Erklärung des Gleichnisses können wir zwei Schwerpunkte erkennen:

1) *Eine ermunternde Zusage:* Gott wird das Recht dieser Gläubigen schnell ausführen. Wenn Christus erscheint, wird es für sie eine sofortige Wende zum Guten geben.

2) *Eine ermahnende Frage:* Wird der Herr bei seiner Erscheinung bei den Seinen den Glauben finden, der nur bei Gott Hilfe sucht und beharrlich zu Ihm ruft?

Die Anwendung auf uns Christen ist kurz und klar: Durch dieses Gleichnis werden wir aufgefordert, in jeder Situation *mit Ausdauer* und *im Vertrauen* auf Gott zu beten. Für Ihn ist keine Not zu gross, und Er wird zur rechten Zeit antworten. Darum wollen wir im Gebet nicht ermatten (Römer 12,12).

Aus dem Gleichnis in den Versen 1-8 haben wir gelernt, wie wichtig ein ausdauerndes Gebet ist. Nun zeigt uns der Herr mit einem weiteren Gleichnis, dass es beim Beten auch auf unsere Haltung ankommt.

Der *Pharisäer* war ein anerkannter religiöser Mensch. Er sah sich nicht als Sünder, sondern zählte seine guten Taten vor Gott auf. Sein Dankgebet war ein Eigenlob und offenbarte seine Selbstgerechtigkeit. Hochmütig blickte er auf den Zöllner herab. Sein Gebet war ohne Wert für Gott.

**SONNTAG
14. MÄRZ**

Der *Zöllner* arbeitete mit den Römern zusammen und nahm es mit den Geboten nicht so genau. Er wusste, dass er schuldig war und nicht zu Gott passte. Darum stand er von fern und wollte seine Augen nicht zum Himmel erheben. Weil er seinen verlorenen Zustand erkannte, rief er Gott um Gnade und Erbarmen an.

Die Worte des Herrn in Vers 14 machen klar, dass eine selbstgerechte und stolze Einstellung Gott nicht gefällt. Aber eine demütige und reuevolle Gesinnung findet seine Zustimmung (Psalm 34,19; 51,19).

Gerade Kinder offenbaren eine Einstellung, die dem Reich Gottes angemessen ist. In ihrer Einfalt glauben sie ohne Vorbehalte, was Gott ihnen sagt. Ausserdem halten sie im Allgemeinen nicht viel von sich selbst. Darum griff der Herr sofort ein, als die Jünger jene anfuhren, die Kinder zu Ihm brachten. – Das wollen auch wir uns merken und unsere Kinder früh mit dem Heiland bekannt machen. Lasst uns alles vermeiden, was sie daran hindern könnte, an den Herrn Jesus zu glauben.

Der reiche Oberste begegnete dem Herrn Jesus auf der menschlichen Ebene. Er sprach Ihn als guten Lehrer an und hoffte, bei Ihm zu lernen, wie er eine perfekte Lebensführung erreichen konnte.

MONTAG
15. MÄRZ

Zuerst stellte der Herr klar: «Niemand ist gut als nur *einer*, Gott.» Der Oberste sah in Ihm nur einen guten Lehrer, das war zu wenig. Als Jesus ihn anhand der Gebote prüfte, wurde deutlich, dass der Oberste äusserlich sehr gesetzestreu war. Doch schliesslich wurde sein Herz auf die Probe gestellt: Er sollte seinen Reichtum den Armen geben und dem Herrn Jesus nachfolgen. Jetzt wurde der wahre Zustand offenbar: Der Oberste liebte nicht Gott, sondern das Geld. Er wollte lieber das gegenwärtige Leben geniessen, als das ewige Leben in der Zukunft besitzen.

Der Reichtum, der zur Zeit des Gesetzes ein Beweis der Gunst Gottes war, kann in Wirklichkeit ein Hindernis für eine echte Umkehr zu Gott sein. Der Vergleich mit dem Kamel und dem Nadelöhr führt zum Schluss, dass aus menschlicher Sicht niemand errettet werden kann. Warum? Weil der Mensch als Sünder kein Anrecht auf das Reich Gottes hat. Um in diesen göttlichen Segensbereich zu kommen, muss er durch das Wort und den Geist Gottes von neuem geboren werden (Johannes 3,5).

Wenn es den Menschen auch seinen ganzen Stolz kostet und alles von Gott abhängt, so spornt doch die Belohnung in den Versen 28-30 an, um Jesu willen alles aufzugeben und sich durch die Gnade Gottes retten zu lassen. Jeder Verzicht für den Herrn und sein Reich wird jetzt und in der Zukunft reich belohnt.

Der Herr Jesus erklärte seinen Jüngern, warum sie nach Jerusalem gingen. Dort sollten sich die Prophezeiungen des Alten Testaments über seine Leiden erfüllen. Sowohl die Juden als auch die Römer würden Ihn grausam behandeln. Doch am dritten Tag nach seinem Kreuzestod würde Er auferstehen.

Wenn der Herr seine Jünger aufforderte, das Kreuz aufzunehmen, so trug Er es zuerst selbst.

DIENSTAG
16. MÄRZ

Er ging den Weg der Selbstverleugnung und Leiden vor seinen Schafen her, um ihnen durch sein Leben ein Beispiel zu geben und sie durch seinen Tod zu erlösen.

Auf seinem Weg nach Jerusalem stellte sich Jesus Christus seinem Volk zum letzten Mal als Sohn Davids vor. Das war ein Zeugnis seiner Königswürde. Der Blinde, der in Jericho am Weg sass und bettelte, gehörte zu den wenigen, die den Herrn Jesus als Nachkommen Davids und somit als König Israels erkannten. Sein Glaube war echt und beharrlich. Er liess sich vom Widerstand der ungläubigen Volksmenge nicht abhalten, den Sohn Davids um Hilfe anzurufen.

Jesus, der immer Zeit für andere hatte, blieb stehen. Obwohl Er alles wusste, fragte Er den Blinden: «Was willst du?» Mit dem Wunsch, wieder sehen zu können, legte dieser ein Bekenntnis seines traurigen Zustands ab. Mit einem Satz schenkte der Heiland dem Blinden das Augenlicht und beantwortete dessen Glauben auf wunderbare Weise. Nun folgte der Geheilte dem Herrn Jesus nach und verherrlichte Gott. – Ist das auch unsere Reaktion auf die Errettung, die wir bei der Bekehrung erfahren haben?

Nebst dem Blinden gab es in Jericho noch einen Menschen, der ein Verlangen nach dem Herrn Jesus hatte. Der Oberzöllner Zachäus war trotz seines Reichtums nicht glücklich. Zudem klagte ihn sein Gewissen an, weil er sein Geld unrechtmässig erworben hatte. Nun wünschte er, Jesus zu sehen. Doch da gab es ein grosses Hindernis: Weil er klein war, versperrten ihm die Menschen den Blick zum Heiland. Zachäus überwand diese Schwierigkeit und stieg auf einen Baum.

MITTWOCH
17. MÄRZ

Der Sohn Gottes kannte das Verlangen von Zachäus. Deshalb sah Er zum Baum hinauf. Sein Blick, vor dem nichts verborgen bleiben konnte, war in Gnade auf den Oberzöllner gerichtet. Obwohl Er um alles Verkehrte im Leben von Zachäus wusste, sagte Er nicht: Mit dir will Ich nichts zu tun haben. Im Gegenteil: «Heute muss ich in deinem Haus bleiben.»

Wie freute sich Zachäus über diesen Besuch! Was kümmerte ihn die Meinung der Volksmenge, die ihn als einen besonders sündigen Menschen ansah! Auch der Herr Jesus liess sich von dieser Ansicht nicht beeinflussen, denn Er war ja gekommen, «zu suchen und zu erretten, was verloren ist».

Im Haus öffnete Zachäus sein Herz und erzählte dem Heiland, was er alles tat, um sein Unrecht wieder gutzumachen. Doch der Herr ging gar nicht darauf ein, sondern erklärte Zachäus, dass er wie Abraham einen echten Glauben besass und deshalb errettet wurde. Durch seine guten Taten konnte er keine Sünde ungeschehen machen. Weil er jedoch an Jesus Christus glaubte, erfuhr er die Gnade Gottes zu seiner ewigen Errettung.

Der Herr Jesus zog nicht nach Jerusalem, um dort zum König gemacht zu werden, sondern um zu leiden und zu sterben. Danach kehrte Er in den Himmel zurück, um zu einem späteren Zeitpunkt wiederzukommen und sein Reich zu errichten.

DONNERSTAG
18. MÄRZ

In der Zwischenzeit haben alle seine Jünger den Auftrag, mit dem anvertrauten Pfund zu handeln. Dieses Pfund spricht vom Wort Gottes, das die Offenbarung Gottes und seiner Gnade in Jesus Christus zum Inhalt hat. Diese Wahrheit sollen wir zum Segen für andere einsetzen, indem wir unseren Mitmenschen vom Heiland erzählen oder die Gläubigen an seine Gnade und Herrlichkeit erinnern.

Die Bürger stellen die Menschen in Israel dar, die den Herrn Jesus hassten. Sie lehnten auch die Gnade ab, die Er ihnen durch die Apostel anbot. Sie steinigten Stephanus und sandten so eine Gesandtschaft hinter Ihm her, um nochmals ihre Ablehnung deutlich zu machen.

Wenn der Herr wiederkommt, wird Er mit seinen Knechten abrechnen (Verse 15-26) und seine Feinde bestrafen (Vers 27). Je nachdem wie treu wir mit der anvertrauten biblischen Wahrheit handeln, gewinnt das Pfund mehr oder weniger dazu. Diese Treue in unserer Verantwortung wird der Herr belohnen. Der eine bekommt im zukünftigen Reich zehn Städte, der andere fünf Städte zur Verwaltung.

Der böse Knecht stellt Menschen dar, die eine gewisse Kenntnis über Jesus Christus haben. Doch sie nutzen sie nicht einmal zur eigenen Errettung. Weil sie den Herrn falsch einschätzen, stehen sie am Ende mit leeren Händen da und gehen ewig verloren.

Gott wusste im Voraus, dass sein Sohn in Jerusalem abgelehnt und gekreuzigt würde. Trotzdem sorgte Er dafür, dass Jesus bei seinem Einzug in die Stadt als König verehrt wurde. Damit gab Er den Menschen in Jerusalem noch ein letztes deutliches Zeugnis über Christus. Es sollte ihnen ganz klar sein, Wen sie verwarfen: den verheissenen Messias!

**FREITAG
19. MÄRZ**

In dieser Begebenheit wird die Herrlichkeit des Herrn Jesus besonders ans Licht gestellt:

- Mit königlicher Autorität gibt Er zwei Jüngern den Auftrag, Ihm aus dem Dorf ein Eselsfohlen zu bringen.
- In göttlicher Allwissenheit kann Er ihnen sagen, wo sich der Esel befindet und was die Leute fragen werden.
- Als Schöpfer-Gott reitet Er auf einem Tier, das noch nicht zugeritten ist und Ihm trotzdem gehorcht.
- Die Jünger breiten ihre Kleider aus, damit der Herr mit königlicher Würde in Jerusalem einziehen kann.
- Durch ihr Lob anerkennen und bezeugen die Jünger Ihn als den König, den Gott für sein Volk bestimmt hat.

Den Pharisäern gefiel es nicht, dass Jesus Christus diese Ehre bekam. Sie versuchten der Sache Einhalt zu gebieten. Doch das Lob war von Gott bewirkt. Darum konnten sie es nicht zum Schweigen bringen.

Der Herr Jesus liess sich von dieser Ehrerweisung nicht über den tatsächlichen Zustand des Volkes Israel hinwegtäuschen. Es erschütterte Ihn, dass die Bewohner von Jerusalem die Gnade Gottes in seiner Person ablehnten. Er weinte über ihren Unglauben, durch den sie alle Anrechte auf den Segen Gottes verloren und ein schweres Gericht auf sich zogen.

Die Tempelreinigung wird im Lukas-Evangelium nur ganz kurz erwähnt. Was hier betont wird, ist der sittliche Charakter des Hauses Gottes:

a) «Mein Haus soll ein *Bethaus* sein.» Das war von Anfang an die göttliche Bestimmung für den Tempel.

b) «Ihr habt es zu einer *Räuberhöhle* gemacht.» So sah die Realität unter der menschlichen Verantwortung aus.

SAMSTAG
20. MÄRZ

Beides gründete sich auf Zitate aus dem Wort Gottes. So besitzen auch wir die Bibel, um den Willen des Herrn zu erkennen und die aktuelle Situation zu beurteilen.

Trotz des Widerstands der religiösen Führerschaft unterwies der Herr Jesus die Menschen im Tempel. Er nutzte diese letzte Gelegenheit, um ihr Gewissen ins Licht des Wortes zu stellen und ihre Herzen mit der Gnade zu erreichen.

Die Hohenpriester und Schriftgelehrten sahen sich als Hüter des Tempels und als Führer des Volkes. Die Tatsache, dass Jesus den Tempel reinigte und dort die Volksmenge unterwies, empfanden sie als Einmischung in ihre Zuständigkeit. Darum fragten sie Ihn: «In welchem Recht tust du diese Dinge?» In seiner unergründlichen Weisheit stellte der Herr ihnen eine Gegenfrage. Damit prüfte Er ihre vermeintliche Kompetenz und gab ihnen gleichzeitig einen Hinweis auf ihre vorwurfsvolle Frage. Mit der Behauptung, sie wüssten nicht, ob der Dienst von Johannes dem Täufer einen göttlichen oder menschlichen Ursprung hatte, erwiesen sie sich als untauglich, dem Volk vorzustehen. Bei einer solch falschen Gesinnung war es nutzlos, ihnen mit einer klaren Antwort zu begegnen.

Mit dem Gleichnis der Weingärtner erzählt der Herr die Geschichte des Volkes Israel und offenbart den bösen Zustand der religiösen Führerschaft zu seiner Zeit. Der Besitzer des Weinbergs ist Gott, der in Israel, das sein Eigentumsvolk war, Frucht suchte (Jesaja 5,2; Psalm 80,9).

SONNTAG 21. MÄRZ

Die Weingärtner weisen auf die Führer des Volkes hin: die Priester, Richter und Könige im Alten Testament, die Hohenpriester und Schriftgelehrten im Neuen Testament. Die Knechte des Besitzers stellen die Propheten dar, die Gott zu seinem Volk sandte, um von den Israeliten die Ehrerbietung und den Gehorsam zu bekommen, die sie Ihm schuldig waren. Doch die Führerschaft war nicht dazu bereit.

Der Höhepunkt des Handelns Gottes mit Israel war die Sendung seines geliebten Sohnes. Würde sein Volk nun die Frucht bringen, die Gott von ihm erwarten konnte? Nein! Die Hohenpriester und die Ältesten lehnten auch den Sohn ab. Sie setzten alles daran, damit Er ausserhalb von Jerusalem hingerichtet wurde.

Als Folge der Kreuzigung seines Sohnes bestrafte Gott die Juden und gab den Weinberg anderen: In der Zeit der Gnade ist Christus der wahre Weinstock. Alle Glaubenden, die mit Ihm verbunden sind, bringen Frucht für Gott (Johannes 15,1-5).

Als die Zuhörer damit nicht einverstanden waren, erklärte der Herr Jesus ihnen, dass jetzt alles von Ihm abhing. Er war der Stein, den die Juden verwarfen, der aber zum Eckstein wurde. Er ist für die Menschen das Mass aller Dinge geworden. Nur in seinem Namen gibt es Erlösung. Wer Ihn verwirft, kommt ins Gericht.

Anstatt ihre Feindschaft offen zu zeigen, handelten die Hohenpriester und Schriftgelehrten hinterlistig. Sie suchten beim Herrn Jesus einen Grund, damit sie Ihn vor das römische Gericht ziehen konnten. Um dieses Ziel zu erreichen, sandten sie Aufpasser, die Ihn mit einer Fangfrage in eine Falle locken sollten. Wir sehen hier, wie verdorben und heimtückisch der Mensch ist, besonders wenn er gegen Jesus Christus vorgeht.

MONTAG
22. MÄRZ

Die Fragesteller gaben sich als aufrichtige und rechtschaffene Leute aus, obwohl sie völlig falsch waren. Sie lobten den Herrn mit schmeichelnden Worten, wenngleich sie Ihn von Herzen hassten. Ihre Frage lautete: «Ist es erlaubt, dem Kaiser Steuer zu geben oder nicht?» Mit einem Ja hätte der Herr Jesus seine Anrechte als Messias aufgegeben. Mit einem Nein wäre Er ein Aufrührer gewesen, der sich gegen die Römer aufgelehnt hätte.

Doch der Sohn Gottes kam nicht in Verlegenheit. Nachdem sie Ihm einen Denar gezeigt hatten, der das Bild und die Aufschrift des römischen Herrschers trug, forderte Er sie auf: «Gebt daher dem Kaiser, was des Kaisers ist, und Gott, was Gottes ist.»

- Sie sollten die römische Fremdherrschaft anerkennen und ihren Pflichten als unterjochtes Volk nachkommen. – Auch wir werden aufgefordert, der Regierung zu gehorchen und die Steuern zu bezahlen (Römer 13,1-7).
- Gleichzeitig waren die Juden verpflichtet, Gott zu lieben und Ihm zu gehorchen. – Für uns Christen gilt, dass wir Christus als Herrn über uns anerkennen und Ihm folgen (1. Petrus 3,15).

Die Sadduzäer glaubten nicht an eine Auferstehung. Gestützt auf die Pflicht der Schwager-Ehe im Gesetz, erzählten sie Jesus eine ausgedachte Geschichte, um die Auferstehung lächerlich und unglaubwürdig zu machen. Der Herr diskutierte nicht mit ihnen, sondern stellte ihnen nochmals in Sanftmut und Geduld die göttliche Wahrheit über die Auferstehung vor (Johannes 5,28.29).

DIENSTAG
23. MÄRZ

Die «Söhne dieser Welt» sind die Ungläubigen. Ihr ganzes Streben gilt dem kurzen Leben auf der Erde, in dem auch die Ehe ihren Platz hat. Die Glaubenden hingegen sind dazu bestimmt, durch die Auferstehung aus den Toten an der zukünftigen Welt teilzunehmen. In dieser himmlischen Welt wird es keine Verheirateten mehr geben, denn die Ehe beschränkt sich auf die erste Schöpfung und auf das jetzige Leben. In einem unsterblichen Körper werden sie die Beziehung zu Gott uneingeschränkt geniessen.

In Vers 37 beweist der Herr die Tatsache der Auferstehung mit dem Alten Testament. Sie wird bereits durch die Worte angedeutet, die der HERR zu Mose redete. Weil die Gläubigen aus Gottes Sicht nach dem Tod weiterleben, wird Er dafür sorgen, dass sie auferstehen. Wenn Ungläubige sterben, existiert ihre Seele auch weiter. Aber sie sind nicht «Lebende», sondern «Tote», die zum Gericht auferstehen.

Einige der Schriftgelehrten, die vermutlich an die Auferstehung glaubten, waren mit dem einverstanden, was der Herr den Sadduzäern sagte. Um jedoch an der Auferstehung zum Leben teilhaben zu können, muss der Mensch an den Erlöser Jesus Christus glauben.

Betroffen von den weisen Antworten des Herrn Jesus
schwiegen nun die verschiedenen Gruppen von Juden.
Keiner wagte es mehr, Ihn etwas zu fragen, weil sie sich
davor fürchteten, ins göttliche Licht gestellt zu werden
(Vers 40). Nun stellte der Herr seinen Zuhörern eine
Frage, die sich auf das Wort Gottes stützte.

Im Alten Testament wird Christus als *Sohn Davids,* d.h.
als königlicher Nachkomme, angekündigt (z.B. 1. Chronika
17,11-14). Aber Psalm 110,1 stellt
Ihn auch als *Herrn Davids* vor. Wie
kann Er beides sein?

**MITTWOCH
24. MÄRZ**

- Die erste Erklärung liegt in der
  Tatsache, dass Er Gott und Mensch in einer Person
  ist. Als Mensch stammte Er von David ab, als Gott
  besitzt Er Autorität über alle Menschen.
- Die zweite Begründung finden wir in seiner Verwerfung
  durch Israel. Er kam als Sohn Davids in Demut zu seinem Volk. Doch Er wurde abgelehnt. Als Folge davon
  erhöhte Gott Ihn zu seiner Rechten, um Ihn auf diesem
  Ehrenplatz zum Herrn über alle Menschen zu machen.

Mit dieser Frage will der Herr die Gedanken auf sich
selbst lenken. Wer an Ihn glaubt und sich seiner Autorität unterstellt, bekommt geöffnete Augen, um die Herrlichkeit des Sohnes Gottes zu sehen, ohne jedoch seine
unergründliche Person erfassen zu können.

Zum Schluss des Kapitels warnt der Herr seine Jünger
vor dem schädlichen Einfluss der religiösen Menschen,
die eine äussere Frömmigkeit ohne innere Wirklichkeit
haben. Unter dem scheinfrommen Mantel pflegen sie
ihren Egoismus und ihre Habsucht. Dafür werden sie ein
schweres Gericht empfangen.

Zwischen der armen Witwe am Anfang dieses Kapitels und den Schriftgelehrten am Ende des vorigen Kapitels bestand ein krasser Gegensatz:

- Die Schriftgelehrten zeigten eine *selbstsüchtige Heuchelei vor den Menschen.* Sie verrichteten lange Gebete und verschlangen zugleich die Häuser der Armen.
- Die Witwe offenbarte eine *selbstlose Hingabe an Gott,* als sie mit den zwei Scherflein ihren ganzen Lebensunterhalt in den Schatzkasten legte.

Das Urteil des Herrn über ihre Freigebigkeit trägt den Charakter der Gnade: Er schätzt alles, was einem Herzen entspringt, das für Gott und seine Sache schlägt, auch wenn es in den Augen der Menschen nichts gilt. Wir lernen hier auch, dass es

DONNERSTAG
25. MÄRZ

ein Unterschied ist, ob wir dem Herrn von unserem Überfluss oder von unserem Lebensunterhalt geben.

Den Hinweis auf die äussere Pracht des Tempels nahm der Herr Jesus zum Anlass, um über die Zerstörung des Heiligtums zu reden. Als Folge seiner Verwerfung wurde der Tempel um 70 n. Chr. durch die Römer zugrunde gerichtet und der jüdische Gottesdienst beendet. Zuvor führte der Herr die Glaubenden aus dem jüdischen Lager heraus und versammelte sie um sich selbst (Johannes 10,3; Hebräer 13,13).

Als Antwort auf die Frage der Jünger beschrieb der Herr im Voraus die Situation, die kurz vor diesem Ereignis in Israel herrschen würde. Es bestand die Gefahr von *religiöser Verführung* durch Menschen, die sich als Christus ausgaben. Wegen *offener Rebellion* gegen den Kaiser kam es dann zur Zerstörung Jerusalems.

Die prophetische Rede des Herrn in diesem Evangelium legt den Schwerpunkt auf die Ereignisse nach seiner Kreuzigung. Seine Mitteilungen in den Versen 10 und 11 sind allgemein gehalten. Ereignisse wie politische Unruhen und Naturkatastrophen treten während seiner Abwesenheit mehrfach ein und erreichen ihren Höhepunkt kurz vor seiner Erscheinung.

**FREITAG
26. MÄRZ**

In den Versen 12-19 spricht der Herr vor allem über den Dienst der Apostel unter den Juden am Anfang der Apostelgeschichte. Weil sie Christus bezeugen, werden sie verfolgt (Apostelgeschichte 4,1-3; 12,4). Dadurch bekommen sie die Möglichkeit, vor Regenten ihren Glauben an den Herrn Jesus zu bezeugen. Der Herr gibt ihnen in solchen Situationen die richtigen Worte in den Mund, so dass die Gegner ihnen nicht widerstehen können (Apostelgeschichte 6,10). Einige von ihnen erleiden den Märtyrertod (Apostelgeschichte 12,2).

Die Verse 20-24 beschreiben den Angriff der Römer auf Jerusalem um 70 n. Chr. Durch die Zerstörung der Stadt und des Tempels rächt sich Gott an den Juden, die seinen Sohn gekreuzigt haben. Er beendet den jüdischen Gottesdienst, der in der Zeit der Gnade durch die christliche Anbetung ersetzt wird, und zerstreut das Volk der Juden in alle Welt.

Bis die «Zeiten der Nationen» erfüllt sind, in denen Gott die Herrschaft auf der Erde den Nationen anvertraut hat, wird Jerusalem von den Völkern zertreten werden. So überspringt der Herr in Vers 24 die gesamte christliche Zeit und befasst sich ab Vers 25 mit der Gerichtszeit nach der Entrückung.

In den Versen 25-28 beschreibt der Herr Jesus die
Gerichte kurz vor seiner Erscheinung in Macht und grosser Herrlichkeit. Er informiert seine Jünger, die hier den
zukünftigen Überrest darstellen, über den Zusammenbruch der gesellschaftlichen Ordnung und über politische Umwälzungen, die die Menschen in Angst und
Schrecken versetzen werden. Alle diese furchtbaren
Ereignisse werden den Gläubigen in der Endzeit die
Gewissheit geben, dass Christus bald aus dem Himmel
erscheinen wird, um sie aus ihrer
Bedrängnis zu befreien.

SAMSTAG
27. MÄRZ

Das Ausschlagen des Feigen-
baums und der anderen Bäume
illustriert die äussere Neubelebung Israels und die
Neuformierung der umliegenden Völker. Mit «diesem
Geschlecht», das nicht vergehen wird, sind die ungläubigen Juden gemeint, die es damals gab und auch in der
Endzeit geben wird. Trotz des Unglaubens, der immer
wieder die Aussagen des Herrn infrage stellt, wird sich
alles erfüllen, was Er angekündigt hat.

Ab Vers 34 geht es um die Einstellung und das Verhalten der Gläubigen in der Zeit, bis das Wort des Herrn in
Erfüllung gehen und der Tag des Herrn anbrechen wird.
Weder weltliche Vergnügungen noch Lebenssorgen sollen sie so gefangen nehmen, dass sie nicht mehr auf
ihren Herrn warten. Das regelmässige Gebet hilft ihnen,
bis zum Kommen des Herrn geistlich wach zu bleiben.
Er wird die Erlösten der Gnadenzeit durch die Entrückung *vor* dem Gericht bewahren und die Gläubigen
der Endzeit bei seiner Erscheinung *aus* der Bedrängnis
retten (Offenbarung 3,10-12; Jesaja 35,4).

In diesem Kapitel sehen wir, wie der Heiland – umgeben von der Bosheit und dem Versagen der Menschen – seinen Weg in vollkommener Abhängigkeit von Gott geht.

Die Hohenpriester und die Schriftgelehrten suchten eine günstige Gelegenheit, um Jesus umzubringen. Da kam ihnen der falsche Jünger mit dem Vorschlag für den Verrat seines Meisters wie gerufen.

Die Freude der Feinde über dieses Angebot und die Freude des Verräters über das versprochene Geld

SONNTAG
28. MÄRZ

liessen sie gemeinsam zu dieser bösen Tat schreiten. Dahinter stand Satan, der Jesus mit allen Mitteln vom Weg des Gehorsams abbringen und zu Tode bringen wollte. Zugleich diente die Bosheit der Menschen dazu, dass am Kreuz durch den Tod des Herrn Jesus der Plan Gottes zur Errettung von Sündern in Erfüllung ging.

Obwohl Jesus wusste, dass die Feinde sich gegen Ihn zusammenrotteten, wies Er in ruhiger Würde Petrus und Johannes an, die Passahfeier vorzubereiten. Alles ging vom Herrn aus und geschah nach seinem Willen. So können wir hier Grundsätze finden, die auch für das Zusammenkommen als Versammlung gelten:

- So wie die Jünger fragten: «Wo willst du, dass wir es bereiten?», wollen auch wir im Blick auf den Ort des Zusammenkommens nach dem Willen des Herrn fragen.
- Der Mensch mit dem Wasserkrug ist ein Bild des Heiligen Geistes, der uns durch das Wort zeigt, wo wir uns im Namen des Herrn Jesus versammeln können.
- Das mit Polstern belegte Obergemach macht deutlich, dass wir am Ort, wo der Herr in der Mitte ist, Ruhe, Segen und Gemeinschaft geniessen.

Lukas schildert die Einzelheiten nicht in zeitlicher Reihenfolge, sondern gruppiert sie in einer moralischen Ordnung. In den Versen 14-20 erwähnt er das Passah und das Gedächtnismahl direkt hintereinander, um das Alte und das Neue einander gegenüberzustellen. Erst danach spricht er über die Entlarvung des Verräters, die zwischendurch stattgefunden hat (Markus 14,17-26).

**MONTAG
29. MÄRZ**

Mit der *Passahfeier* erinnerten sich die Israeliten an die Verschonung vom Gericht in Ägypten und an die Befreiung aus der Sklaverei des Pharaos. Nun sehnte sich der Heiland danach, das Passah mit seinen Jüngern zu essen, bevor Er selbst als das wahre Passahlamm am Kreuz litt und starb. So erfüllte sich in seinem Tod, was im Passah vorgebildet wurde: Er starb, damit glaubende Menschen vor dem ewigen Gericht Gottes verschont und aus der Macht Satans befreit werden.

Mit dem *Gedächtnismahl* erinnern sich die Christen an den Tod des Herrn Jesus und an die Auswirkungen seines Erlösungswerks. Das Brot spricht von seinem Leib, den Er für uns in den Tod gegeben hat. Der Kelch spricht von seinem Blut, das für uns vergossen worden ist. Beide Zeichen lenken unsere Gedanken auf unseren Erlöser, der am Kreuz gestorben ist. Darum möchten wir jeden Sonntag seiner Aufforderung nachkommen: «Dies tut zu meinem Gedächtnis!»

Im Voraus kündigte der Herr die gemeine Tat des Verräters an, der Ihn an seine Feinde überliefern würde. Bis zu diesem Zeitpunkt hatte ausser dem Meister keiner gewusst, dass Judas ein falscher Jünger war (Vers 23).

Nachdem der Herr den Jüngern durch die Passahfeier und das Gedächtnismahl seine Liebe bewiesen hatte, offenbarten sie eine hochmütige Gesinnung. Wie traurig, dass sich gerade in diesem Moment zeigte, wozu die alte Natur des Gläubigen fähig ist! Im Volk Gottes soll ein anderer

**DIENSTAG
30. MÄRZ**

Grundsatz herrschen als in der Welt: Echte Demut und die Bereitschaft, den anderen zu dienen. Das hat uns Jesus Christus vorgelebt.

Der Herr verurteilte nicht nur den Hochmut der Jünger, Er anerkannte auch ihr Ausharren. Obwohl der Widerstand gegen Ihn zugenommen hatte, waren sie bei Ihm geblieben (Johannes 6,66; Markus 10,32). Für diese Treue werden sie im zukünftigen Reich eine besondere Belohnung bekommen.

Der Herr bereitete die Jünger auf die kommenden Stunden vor. Er warnte sie vor dem Wirken Satans und erinnerte an sein Gebet für sie. Petrus sprach Er direkt an, weil dieser durch sein energisches Naturell besonders in Gefahr stand, auf sich selbst zu vertrauen. Leider hörte der Jünger nicht auf die Warnung. Er liebte den Herrn und war bereit, für Ihn zu sterben. Aber er überschätzte sich und musste deshalb die bittere Erfahrung machen, dass er seinen Meister dreimal verleugnete.

In den drei Jahren, als die Jünger dem Herrn Jesus nachgefolgt waren, hatte Er direkt für sie gesorgt und sie beschützt, so dass sie keinen Mangel litten. Nun stand Er im Begriff, sie zu verlassen. Aus menschlicher Sicht mussten die Jünger wieder für sich selbst sorgen. Doch der Herr würde ihnen vom Himmel her helfen.

Der Evangelist Lukas stellt uns den Herrn Jesus im Garten Gethsemane als abhängigen Menschen vor, der sich ganz dem Willen Gottes unterordnet. Was Ihn sein ganzes Leben ausgezeichnet hat, tritt jetzt ausgesprochen schön hervor: Er ist der vollkommene Mensch, der keinen Schritt ohne seinen Gott tut und bereit ist, Ihm auch auf dem schwersten Weg zu gehorchen.

Zuerst fordert Er seine Jünger zum Gebet auf. Sie werden bald der Macht des Feindes begegnen und dadurch auf die Probe gestellt werden. Nur mit der Hilfe Gottes können sie diese Prüfung bestehen.

MITTWOCH
31. MÄRZ

Dann zieht sich Jesus von ihnen zurück, um allein zu beten und seine Not vor Gott auszuschütten. Er ist der Mann der Schmerzen, der im Voraus alles zutiefst empfindet, was Er am Kreuz erdulden wird. Weil Er heilig und sündlos ist, kann Er niemals wünschen, mit unseren Sünden beladen zu werden und zur Sünde gemacht zu werden. Dennoch ist Er bereit, sich völlig dem Willen seines Vaters zu unterordnen. Satan versucht Ihn vom Weg des Gehorsams abzubringen. Darum lesen wir hier von einem ringenden Kampf. Doch je stärker die Angriffe des Feindes werden, umso intensiver betet Jesus zu seinem Vater.

Mehrere Einzelheiten zeigen hier besonders die Menschheit des Herrn Jesus: Er kniet vor seinem Gott zum Gebet nieder, um Ihm dadurch seine Ehrerbietung zu erweisen. Dann wird Er in seinem Kampf von einem Engel gestärkt. Schliesslich fällt sein Schweiss wie grosse Blutstropfen auf die Erde, weil sich seine innere Not auf seinen Körper auswirkt.

Aufgrund seiner völligen Unterordnung unter den Willen des Vaters konnte der Herr Jesus alles, was Ihm nun die Feinde antaten, ruhig ertragen. Wie traf Ihn der Hohn, dass Judas Ihn mit einem Kuss verriet! Mit einer Frage richtete Er sich zum letzten Mal an diesen Jünger, der seine Liebe und Güte wie die anderen elf erfahren, Ihm aber sein Herz nicht geöffnet hatte.

DONNERSTAG
1. APRIL

Als die Jünger merkten, dass die Lage ernst wurde, fragten sie den Herrn: «Sollen wir mit dem Schwert dreinschlagen?» Ohne eine Antwort abzuwarten, schlug Petrus dem Knecht des Hohenpriesters das Ohr ab. Weil er vorher geschlafen hatte, anstatt zu beten, war er nicht vorbereitet und handelte unbedacht. Geduldig wies der Herr seinen Jünger zurecht und heilte den Schaden, den dieser in seinem falschen Eifer angerichtet hatte.

An seine Feinde richtete Jesus einen ernsten Tadel: War Er ein Verbrecher, dass sie Ihn mit Waffen aufsuchten, um Ihn gefangen zu nehmen? Nein! Er hatte den Menschen nur Gutes getan und ihnen die Gnade Gottes gebracht. Doch sie wollten sie nicht. Nun war ihre Stunde angebrochen, in der sie freie Hand hatten, am Sohn des Menschen ihren Hass auszulassen. Unter der Führung Satans erwiesen sie Ihm jede Feindseligkeit und offenbarten dadurch, wie böse und verdorben das menschliche Herz ist. In seinem ganzen Leben hatte Er ihnen nie einen berechtigten Anlass dafür gegeben. Weil sie jedoch die Gnade Gottes hassten, gingen sie auch böse und gewalttätig gegen den Heiland vor, durch den die Gnade erschienen war.

Der Heiland liess sich binden, weil Er bereit war, sich wie ein Lamm zur Schlachtung führen zu lassen (Jesaja 53,7). Zuerst wurde Er ins Haus des Hohenpriesters gebracht, wo Annas eine erste Untersuchung durchführte, die in Johannes 18,13-24 mitgeteilt wird.

**FREITAG
2. APRIL**

Petrus setzte sich zu den Feinden seines Herrn ans Feuer. An diesem gefährlichen Ort griff ihn der Teufel durch eine Magd an, die Petrus anblickte und sprach: «Auch dieser war mit ihm.» Der Jünger verneinte nicht nur ihre Aussage, sondern stritt jede Beziehung zu seinem Herrn ab. Kurz darauf sprach ihn ein anderer direkt an, so dass jedes Missverständnis ausgeschlossen war. Wieder leugnete Petrus seine Zugehörigkeit zu Christus. Eine Stunde später wurde er aufgrund seiner Herkunft als Jünger des Herrn Jesus erkannt. Da verleugnete er seinen Meister zum dritten Mal.

Sein Selbstvertrauen, seine mangelnde Wachsamkeit und sein Aufenthalt am Kohlenfeuer der Welt waren die Ursachen seines Falls. – Wir wollen uns dadurch warnen lassen, denn wir sind genauso zu dieser Sünde fähig. Wenn wir nicht nahe beim Herrn bleiben, unterliegen auch wir den Angriffen des Feindes.

Der Herr gab seinen Jünger nicht auf. Er blickte ihn voll Liebe an, so dass Petrus bewusst wurde, was er getan hatte. Seine Reaktion zeigt zwei wichtige Schritte nach einem Fehltritt:

a) *Umkehr:* Sofort verlässt er den falschen Ort, wo er der Versuchung erlegen und zu Fall gekommen ist.

b) *Buße:* Petrus weint bitterlich über seine Sünde. Wie hat er seinen Herrn dadurch verunehrt!

In der Nacht überliessen die religiösen Führer des Volkes den gefangenen Jesus der Beaufsichtigung ihrer Diener. Erst am Morgen kamen sie zusammen, um ihr Urteil über den Herrn der Herrlichkeit zu fällen. In der Zwischenzeit war Er dem Spott und der Gewalttat derer preisgegeben, die Ihn festhielten und bewachten. Schweigend liess der Heiland diese Misshandlungen über sich ergehen.

SAMSTAG
3. APRIL

Beim Tagesanbruch wurde Jesus vor das Synedrium gestellt. Es bestand aus 70 Mitgliedern und dem Hohenpriester, der den Vorsitz hatte. Dieser jüdische Gerichtshof besass gewisse juristische Befugnisse, durfte aber niemand zum Tod verurteilen (Johannes 18,31). Die Frage, ob Er der *Christus* sei, beantwortete der Herr nicht. Warum? Wegen des Unglaubens und der Unaufrichtigkeit der Ankläger. Sie würden Ihm weder glauben noch antworten. Ausserdem war die Zeit für Israel abgelaufen, den Herrn Jesus als Messias anzunehmen. Er ging nun als Sohn des Menschen hin, um zu leiden und zu sterben. Als Folge davon bekam Er den Platz zur Rechten Gottes (Hebräer 2,6-9).

Die Juden zogen aus seinen Worten den richtigen Schluss: «*Du* bist also der Sohn Gottes?» Ja, nur Er hatte ein Anrecht auf den Ehrenplatz zur Rechten Gottes. Doch Er nahm ihn als Mensch ein, nachdem Er das Werk der Erlösung vollbracht hatte. Nun war die Sache für die Hohenpriester, Schriftgelehrten und Pharisäer klar: Jesus musste sterben! Niemals würden sie Ihn als Sohn Gottes anerkennen. So wurde Er zum Tod verurteilt, weil Er die Wahrheit über seine Person bezeugte.

Die Juden wollten bei Pilatus das Todesurteil für Jesus erwirken. Ihre Anklage beinhaltete drei Punkte:

1) Sie bezeichneten Ihn als Unruhestifter in Israel, was überhaupt nicht zutraf.

2) Ihre Behauptung, Er würde die Leute davon abhalten, dem Kaiser Steuern zu bezahlen, war auch verkehrt.

3) Die Aussage, dass Jesus ein König war, sollte besonders wirksam sein, weil der Statthalter sofort gegen jede Rebellion einschreiten musste.

Die Taktik der Ankläger ging auf. Pilatus griff den letzten Punkt auf und fragte den Angeklagten: «Bist *du* der König der Juden?» Nun legte der Herr das gute Bekenntnis ab (1. Timotheus 6,13). Aus den Worten und dem Verhalten dieses

SONNTAG
4. APRIL

sanftmütigen Menschen kam der Richter trotz schwerwiegender Anklagen zum Schluss: «Ich finde keine Schuld an diesem Menschen.» Doch anstatt den schuldlosen Gefangenen freizusprechen, versuchte er die Verantwortung auf König Herodes abzuschieben.

Herodes wollte Jesus Christus sehen, weil er hoffte, etwas von seiner Wundermacht zu erleben. Wie tief war die Erniedrigung, dass der Heiland von diesem oberflächlichen und verdorbenen Mann beurteilt wurde. Auf die vielen Fragen erwiderte Er nichts und bezeugte damit seine Erhabenheit und Würde. Herodes, der über das Schweigen des Angeklagten enttäuscht und empört war, behandelte Ihn geringschätzig und schickte Ihn zum römischen Statthalter zurück. Die Abneigung gegen den Herrn der Herrlichkeit verband nun Herodes und Pilatus miteinander. Eine traurige Freundschaft!

Der römische Statthalter nahm nun einen zweiten Anlauf, um den Angeklagten freizulassen, ohne jedoch Stellung für Ihn zu nehmen. Er erklärte die Anklage der Juden für ungültig und bezeugte zum zweiten Mal die Unschuld des Angeklagten. Um seine Aussage zu unterstreichen, fügte er das Urteil von Herodes hinzu, der nichts Todeswürdiges an Jesus gefunden hatte.

MONTAG
5. APRIL

Pilatus wollte sich beim jüdischen Volk nicht unbeliebt machen. Darum schlug er ihnen vor, den Angeklagten zu züchtigen und nach der Gewohnheit wie einen Gefangenen freizulassen. Damit bekamen die Juden nochmals eine Gelegenheit, sich für oder gegen den Herrn Jesus zu entscheiden. Angestachelt durch die religiöse Führerschaft schrie das Volk: «Weg mit diesem, lass uns aber Barabbas frei!» Diese Entscheidung zeigt deutlich, dass die Menschen lieber einen Aufrührer und Mörder in ihrer Mitte haben wollen als den Erlöser, der ihnen die Gnade Gottes bringt.

Der römische Statthalter unternahm noch einen dritten Versuch, Jesus freizugeben. Doch er wollte nicht entschieden für die Gerechtigkeit und den unschuldig Angeklagten eintreten. So sah er sich dem Geschrei der Juden gegenübergestellt, die vehement die Kreuzigung forderten. Da gab Pilatus nach und sprach das Todesurteil aus. Dafür trug er die volle Verantwortung.

Die Tatsache, dass der Statthalter dreimal die Unschuld des Heilands bezeugte und versuchte, Ihn dreimal freizulassen, hebt die grosse Schuld der Juden hervor, die Christus unbedingt kreuzigen wollten.

Als demütiger und sanftmütiger Mensch liess sich Jesus aus der Stadt hinausführen, denn Er sollte ausserhalb des Lagers leiden und sterben (Hebräer 13,12). Viele folgten Ihm. An die weinenden und klagenden Frauen richtete Er ein ernstes Wort. Ihre Tränen waren nur der Ausdruck ihrer natürlichen Gefühle Ihm gegenüber. Sie erkannten nicht, welche schrecklichen Folgen seine Kreuzigung für ihr Volk hatte. Sonst hätten sie über sich selbst und ihre Nachkommen geweint.

DIENSTAG
6. APRIL

Der Herr Jesus ist das *grüne Holz*, das die Menschen verworfen haben, das aber für Gott kostbar ist. Darum wird Er nach seinem Tod auferweckt werden. Das ungläubige Volk Israel gleicht dem *dürren Holz*, das von Gott verworfen und gerichtet wird, weil es für Ihn wertlos ist.

An der Stätte Golgatha kreuzigten sie sowohl den Herrn der Herrlichkeit als auch zwei Verbrecher. Damit erfüllten sich zwei Voraussagen. In Psalm 22,17 hören wir Jesus prophetisch sagen: «Sie haben meine Hände und meine Füsse durchgraben.» Zudem kündigte ein Prophet an, dass Er «den Übertretern beigezählt worden ist» (Jesaja 53,12).

Das Gebet des gekreuzigten Erlösers bezeugte die Gnade Gottes für *Israel* und für *die Menschen*:

- Die vorsätzliche Tötung des Herrn Jesus wurde damit in eine Sünde aus Versehen gewandelt, so dass das Volk Israel nochmals eine Möglichkeit der Buße und Umkehr bekam (Apostelgeschichte 3,13-21).
- Trotz der Kreuzigung seines Sohnes streckt Gott bis heute durch das Evangelium allen Menschen die Hand zur Versöhnung entgegen (2. Korinther 5,19.20).

Das Volk betrachtete das Geschehen als Schauspiel. Es zeigte eine erschreckende *Gleichgültigkeit* gegenüber dem Heiland, der unschuldig am Kreuz hing. Bei der Führerschaft loderte nochmals der *Hass* auf, als sie den Gekreuzigten verspotteten. Die Soldaten nahmen in ihrer *Bosheit* die Beschuldigungsschrift auf dem Kreuz zum Anlass, um Jesus als König der Juden zu verhöhnen.

Die beiden gekreuzigten Räuber veranschaulichen eindrücklich, wie sich die Menschen am Erlöser in zwei Gruppen teilen:

MITTWOCH
7. APRIL

- Der eine Verbrecher lästerte in seiner Todesstunde den gekreuzigten Jesus. Er verharrte im Unglauben und starb schliesslich in seinen Sünden.
- Der andere Verbrecher anerkannte, dass er wegen seiner Sünden den Kreuzestod verdiente. Gleichzeitig bezeugte er das vollkommene Leben des Herrn Jesus. Im Glauben erfasste er, dass Christus im Reich kommen würde, und setzte sein Vertrauen für die Zukunft auf Ihn. Da sicherte ihm der Heiland eine unmittelbare Errettung zu. Nach seinem Tod würde er mit Ihm im Paradies sein.

Um zwölf Uhr mittags veränderte sich alles. Es trat eine Finsternis ein, denn jetzt begegnete Jesus dem heiligen Gott. Er wurde zur Sünde gemacht und erduldete die Strafe für alle unsere Vergehungen (2. Korinther 5,21; 1. Petrus 2,24). Das Werk, das Er in diesen drei dunklen Stunden und durch seinen Tod vollbrachte, schaffte die Voraussetzung, dass die Gnade Gottes zu sündigen Menschen ausfliessen kann. Um das anzudeuten, zerriss Gott den Vorhang des Tempels mitten entzwei.

Der Hauptmann, der alles mitverfolgt hatte, bekannte: «Wahrhaftig, dieser Mensch war gerecht.» Damit wurde noch einmal die Unschuld des Gekreuzigten bezeugt. Die Menschen, die zugeschaut hatten, waren auch betroffen. Doch dieser Eindruck verblasste, sobald sie in den Alltag zurückkehrten. Seine Bekannten und die Frauen von Galiläa hatten eine Beziehung zum Herrn Jesus. Darum war ihr Interesse am Geschehen echt und tief. – Da stellt sich uns die Frage: Welche Wirkung hat das Geschehen von Golgatha auf unser Herz und unser Leben?

DONNERSTAG
8. APRIL

Joseph von Arimathia besass alle Voraussetzungen, damit Gott ihn für eine würdige Grablegung seines Sohnes benutzen konnte:

- Er war ein Jünger des Herrn, der sich nun klar auf seine Seite stellte (Johannes 19,38).
- In seiner Stellung als Ratsherr war er in der Lage, zu Pilatus zu gehen und um den Leib Jesu zu bitten.
- Sein gutes und gerechtes Verhalten gab ihm die Würde, den einzig vollkommenen Menschen zu begraben.
- Weil Joseph reich war, hatte er eine eigene Gruft, in die er den Leib Jesu legen konnte (Matthäus 27,57).

Wir sehen hier eindrücklich, wie Gott alles, was wir haben und sind, für seine Zwecke gebrauchen kann, wenn wir uns Ihm ganz zur Verfügung stellen.

Die Frauen bewiesen ihre Liebe zum Herrn Jesus, indem sie Gewürzsalben vorbereiteten, um seinen Leib einzubalsamieren. Obwohl sie diese Vorbereitungen wegen ihrer Unwissenheit vergeblich trafen, war ihre Hingabe an Ihn echt. Das belohnte der Herr: Sie waren die Ersten, die Ihn nach seiner Auferstehung sahen.

Der Herr Jesus ist am ersten Tag der Woche auferstanden und markierte damit einen Neuanfang. Mit dem Volk der Juden hatte Er abgeschlossen, weil sie Ihn gekreuzigt hatten. Er beschäftigt sich jetzt nur noch mit den Glaubenden,

FREITAG
9. APRIL

die seit Pfingsten das himmlische Volk Gottes bilden. Als Auferstandener half Er ihnen, diese Veränderung zu verstehen. Sie mussten lernen, von nun an eine Glaubensbeziehung zu Ihm im Himmel zu haben.

Die Frauen, die am frühen Morgen zur Gruft gingen, dachten überhaupt nicht an die Auferstehung des Herrn. Als sie vor einem offenen und leeren Grab standen, gerieten sie in Verlegenheit. Da traten zwei Engel zu ihnen und bezeugten die Auferstehung des Herrn Jesus: «Was sucht ihr den Lebendigen unter den Toten?» Diese Frage macht deutlich, dass der christliche Glaube einmalig ist: Unser Erlöser lebt! Wir brauchen Ihn nicht im Grab zu suchen. Er ist siegreich auferstanden. Sein Opfertod bildet die ewig sichere Grundlage unserer Errettung. Wir sind mit einem lebenden Christus verbunden.

Was die Engel den Frauen mitteilten, hatte der Herr den Seinen bereits angekündigt. Das half den Frauen jetzt, das Unbegreifliche zu begreifen. So gingen sie zu den Jüngern und erzählten ihnen, was sie erlebt hatten. Doch die Elf glaubten ihnen nicht. Petrus aber zeigt eine positive Reaktion. Er, der den Herrn verleugnet und darüber bitterlich geweint hatte, lief zum Grab und überzeugte sich davon, dass es leer war. Sein Glaube stützte sich aber nur auf das, was er sah.

Durch die Kreuzigung ihres Herrn waren die beiden Jünger, die Jerusalem verliessen, in ihrer Hoffnung auf die Befreiung Israels enttäuscht worden. Nun gingen sie niedergeschlagen nach Hause. Da näherte sich ihnen der gute Hirte, um sich um sie zu kümmern und die kleine Flamme ihres Glaubens wieder anzufachen. Er gab sich ihnen nicht sofort zu erkennen, damit sie lernten, sich auf das geschriebene Wort Gottes zu stützen und an Ihn zu glauben, ohne Ihn zu sehen.

SAMSTAG
10. APRIL

Mit taktvollen Fragen ging der Herr Jesus auf ihre Not ein. Aufmerksam hörte Er ihnen zu, als sie Ihm erzählten, was ihr Herz bedrückte. Deutlich bezeugten sie ihren Glauben an Christus. Sie hatten Ihn als einen Propheten anerkannt und gehofft, dass Er sie aus der Hand der Römer befreien würde. Doch nun war Er von ihren Landsleuten gekreuzigt worden. Sie sprachen auch von seiner Auferstehung, konnten sie aber nicht mit ihrer jüdischen Erwartung in Einklang bringen.

Nachdem sie Ihm ihre Enttäuschung geschildert und ausgeredet hatten, brachte der Herr sie durch drei Punkte wieder zurecht:

1) Er forderte sie auf, *an alles zu glauben,* was in der Bibel steht, um für ihren Glauben ein gutes Fundament zu bekommen (2. Timotheus 3,16).

2) Er zeigte ihnen aus dem Alten Testament die *Leiden* und die *Herrlichkeiten* Christi. Beide wurden im Voraus angekündigt (1. Petrus 1,11).

3) Er stellte ihnen aus dem Wort Gottes sich selbst vor, um ihre Herzen für *seine wunderbare Person* zu gewinnen (Johannes 5,39).

Als sie sich dem Dorf Emmaus näherten, baten sie Ihn: «Bleibe bei uns.» Sie hatten Ihn noch nicht erkannt, wollten aber Den in ihrem Haus haben, der ihre Herzen durch die Schriften für Christus erwärmt hatte. – Wir erkennen hier, dass sich der Herr nie aufdrängt. Er wartet darauf, dass wir Ihn in unser Zuhause einladen, um Gemeinschaft mit Ihm zu haben und seinen Segen zu erfahren.

SONNTAG
11. APRIL

Bei der Mahlzeit nahm der Herr Jesus den Platz des Gastgebers ein. Er dankte für das Brot und gab es den beiden Jüngern. Dadurch wurden sie an ihren Meister erinnert und erkannten Ihn. – Wenn der Herr in unser Haus und Leben eintritt, müssen wir Ihm den ersten Platz geben, damit Er alles bestimmen kann.

Sobald die Jünger den Herrn erkannten, wurde Er ihnen unsichtbar. Damit beabsichtigte Er zweierlei:
- Sie sollten lernen, dass Er nicht leiblich bei ihnen blieb und sie nun eine Glaubensbeziehung zu Ihm hatten.
- Er wollte sie an den Ort zurückführen, wo Er am ersten Tag der Woche in der Mitte der Seinen war.

Nach dem Werk *in ihren Herzen*, die wieder für Christus brannten, geschah auch ein Werk *in ihrem Leben*: Sie kehrten zu den Glaubenden nach Jerusalem zurück.

Am Auferstehungstag erschien der Herr zuerst Maria Magdalene, die ohne Ihn nicht leben konnte (Markus 16,9). Dann kam Er einigen Frauen entgegen, die voll Furcht waren (Matthäus 28,9). Später hatte Er ein wiederherstellendes Gespräch mit Simon Petrus, der Ihn verleugnet hatte (Vers 34). Seine vierte Begegnung galt den enttäuschten Jüngern, die nach Emmaus gingen.

Durch die Erzählung der Jünger aus Emmaus wurden die anderen auf den auferstandenen Christus vorbereitet. Nun kam Er selbst mit den Worten in ihre Mitte: «Friede euch!» Der Herr Jesus ist unser Friede (Epheser 2,14), d. h. die Person, die die Glaubenden miteinander versöhnt und zusammenhält. Dafür musste Er am Kreuz sterben und am dritten Tag auferstehen.

MONTAG
12. APRIL

Die Jünger fürchteten sich, weil sie nicht mit seiner Auferstehung gerechnet hatten und sich schwer an die neue Zeit gewöhnen konnten, die dadurch angebrochen war. In seiner Liebe und Gnade stellte der Herr ihnen die Wahrheit der Auferstehung nicht als eine Lehre, sondern als eine lebendige Wirklichkeit vor: Die Jünger *sehen* seine Hände und seine Füsse, die die Wundmale des Kreuzes tragen. Sie *betasten* Ihn und merken, dass Er tatsächlich körperlich bei ihnen ist. Um sie völlig von seiner Auferstehung zu überzeugen, *isst* Er von dem, was sie Ihm anbieten.

Sein Auferstehungsleib trägt hier zwei wichtige Merkmale, die in 1. Korinther 15 bestätigt werden:

1) Der Herr Jesus behielt seine Identität, denn die Jünger konnten erkennen, dass *Er* es selbst war (Vers 39). Auch die auferweckten und verwandelten Gläubigen werden ihre Identität behalten (1. Korinther 15,37.38).

2) Nach seiner Auferstehung bestand der Leib des Herrn nicht mehr aus Fleisch und Blut (Hebräer 2,14), sondern aus Fleisch und Gebein (Vers 39). Er konnte nicht mehr sterben. Die Erlösten werden bei der Entrückung ebenso einen unsterblichen Körper bekommen, um ewig im Himmel zu leben (1. Korinther 15,51-53).

Der Herr würde nicht bei seinen Jüngern bleiben.
Darum bereitete Er sie auf die Zeit seiner Abwesenheit vor. Zuerst führte Er sie zur Grundlage ihres Glaubens: Es ist das ganze Wort Gottes, das von Ihm spricht
(Vers 44). Dann öffnete Er den Jüngern das Verständnis
für die Schriften (Vers 45). Durch das «Auferstehungs-
leben», das Er ihnen mitteilte, gab Er ihnen die Fähigkeit,
in der Kraft des Heiligen Geistes
das Wort Gottes zu verstehen
(Johannes 16,13; 20,22).

**DIENSTAG
13. APRIL**

　Der Tod und die Auferstehung
des Herrn Jesus bilden die Grundlage der Errettung
von Sündern und sind das Hauptthema des Evangeliums, das in der christlichen Zeit verkündet und verbreitet wird. Der Mensch wird aufgefordert, Buße zu tun,
damit Gott aufgrund eines Bekenntnisses die Sünden
vergeben kann. Diese Botschaft gilt allen Menschen,
soll aber zuerst den Bewohnern in Jerusalem bekannt
gemacht werden, damit sich die Gnade dort entfalten
kann, wo die schlimmste Sünde begangen worden ist
(Römer 5,20). Der Herr kündigt auch das Kommen des
Heiligen Geistes an, der die Kraftquelle für diesen Auftrag ist.

　Der Herr führt seine Jünger aus dem Judentum hinaus,
um sie in der christlichen Zeit geistlich zu segnen. Die
Wundmale in seinen Händen erinnern an das Erlösungs-
werk, das die Grundlage jeden Segens für glaubende
Menschen ist. Seine Himmelfahrt gibt den Erlösten der
Gnadenzeit eine himmlische Ausrichtung. Ehrerbietung
vor seiner Person, Freude im Herzen und Lob auf den
Lippen kennzeichnen nun das christliche Leben.

Hosea weissagte vorwiegend über das Zehnstämme-Reich im Norden. Dennoch wird die Zeit seines Wirkens anhand der Könige des Südreichs angegeben. Warum? Weil Gott die letzten Regenten in Samaria nicht mehr anerkennen konnte. Während der langen Regierungszeit Jerobeams II. erlebte das Nordreich einen äusseren Aufschwung. Dann ging es jedoch rasant abwärts. Sein Sohn Sekarja wurde schon nach sechs Monaten ermordet. Dann kamen fünf Thronräuber an die Macht, bis der assyrische König das Land eroberte und die Bewohner ins Exil verschleppte.

**MITTWOCH
14. APRIL**

In dieser Zeit des Niedergangs wirkte Hosea. Weil die Menschen in Israel vom HERRN abfielen, fremden Göttern dienten und unmoralisch lebten, musste der Prophet ihnen die Folgen davon aufzeigen. Um seine Botschaft verständlicher zu machen, bekam Hosea den Auftrag, eine Prostituierte zu heiraten. Die Namen der drei Kinder, die sie dem Propheten gebar, drücken die Konsequenzen der Sünden im Volk Israel aus:

- Der erste Sohn hiess «Jisreel». Sein Name bedeutet «Gott sät». Er weist auf das Gericht hin, das der HERR über die Könige, die in Jisreel regierten, und über das Volk im Nordreich bringen musste.

- Der Name der Tochter lautete «Lo-Ruchama», was «Nicht-Begnadigte» heisst. Gott stand im Begriff, seine Gnade für eine lange Zeit von den Menschen im Zehnstämme-Reich zurückzuziehen.

- Das dritte Kind war wieder ein Sohn, der den Namen «Lo-Ammi» bekam. Er bedeutet «Nicht-mein-Volk», denn der HERR konnte das abtrünnige Israel nicht mehr als sein Volk anerkennen.

In Kapitel 1 hat Gott angekündigt, dass Er die Beziehung zu Israel abbrechen würde. Nun erfahren wir: Dieses Gericht wird nicht für immer sein (Verse 1-3). In der Zukunft wird es eine Wiederherstellung des zwölfstämmigen Volkes geben. Ein Überrest aus Israel wird Buße tun und zu Gott umkehren. Diese Gläubigen wird Er wieder als sein Volk anerkennen.

DONNERSTAG
15. APRIL

Der zweite Teil des ersten Verses wird in Römer 9,26 zitiert und auf die Menschen aus den Nationen bezogen. Sie gehören nicht zum irdischen Volk Gottes, kommen aber durch den Glauben an Jesus Christus in eine Beziehung zum lebendigen Gott. Das erfüllt sich zuerst in der christlichen Zeit, wenn Menschen das Evangelium der Gnade annehmen. In der zukünftigen Drangsalszeit wird diese Weissagung ebenfalls Wirklichkeit werden, wenn Menschen aus den Nationen in eine Glaubensbeziehung zum Gott Israels kommen werden.

Die Mutter in den Versen 4 und 5 ist das abtrünnige Volk zur Zeit Hoseas. Israel hatte seinen Gott verlassen und diente fremden Göttern. Diese Untreue war in den Augen des HERRN Hurerei und Ehebruch. Alles, was Israel von Ihm bekommen hatte, gebrauchte es für den Götzendienst: Korn, Most, Öl, Silber und Gold. Darum konnte Gott seine Beziehung zum treulosen Volk nicht mehr aufrechterhalten und über die Menschen in Israel kein Erbarmen mehr haben. Das Gericht stand vor der Tür.

In Jakobus 4,4 bezeichnet Gott die Freundschaft von Gläubigen mit der Welt als Ehebruch. Niemals kann Er es gutheissen, wenn wir uns mit der Welt verbinden.

Im gelesenen Abschnitt spricht der HERR von den Erziehungsmassnahmen, die Er damals einleitete und auch in der Zukunft ergreifen wird, um sein Volk zur Umkehr zu bringen.

FREITAG
16. APRIL

Gott legte den Menschen in Israel grosse Hindernisse in den Weg, damit sie merkten, dass sie sich von Ihm entfernt hatten und auf Abwege geraten waren. Die bitteren Folgen ihrer Untreue sollten ihnen verdeutlichen, wie viel besser es ihnen ergangen war, als sie dem HERRN dienten und Ihm nachfolgten. In seiner gerechten Regierung nahm Er ihnen den materiellen Wohlstand weg, um ihnen zu zeigen, dass sie sich vom Geber aller guten Gaben abgewandt hatten.

Wir können diese Verse auf einen Gläubigen übertragen, der sich vom Herrn Jesus entfernt und in der Welt verstrickt hat. Er befindet sich auf einem Irrweg und muss die traurigen Konsequenzen davon spüren. Die Freude, die er in der Gesellschaft der Ungläubigen zu finden sucht, lässt sein Herz leer und unbefriedigt. Es geht ihm wie dem verlorenen Sohn, der am Schweinetrog merkte, wie viel besser er es bei seinem Vater gehabt hatte. Zu dieser Einsicht will der Herr jeden verirrten Gläubigen bringen, damit er von seinem falschen Weg umkehrt.

Wie traurig ist die Feststellung des HERRN in Vers 15: «Mich aber hat sie vergessen.» Er hatte sein Volk aus Ägypten erlöst, durch die Wüste geführt und ins verheissene Land gebracht. Doch Israel vergass seinen Gott und dachte nicht an die Güte, die Er seinem Volk tausendfach erwiesen hatte.

In der Zukunft wird Gott einen Überrest aus Israel in die Wüste führen und ihn dort durch tiefgehende Nöte zu echter Buße und Umkehr führen. So wird das Tal Achor, d. h. das Tal der Trübsal oder des Unglücks, zu einer Tür der Hoffnung werden. Die innere Wiederherstellung des zukünftigen Überrests wird zur Folge haben, dass der HERR sein bedrängtes Volk retten und wieder in eine Beziehung zu sich bringen wird. Es wird dem wiederhergestellten Israel wie nach dem Auszug aus Ägypten gehen: Es wird seinen Gott für die Befreiung loben.

An diesem zukünftigen Tag wird Gott nicht nur sein irdisches Volk

SAMSTAG 17. APRIL

erlösen, sondern auch die Schöpfung vom Fluch der Sünde befreien. Darauf weist der Bund in Vers 20 hin, den Er mit den Tieren schliessen wird. In Römer 8,19-23 sehen wir, dass die Befreiung der Schöpfung von der Knechtschaft des Verderbens mit der Offenbarung und Verherrlichung der Kinder Gottes zusammenhängt.

Der HERR vergleicht das zukünftige Knüpfen seiner Beziehung zum Volk Israel mit einer Verlobung. Wir lernen aus der Art und Weise, wie Gott sich hier ausdrückt, dass die Verlobung eines Mannes mit einer Frau ein festes Versprechen ist, das weder gedankenlos eingegangen noch leichtfertig gelöst werden soll.

Ab Vers 23 beschreibt Gott den Segen im Tausendjährigen Reich. Weil der Himmel seinen Regen geben und die Erde ihre Frucht hervorbringen wird, wird es Nahrung in Überfluss geben. Der gläubige Überrest aus Israel wird in sein Land zurückkehren und dort in einer glücklichen Beziehung zum HERRN leben.

In Kapitel 3 fasst der Prophet die gesamte Geschichte des Volkes Israel zusammen:

- In der *Vergangenheit* haben die Israeliten die Liebe des HERRN verachtet und sich den Götzen zugewandt.

SONNTAG
18. APRIL

Sie wollten ohne Gott Feste feiern – dargestellt durch den Traubenkuchen – und suchten ihr Glück im Götzendienst (Vers 1).

- Seit der Verschleppung der zehn Stämme nach Assyrien und der Zerstreuung der Juden um 70 n. Chr. sind die Israeliten ohne König und ohne Gottesdienst. Das ist ihre Situation in der *Gegenwart* (Vers 4).
- Die Israeliten werden in der *Zukunft* zu ihrem Gott umkehren und Christus als ihren König annehmen. Echte Gottesfurcht und das Bewusstsein der göttlichen Güte werden ihre Gesinnung und ihr Verhalten prägen (Vers 5).

Die ersten fünf Verse des vierten Kapitels beschreiben den moralischen Zustand in Israel als Folge der Abkehr von Gott und der Hinwendung zu den Götzen. Diesen allgemein gültigen Grundsatz stellen wir leider auch in der Christenheit fest: Je mehr man sich von Gott und seinem Wort abwendet, umso grösser wird die Unmoral und die Gewalttat. Wir können diese Entwicklung nicht aufhalten. Stattdessen werden wir mit einem «Du aber» aufgefordert, persönlich am Wort Gottes festzuhalten und dem Herrn treu zu bleiben (2. Timotheus 3,14).

Mit dem Aufruf in Vers 4 macht der Prophet deutlich, dass es nun zu spät war, das Volk zurechtzuweisen und zu tadeln. Das Schicksal des Nordreichs war besiegelt. Gott würde die Bewohner ins assyrische Exil bringen.

Die Menschen in Israel hatten die Erkenntnis verworfen und das Gesetz ihres Gottes vergessen. Das war eine wesentliche Ursache des Niedergangs. In der Folge verloren sie den Platz in der Nähe des HERRN. Durch die Reichsteilung wurde es für die Menschen im Nordreich schwierig, nach Jerusalem zu gehen und dort den Gottesdienst auszuüben. Die Priester waren genauso verdorben wie das Volk. Hurerei und Alkohol nahmen ihnen die Fähigkeit für ein gesundes Urteil weg.

MONTAG
19. APRIL

Auch in der Christenheit geht die Erkenntnis der göttlichen Gedanken immer mehr verloren. Die Folge davon ist ein geistlicher Verfall. Wie können wir uns persönlich davor schützen? Der Apostel Petrus gibt uns die Antwort: «Wachst aber in der Gnade und Erkenntnis unseres Herrn und Heilandes Jesus Christus» (2. Petrus 3,18).

Der Götzendienst in Israel ging mit Wahrsagerei einher, denn hinter den Göttern aus Holz und Stein standen böse Geister. Als weitere Folge des Götzenkults musste der Prophet die zunehmende Unmoral in Israel anprangern.

In den Versen 15-19 werden die Menschen aus dem Südreich Juda gewarnt, sich nicht am Götzendienst im Norden zu beteiligen. Nur durch eine bewusste Absonderung vom Bösen und durch eine klare Hinwendung zum HERRN konnten sie sich diesem negativen Einfluss entziehen. Das Zehnstämme-Reich hatte das Mass des Bösen bereits überschritten. Weitere Ermahnungen waren zwecklos. Darum erklärte der HERR: «Lass ihn gewähren!» – Wie ernst, wenn Gott ein Volk oder einen Menschen auf seinem sündigen Weg gehen lässt!

In diesem Abschnitt werden besonders die Führer des Volkes angesprochen: die Priester und die Könige. Sie hatten dem Volk eine Schlinge gelegt und im Land ein Netz ausgebreitet, um die Menschen zu Fall zu bringen. Hosea spielt hier auf die List an, die Jerobeam, der erste König im Zehnstämme-Reich, angewandt hatte. Er hatte in Bethel und Dan zwei goldene Kälber als Götzen auf-

**Dienstag
20. April**

gestellt, um die Menschen davon abzuhalten, nach Jerusalem zu gehen und dem Herrn zu opfern. Mit überredenden Worten hatte er sie vom wahren Gottesdienst abgehalten: «Es ist zu viel für euch, nach Jerusalem hinaufzuziehen; siehe da, Israel, deine Götter, die dich aus dem Land Ägypten heraufgeführt haben» (1. Könige 12,28). Von den Königen nach ihm heisst es, dass sie auf den Wegen und in den Sünden Jerobeams wandelten.

Gott kannte sein Volk durch und durch. Er sah jede verborgene Sünde und jede offenbare Ungerechtigkeit. «Kein Geschöpf ist vor ihm unsichtbar, sondern alles ist bloss und aufgedeckt vor den Augen dessen, mit dem wir es zu tun haben» (Hebräer 4,13).

Zu all dem sündigen Treiben kam ein Stolz hinzu, der das Mass voll machte. Darum würde Israel vor dem Feind fallen und nach Assyrien verschleppt werden. Da nützten alle religiösen Aktivitäten nichts, denn Gott hatte sich ihnen entzogen. – Untreue und Stolz sind auch in der Versammlung von Laodizea der Grund, warum der Herr sich zurückgezogen hat. Er steht draussen und klopft an. Wer Ihm öffnet, kann mitten im Ruin Gemeinschaft mit Ihm haben (Offenbarung 3,20).

Ephraim stand damals stellvertretend für das Zehnstämme-Reich im Norden. Ihm kündigte der HERR das
Gericht zuerst an (Verse 9.11.14). Es stand kurz bevor und
konnte nicht mehr abgewendet werden. Die «Krankheit
Ephraims» war eine Folge davon, dass Israel den HERRN
verlassen hatte und unter seiner Züchtigung stand. Wie
ging das Volk damit um? Kehrte es nun zu Gott um?
Nein! Es suchte Hilfe beim König von Assyrien. Doch
dieser konnte die Krankheit nicht
heilen.

**MITTWOCH
21. APRIL**

Wir lernen daraus, dass die Welt
mit ihrer Weisheit unsere geistli-
chen Probleme nicht zu lösen vermag. Nur der Herr kann
uns durch das Wort Gottes im Glauben wieder gesund
machen. Bis wir zu dieser Einsicht kommen, muss Er oft
durch Erziehungsmassnahmen ernst zu uns reden.

Auch das Zweistämme-Reich im Süden, das «Juda»
genannt wird, musste die göttliche Gerichtsankündigung vernehmen (Verse 10.14). Es erlebte zwar unter
Hiskia und Josia eine geistliche Umkehr zu Gott. Doch
danach ging es schnell wieder bergab, so dass es
schliesslich nach Babel verschleppt wurde. Der Prophet
musste den Fürsten aus Juda den Vorwurf machen, dass
sie die Grenze verrückten. Vielleicht sahen sie im Untergang des Nordreichs eine Gelegenheit, ihr Gebiet zu
vergrössern. Jedenfalls verurteilte Gott im Gesetz das
Verschieben einer Grenze als Sünde (5. Mose 27,17).

Im geistlichen Sinn ist es ebenfalls möglich, «die Grenze
zu verrücken», wenn die Anordnungen des Wortes Gottes abgeschwächt oder ungültig gemacht werden. Das
ist eine Sünde, die schwere Folgen nach sich zieht.

In den ersten drei Versen fordert der Prophet das Volk auf, zu Gott zurückzukehren. Er knüpft an das vorherige Kapitel an, das neben der Gerichtsankündigung auch auf erste Anzeichen einer Sinnesänderung und Umkehr im Volk hinweist. Wenn das Gewissen in der Bedrängnis erwacht ist, erkennt ein Überrest, dass *der HERR* diese Not über sein Volk gebracht hat. Nun bekommt er die Zusage, dass Gott die Wunden, die Er geschlagen hat, auch heilen wird. Dieser Grundsatz gilt für jede Glaubensprüfung (Hiob 5,18).

DONNERSTAG
22. APRIL

Für Israel wird es nach einer Zeit des geistlichen Todes eine vollständige Wiederherstellung geben. So wie Gott den Herrn Jesus am dritten Tag auferweckt hat, wird Er in der Zukunft auch das Volk Israel zu neuem Leben aufwecken und in eine glückliche Beziehung zu sich bringen. Das wird uns in Hesekiel 37 bestätigt.

Ab Vers 4 spricht der HERR wieder über den Zustand seines Volkes in der damaligen Zeit. Er beginnt mit der Frage, was Er in seiner Erziehung noch tun sollte, um sein widerspenstiges Volk zur Umkehr zu bringen. Echte Gottesfurcht verschwand in Israel immer mehr. Darum hörten die Menschen nicht auf die Propheten und beugten sich nicht unter die göttliche Erziehung. Viele hielten zwar an einem äusseren Gottesdienst fest, übertraten jedoch die Gebote des HERRN.

Mit heiliger Entrüstung beschreibt Gott in den Versen 8-10 die Situation in Israel: Gewalttat und Unmoral waren an der Tagesordnung. In Juda sah es nicht viel besser aus (Vers 11). Darum musste Er auch dem Südreich das Strafgericht androhen.

Die Menschen in Israel waren nicht bereit, sich unter die Massnahmen der göttlichen Erziehung zu stellen und sich heilen zu lassen. Im Gegenteil! Sie sündigten noch schlimmer und offensichtlicher. Aber das Gericht würde sie erreichen und ihre Bosheit auf sie zurückbringen. Weil sie selbst wie Strassenräuber gewütet hatten (Kapitel 6,9), würden auch sie von Dieben heimgesucht werden (Vers 1). Die Ankündigung des göttlichen Gerichts wollten sie sich nicht zu Herzen nehmen. Doch die Strafe würde kommen und sie die Folgen ihrer Handlungen ernten lassen (Vers 2).

FREITAG
23. APRIL

Etwas Ähnliches finden wir in 1. Thessalonicher 5,3 im Blick auf die ungläubigen Menschen am Ende der christlichen Zeit. Weil sie das Evangelium ablehnen und das kommende Gericht völlig ignorieren, wird ein plötzliches, unerwartetes Verderben über sie kommen.

Ab Vers 3 nennt der Prophet die zahlreichen Sünden in Israel, die das Gericht Gottes hervorriefen: Bosheit, Lüge, Ehebruch, Trunkenheit, Arglist. Er vergleicht das Ausleben dieser Begierden mit der Gärung eines Teiges. Doch der Ofen war schon geheizt (Vers 4). Gott stand im Begriff, einzuschreiten und dem sündigen Treiben seines Volkes ein Ende zu machen. In ihrer Verhärtung nahmen die Fürsten diese Ankündigung nicht ernst. Sie feierten unbekümmert weiter, bis sie aus ihrem Schlaf gerissen wurden und in den Ofen des Gerichts kamen (Vers 6). Zu diesem Zweck benutzte Gott Thronräuber, die einem Ofen glichen und die Regenten in Israel stürzten, um selbst an die Macht zu kommen (Vers 7; 2. Könige 15,10.14.25.30).

Wegen der Vermischung mit den umliegenden Völkern glichen die Menschen im Nordreich Israel einem Kuchen, der beim Backen nicht umgewendet wird. Ein solcher Kuchen ist auf der einen Seite verkohlt und auf der anderen Seite teigig. Man weiss nicht recht, was man in der Hand hat. – Christen, die sich mit der Welt verbinden, tragen ähnliche Merkmale. Weil sie in ihrem Verhalten weder Fisch noch Vogel sind, kann der Herr sie nicht gebrauchen. Ausserdem verlieren sie durch den Einfluss der Welt unmerklich ihre geistliche Kraft. Das wird uns in der Geschichte Simsons deutlich vor Augen geführt (Richter 16,18-21).

SAMSTAG

24. APRIL

Die Menschen in Israel waren sehr stolz. Darum erkannten sie nicht, wie gefährlich ihre Verbindung zu Ägypten und Assyrien war. Gerade ihre Kontakte zu diesen Völkern führten dazu, dass Gott ein Netz über sie ausbreitete: Die Assyrer griffen sie an und führten sie ins Exil.

Wenn Gott seine erziehende Hand auf Israel legte, so war das kein Beweis, dass Er gegen sein Volk war. Nein, Er wollte es vielmehr erlösen, d. h. aus dem Götzendienst befreien und in eine geordnete Beziehung zu sich bringen. Wie viele Male hatte Er sie schon im Kampf gegen feindliche Völker gestärkt und einen Sieg gegeben! So gross war seine Gnade. Doch die Menschen wollten nicht auf Ihn hören. In der Not schrien sie, aber nicht zu Gott. Bei Widerstand kehrten sie um, aber nicht zu Ihm. – Wir erkennen hier, dass ein Unglück allein keinen Menschen zur Umkehr bringt. Dazu ist auch ein Werk im Herzen und im Gewissen nötig.

Der Assyrer steht im Begriff, sich wie ein Adler auf die zehn Stämme zu stürzen. In seinen Krallen werden sie um Hilfe schreien: «Mein Gott, wir kennen dich, wir, Israel!» Doch diese Kenntnis nützt ihnen nichts, weil sie im Herzen nicht an Ihn glauben und im Leben nicht nach seinen Geboten handeln. Sie haben das Gute, das von Gott kommt, verworfen und

SONNTAG
25. APRIL

stattdessen die goldenen Kälber verehrt. Darum befreit Er sie nicht aus der Hand ihrer Feinde. – Ähnlich wird es den Menschen gehen, die sich zwar Christen nennen, die jedoch nie Buße getan und nie den Herrn Jesus als persönlichen Erlöser angenommen haben. Wenn sie rufen werden: «Herr, Herr, tu uns auf!», wird Er antworten: «Ich kenne euch nicht» (Matthäus 25,11.12).

Die letzten Könige im Nordreich Israel waren gottlose Rebellen. Sie rissen die Regierung mit Gewalt an sich, deshalb konnte Gott sie nicht anerkennen. Während ihrer Herrschaft blühte der Götzendienst. Doch die fremden Götter aus Silber und Gold konnten die Menschen nicht aus der Hand des Assyrers retten. Was nützte ihnen ein toter Gegenstand, wenn der lebendige Gott durch diesen Feind seinen gerechten Zorn und sein Gericht über sie brachte?

In Vers 7 erinnert der Prophet an einen Grundsatz der Regierungswege Gottes mit den Menschen: «Wind säen sie, und Sturm ernten sie.» Sowohl das Gute als auch das Böse, das sie in ihrem Leben gesät haben, ernten sie. Die Ernte ist immer grösser als die Saat. Dieses Prinzip gilt auch für uns Gläubige, wie aus Galater 6,7-9 ersichtlich wird.

Israel ahmte den Götzenkult und den unmoralischen Lebensstil der heidnischen Nachbarvölker nach. Dadurch vermischte sich das Volk Gottes mit den Nationen und wurde von ihnen «verschlungen». Israel war nicht mehr für den HERRN abgesondert, deshalb konnte Er kein Gefallen mehr an ihm haben (Vers 8). Diese Vermischung führte unter König Menachem dazu, dass er mit dem Feind eine Übereinkunft traf. Er zahlte Pul, dem König von Assyrien, tausend Talente Silber, «damit seine Hand mit ihm wäre, um das Königtum in seiner Hand zu befestigen (2. Könige 15,19). Darauf nimmt Hosea vermutlich Bezug, wenn er in Vers 9 sagt: «Sie sind nach Assyrien hinaufgezogen.»

**MONTAG
26. APRIL**

Durch ihren Götzendienst entfremdeten sich die Menschen in Israel von Gott. Sie fragten nicht mehr nach seinem Willen, sondern taten das, was sie für gut hielten. Gewisse äussere Formen des Gottesdienstes blieben zwar bestehen, aber der HERR hatte kein Wohlgefallen daran.

Die göttliche Strafe für ihre Ungerechtigkeit und ihre Sünden wird in Vers 13 mit einem Satz angekündigt: «Sie werden nach Ägypten zurückkehren » Diese Aussage ist nicht buchstäblich, sondern sinnbildlich zu verstehen. Die Menschen aus dem Nordreich würden durch die Verschleppung nach Assyrien unter das Joch der Nationen kommen. Es würde ihnen wie früher ergehen, als sie unter der Sklaverei Ägyptens gelitten hatten.

Das erfahren auch wir, wenn wir uns mit der Welt vermischen. Wir kommen wieder in ihre Abhängigkeit und müssen uns ihrem mächtigen Einfluss fügen.

Während der Regierung Jerobeams II. schenkte Gott seinem Volk eine Friedenszeit (2. Könige 14,25-27). Die Israeliten konnten ruhig säen und ernten, wodurch ein gewisser Wohlstand erwuchs. Doch sie liessen sich durch diese Güte nicht zur Buße leiten. Stattdessen hielten sie am Götzenkult fest und feierten ausgelassene Feste. Da warnte sie der HERR durch seinen Propheten und kündigte ihnen nochmals die Wegführung nach Assyrien an. Dort würden sie Unreines essen. Weil sie in Israel die Gebote Gottes nicht beobachteten, Ihm Schlachtopfer darbrachten, die Er nicht annehmen konnte, und die Feste des HERRN nicht hielten, würden sie ins Ausland verschleppt werden, wo all dies nicht mehr möglich sein würde.

**DIENSTAG
27. APRIL**

Ohne Überleitung kommt der Prophet in Vers 5 auf die Menschen im Südreich Juda zu sprechen. Die meisten von ihnen kamen ins babylonische Exil. Einige hingegen flohen nach Ägypten. Doch sie konnten dem göttlichen Gericht nicht entgehen. In Ägypten verloren sie ihren Besitz und ihr Leben. Es erfüllte sich, was ihnen ein anderer Prophet angekündigt hatte (Jer 42,15-17).

Wenn der Prophet an die grosse Bosheit des Volkes und an die Vergeltung Gottes dachte, wurde er fast wahnsinnig. Die moralische Verdorbenheit und die Gewalttat in Israel waren tatsächlich so gross wie «in den Tagen von Gibea» (Richter 19 – 21). Das angekündigte Gericht war deshalb unabwendbar.

Vers 9 macht klar, dass Gott keine Sünde vergisst oder übersieht. Als Erlöste wissen wir aber, dass unsere Schuld durch das Blut des Herrn Jesus getilgt ist. Gott kommt nie mehr darauf zurück (Hebräer 10,17).

In Vers 10 spricht Gott über den Anfang der Geschichte Israels. Wie konnte Er sich über sein Volk freuen, als es mit Ihm durch die Wüste zog! Es glich Trauben oder Frühfeigen, die dem Wanderer in der Einöde eine Erfrischung bieten. Das Volk wandte sich jedoch schon vor dem Eintritt ins Land Kanaan vom HERRN ab. Durch die Verführung Bileams liess es sich zum Götzendienst und zur Unmoral verleiten (4. Mose 25,1-5).

MITTWOCH
28. APRIL

Gott gebraucht hier zwei Bilder für das abtrünnige Volk zur Zeit des Propheten Hosea:

- Israel glich einer *unfruchtbaren Frau,* weil es sich vom HERRN distanziert und Ihm nicht gedient hatte. Es gebar keine Kinder, an denen Gott Gefallen haben konnte. Auch die nachkommende Generation diente den Götzen. Darum sollten diese «Söhne» zum «Würger» herausgebracht werden. Der König von Assyrien würde sie töten oder ins Exil verschleppen.

- Das Volk Israel war für Gott wie ein *verdorrter Baum.* Es brachte nichts hervor, was zu seiner Freude war. Der HERR fand keine Frucht. Darum sprach Er das Gericht über Israel aus. – Als Jesus Christus in Israel wirkte, suchte Er im jüdischen Volk Frucht. Doch es brachte keine, so dass Gott es auf die Seite stellte. Um dies zu illustrieren, verfluchte der Herr den Feigenbaum. Da verdorrte er sofort (Matthäus 21,19).

Die zehn Stämme im Norden kamen ins Exil, wo sie im Völkermeer verschwanden, ohne eine Spur zurückzulassen. Die zwei Stämme im Süden blieben sichtbar als einheitliche Volksgruppe (die Juden) bestehen, waren aber Flüchtlinge unter den Nationen.

In den Versen 1-3 spricht Gott nochmals über die Zeit des Wohlstands unter der Regierung Jerobeams II. Da glich Israel einem wuchernden Weinstock. Doch wozu setzte es den Ertrag ein? Um die Götzenaltäre zu vermehren und die Götzenbilder zu verschönern. Das rief den Zorn Gottes hervor. Auf Jerobeam II. folgte eine blutige Zeit. Es gab keinen rechtmässigen König mehr, der sich für das Wohl des Volkes einsetzte. Das war eine Folge der fehlenden Gottesfurcht in Israel.

DONNERSTAG
29. APRIL

Die Aussage in Vers 4 weist auf den letzten König im Nordreich hin, der dem König von Assyrien die Treue bezeugen musste, aber dann eine Verschwörung gegen ihn plante und Boten zum König von Ägypten sandte. Doch der assyrische König schlug den Aufstand nieder und verhaftete den treulosen König (2. Könige 17,3-5). In der Folge wurde das goldene Kalb aus Bethel, an dem die Israeliten hingen, als Geschenk nach Assyrien gebracht. Über die zurückgelassenen Götzenaltäre wucherten Dornen und Disteln. Damit dokumentierte der lebendige Gott, wie nutzlos und ohnmächtig die toten Götzen sind.

Der zweite Teil von Vers 8 erfüllte sich nicht nur, als Gott wegen des Götzenkults das Gericht über das Zehnstämme-Reich brachte. Auch bei der Zerstörung Jerusalems als Folge der Verwerfung des Messias um 70 n. Chr. sprachen die Juden ähnliche Worte (Lukas 23,30). Die Ungläubigen in der zukünftigen Gerichtszeit werden ebenfalls so reden (Offenbarung 6,16).

Hüten auch wir uns vor Götzen, wie z. B. das Geld, der Erfolg oder das Hobby! Wenn sie uns wichtiger werden als der Herr Jesus, geht es mit uns geistlich bergab.

Der Prophet nimmt nochmals auf die schreckliche Sünde Bezug, die während der Richterzeit in Gibea verübt worden war (Richter 19). Damals hatten Menschen aus dem

FREITAG

30. APRIL

Stamm Benjamin eine Schandtat begangen und waren von den übrigen elf Stämmen dafür bestraft worden. Weil jetzt ganz Israel sündigte, würde Gott die Nationen als Zuchtrute seines Volkes benutzen. Sowohl die Menschen aus dem Nordreich als auch die Bewohner aus dem Südreich würden unter die Fremdherrschaft der Nationen kommen.

Der Prophet gebraucht hier das Bild einer Kuh unter dem Joch, um einzelne Situationen zu veranschaulichen:

- Menschen in Israel, die fremden Göttern dienten, befanden sich unter einem Joch (Vers 11). Weil sie sich auf die heidnischen Bräuche der umliegenden Völker einliessen, kamen sie in die Sklaverei der Nationen. Diese traurige Folge war eine Erziehungsmassnahme Gottes an seinem Volk.

- Durch echte Buße und Umkehr zu Gott konnte ein Neubruch gepflügt werden, der zu einer segensreichen Ernte führen würde (Vers 12). In der Zukunft wird ein gläubiger Überrest aus Israel diesen Weg einschlagen. Er wird über die Schuld des Volkes Leid tragen und den HERRN suchen. Als Folge davon wird er Gerechtigkeit säen und Güte ernten.

- Doch in der damaligen Zeit stand es anders im Volk. Die Menschen lebten gottlos, taten unrecht und liebten die Lüge (Vers 13). Dieses Säen und Ernten bewirkte, dass das Nordreich erobert und das Königtum der zehn Stämme für immer beseitigt wurde.

Dieses Kapitel beschreibt die Liebe Gottes zu seinem Volk, die in seiner Güte und in seiner Barmherzigkeit sichtbar wird. In der Vergangenheit hatte der HERR Israel aus Ägypten herausgeführt und es mit Seilen der Liebe zu sich gebracht. Obwohl Er sein Volk in den gerechten Regierungswegen erziehen musste, hatte Er Erbarmen mit ihm und erleichterte dieses Joch.

SAMSTAG
1. MAI

Dieser gnädige Gott ist auch unser Gott. Er hat uns aus der Welt herausgenommen und in eine Beziehung zu sich gebracht. Auf dem Glaubensweg unterstehen wir seiner gerechten Regierung. Wir ernten, was wir säen. Zugleich erfahren wir aber, wie Er in seiner Güte die auf uns liegende Erziehungsmassnahme abschwächt, um uns Erleichterung zu verschaffen.

Ab Vers 8 spricht Gott über die Zukunft Israels. Voll Erbarmen fragt Er: «Wie sollte ich dich hingeben?» Er sieht, wie sein Volk in der Drangsalszeit unter den Folgen des Versagens leidet und fast aufgerieben wird. Da schreitet Er ein und befreit den gläubigen Überrest aus der Bedrängnis. Die innere Umkehr zu Gott hat eine Rückkehr der Stämme ins Land Israel zur Folge.

Wir finden in diesem Kapitel auch zwei Hinweise auf den Herrn Jesus:

- «Aus Ägypten habe ich meinen Sohn gerufen» (Vers 1). Das erfüllte sich, als die Eltern mit dem Kind Jesus vor Herodes nach Ägypten fliehen mussten und später wieder ins Land Israel zurückkehren durften (Mt 2,13-23).
- «Erregt sind alle meine Erbarmungen» (Vers 8). Wie oft war der Herr innerlich bewegt, wenn Er sah, wie die Menschen unter den Folgen der Sünde litten!

Gott benutzt in den Versen 1-3 drei Namen: *Ephraim* stellt die Menschen im Nordreich dar, *Juda* vertritt die Einwohner des Südreichs und *Jakob* steht für das ganze zwölfstämmige Volk Israel.

SONNTAG
2. MAI

Im Norden trat das Böse offensichtlich zutage. Der HERR musste den Leuten dort mit Recht Lüge, Trug und Gewalttat vorwerfen. Im Süden war es nicht viel besser. Obwohl die Menschen in Juda den Wohnort Gottes in ihrer Mitte hatten, lebten sie zügellos. Darum hatte der HERR auch mit ihnen einen Rechtsstreit, d. h. Er musste auch sie von ihren Sünden überführen und ihnen das Strafgericht ankündigen.

Die Geschichte Jakobs ist auch die Geschichte des Volkes Israel (Verse 4-7). Listig hatte sich Jakob das Erstgeburtsrecht verschafft und den väterlichen Segen erschlichen. Doch er kam in die Schule Gottes und musste bitter ernten, was er gesät hatte. In Pniel fiel eine wichtige Entscheidung (1. Mose 32,25-32). Dort kämpfte Jakob mit Gott. Er wollte nun nicht mehr aus eigener Kraft handeln, sondern sich an Gott halten und von Ihm den Segen bekommen. Als Jakob diese Lektion gelernt hatte, fand er in Bethel seinen Gott und hatte Gemeinschaft mit Ihm.

So kann das Volk Israel die Beziehung zu Gott nur durch eine echte Umkehr zu Ihm wiederfinden. Sobald es sich über das Versagen demütigt und aufs Neue mit dem HERRN übereinstimmt, wird es seinen Segen erfahren.

Was in Pniel geschah, ist auch für uns lehrreich: Wenn wir unseren Stolz überwinden und demütig alles von Gott erwarten, kann Er uns reich segnen.

Gott musste den Menschen in Israel vorwerfen, dass sie sich durch ungerechte Geschäfte bereicherten. Trotz dieses Tadels blieb ihr Gewissen unberührt. Es genügte ihnen, dass menschliche Richter keine strafbaren Handlungen bei ihnen fanden. Wie Gott über ihre Machenschaften dachte, liess sie kalt.

MONTAG
3. MAI

Da denken wir unwillkürlich an die Versammlung in Laodizea, die ihren Zustand auch ganz anders beurteilte als der Herr: «Ich bin reich und bin reich geworden und bedarf nichts – und du weisst nicht, dass *du* der Elende und Jämmerliche und arm und blind und nackt bist» (Offenbarung 3,17).

Trotz der herrschenden Ungerechtigkeit in Israel wird Gott mit seinem Volk zum Ziel kommen. In Vers 10 weist Er auf den Segen im Tausendjährigen Reich hin, der durch das Laubhüttenfest dargestellt wird. Aber bis es so weit sein wird, befindet sich das Volk Israel in Knechtschaft. Es geht ihm wie Jakob, der bei Laban viele Jahre um eine Frau diente (Vers 13).

In diesem Abschnitt erhebt Gott noch eine Anklage gegen das Volk: Es nahm sein Wort durch die Propheten nicht an. Das war schon am Anfang seiner Geschichte der Fall. Durch Mose, den Propheten, führte der HERR die Israeliten aus Ägypten heraus und behütete sie in der Wüste (Vers 14). Am Sinai teilte Mose ihnen die Gebote Gottes mit. Aber sie beachteten sie nicht, sondern murrten immer wieder gegen Mose. – Diese ständige, bewusste Weigerung, auf die Stimme Gottes zu hören, brachte schliesslich das Gericht über Israel. Das Volk wurde ins Exil verschleppt, wo es den Nationen dienen musste.

Der Stamm Ephraim nahm in Israel einen herausragenden Platz ein. Seine Stimme hatte Gewicht im Volk. Der erste König des Nordreichs war Jerobeam I., der von Ephraim abstammte (1. Könige 11,26). Er hatte die beiden goldenen Kälber in Bethel

DIENSTAG
4. MAI

und Dan aufgestellt und so das Volk zum Götzendienst verführt (1. Könige 12,28-30). Darauf hatte Gott viele Propheten gesandt, um die Menschen in Israel zur Umkehr aufzurufen. Doch sie fuhren fort zu sündigen. So zogen sie das göttliche Gericht auf sich. Ephraim und die übrigen Stämme des Nordreichs wurden nach Assyrien verschleppt. Sie verschwanden vom Blickfeld, wie sich am Morgen der Dunst und der Tau durch die Sonnenstrahlen auflösen.

Am Ende der christlichen Zeit gibt es eine ähnliche Abwärtsentwicklung: «Böse Menschen aber und Betrüger werden zu Schlimmerem fortschreiten, indem sie verführen und verführt werden» (2. Timotheus 3,13). Das Ende davon wird ebenfalls Gericht sein. Der Herr kündigt der verdorbenen Namenschristenheit an: «Weil du lau bist und weder warm noch kalt, werde ich dich ausspeien aus meinem Mund» (Offenbarung 3,16).

Der HERR gibt seine Ehre keinem anderen. Das erfuhr das Volk Israel, das in der Wüste seine Fürsorge so vielfach erfahren hatte und Ihn trotzdem vergass. Anstatt Ihm zu dienen, wurden die Israeliten stolz und wandten sich fremden Göttern zu. Da brach das Gericht Gottes über sie herein, so wie sich ein Raubtier auf seine Beute stürzt. – Dieses negative Beispiel mahnt uns, jede stolze Regung zu verurteilen und Gott alle Ehre zu geben.

Die ablehnende und feindliche Einstellung Israels gegen den HERRN war die Ursache für den Niedergang und die Zerrüttung im Volk. Weil es die Hilfe Gottes ausschlug und die Rettung vom König erhoffte, ging es zugrunde.

Gott erinnerte die zehn Stämme an das Verhalten der Könige, die sie gefordert hatten. Sie glichen König Saul, den Er einst auf das Drängen des Volkes gab und nach einer verfehlten Regierungszeit wieder wegnahm. So erging es auch den letzten Regenten im Nordreich, die fast alle gewaltsam umgebracht wurden.

MITTWOCH
5. MAI

Die begangenen Sünden in Israel erforderten das Gericht, denn Gott ging nicht einfach darüber hinweg. So kam das Volk damals in eine grosse Not, die den Wehen einer Gebärenden glich. In der Zukunft wird der HERR sein irdisches Volk nochmals in Bedrängnis bringen, es jedoch im letzten Augenblick vor dem nationalen Untergang retten. Diese Erlösung wird sich auf das Werk gründen, das der Herr Jesus am Kreuz vollbracht hat. Dort hat Er den Tod besiegt, so dass sich für Israel Jesaja 25,8 erfüllen wird: «Den Tod verschlingt er für immer …, und die Schmach seines Volkes wird er wegnehmen von der ganzen Erde.» – Auch wir sind am Sieg des Erlösers über den Tod beteiligt. Durch den Glauben an Ihn besitzen wir ewiges Leben und eine Hoffnung über den Tod hinaus (1. Korinther 15,51-57).

Weil Israel keine Reue zeigte, sollte der Assyrer wie ein Ostwind kommen und das Gericht bringen (Vers 15). Sein Angriff würde viele Menschenleben kosten und eine Plünderung der Schätze zur Folge haben.

In diesem Kapitel spricht Hosea über den glücklichen Ausgang der Wege Gottes mit Israel in der Zukunft. Der Aufruf zur Buße wird in den Herzen endlich einen Widerhall finden. Die Menschen werden mit einem Bekenntnis ihrer Sünden zum HERRN umkehren. Sie werden ihr Vertrauen nicht mehr auf Menschen oder Götzenbilder setzen, sondern an den lebendigen Gott glauben.

DONNERSTAG
6. MAI

In den Versen 5-8 antwortet der HERR auf diese echte Buße und Umkehr seines Volkes. Er wird Israel vergeben und seine erziehende Hand von ihm wegnehmen. Weil Er sein Volk liebt, wird Er es aufs Neue reich segnen. Gott vergleicht Israel mit einer *Lilie*, um die Schönheit dieses Volkes auf dem Boden der Gnade zu beschreiben. Wie die *Zedern* den Libanon bedecken, so wird Israel seine Wurzeln im Land schlagen, um nie mehr daraus vertrieben zu werden. Der *Olivenbaum* weist darauf hin, dass Israel im Tausendjährigen Reich wieder den gesegneten Platz des Zeugen Gottes auf der Erde einnehmen wird (Römer 11,23-27).

In Vers 9 hören wir ein Gespräch zwischen Ephraim und seinem Gott. Der völlige Bruch mit den Götzen führt zu echter Frucht für Gott, die Er allein bewirken wird.

Vers 10 ist wie eine Zusammenfassung des Buches. Wer weise und verständig ist, erkennt darin die Wege Gottes mit Israel. In seiner *Gerechtigkeit* muss Er das Böse in seinem Volk bestrafen. Doch in seiner *Gnade* wird Er die Gläubigen aufgrund des Erlösungswerks des Herrn Jesus in den Segen des Reichs einführen. Die Ungläubigen hingegen werden daran keinen Anteil haben.

Nach einem grossen Fischfang berief der Herr Jesus seinen Jünger Petrus zum *Evangelisten.* Er erklärte ihm: «Von nun an wirst du Menschen fangen» (Lukas 5,4-11). Sofort verliess Petrus alles und folgte seinem Meister nach. Er zog mit Ihm durch Israel und lernte von Ihm, wie die Gnade Gottes Sünder retten will.

Petrus musste auch eine traurige Erfahrung mit sich selbst machen: Weil er in seiner Liebe für den Herrn auf sich vertraute, verleugnete er Ihn dreimal. Doch die Gnade Gottes stellte Simon Petrus wieder her. Als am Pfingsttag der Heilige Geist auf die Erde kam, begann er freimütig die gute Botschaft der Errettung zu verkünden. Sein Dienst als Evangelist wird uns besonders in der Apostelgeschichte beschrieben.

Nach der Auferstehung des Herrn erlebte Petrus nochmals einen grossen Fischfang. Dieses Wunder war der Ausgangspunkt für seine öffentliche Wiederherstellung nach der Verleugnung seines Meisters und für seine Berufung zum *Hirten.* Der Herr gab ihm am See Tiberias drei Aufträge: «Weide meine Lämmer!», und: «Hüte meine Schafe!», und: «Weide meine Schafe!» (Johannes 21,4-17).

Seinen Hirtendienst finden wir besonders in den beiden Briefen, die er unter der Leitung des Heiligen Geistes geschrieben hat. Er erteilt nicht so sehr grundlegende Unterweisungen wie der Apostel Paulus, sondern spricht vor allem das Verhalten der Gläubigen im Alltag an. Es ist ihm ein Anliegen, sie an das zu erinnern, was sie bereits wissen, damit die gekannte Wahrheit aus dem Wort Gottes vermehrt in ihrem Leben sichtbar wird.

Der Apostel Petrus schrieb diesen Brief an Menschen aus dem Volk Israel, die an den Herrn Jesus glaubten. Als

FREITAG
7. MAI

Fremde, die hier ohne Bürgerrecht waren, lebten sie in verschiedenen Provinzen des Römischen Reichs. Petrus erinnerte diese Christen an ihre Auserwählung vor Grundlegung der Welt (Epheser 1,4). Weiter zeigte er ihnen, dass sie durch das Wirken des Geistes Gottes das Evangelium geglaubt und neues Leben bekommen hatten. Seither wohnte der Heilige Geist in ihnen. Als solche, die für Gott abgesondert (= geheiligt) waren, sollten sie Ihm gehorchen, wie es der Herr Jesus als Mensch auf der Erde getan hatte. Sie sind auch «zur Blutbesprengung Jesu Christi» gebracht. Das bedeutet, dass sie auf der Grundlage seines geflossenen Blutes ein absolut sicheres Heil besassen.

Nach den Grussworten beginnt Petrus mit einem Lobpreis Gottes. Dabei denkt er an die grosse Barmherzigkeit, in der Gott uns durch die Neugeburt ewiges Leben geschenkt und damit für den Himmel passend gemacht hat. Nun gehen wir mit Zuversicht und Hoffnung der Herrlichkeit entgegen. Das Erbteil, das für uns im Himmel absolut sicher aufbewahrt ist, umfasst den ganzen christlichen Segen, den Paulus als «die geistlichen Segnungen in den himmlischen Örtern» bezeichnet (Epheser 1,3). Bereits heute freuen wir uns an diesem geistlichen Reichtum. Im vollen Mass werden wir ihn geniessen, wenn wir selbst im Himmel sind. Gottes Macht bewahrt uns, damit wir dieses Ziel sicher erreichen, und unser Glaube ist die Hand, die diese Bewahrung vertrauensvoll ergreift.

Auf unserem Glaubensweg zum himmlischen Ziel erleben wir Erprobungen. Gott, unser himmlischer Vater, schickt sie uns nur, wenn sie in seinen Erziehungswegen mit uns *nötig* sind. Im Vergleich zur Ewigkeit dauert jede Prüfung *eine kurze Zeit*, auch wenn wir sie vielleicht als lang empfinden.

Mit der Prüfung, die Gott auferlegt, verfolgt Er zweierlei. Er möchte durch die Belastung des

Samstag
8. Mai

Glaubens seine Bewährung sichtbar werden lassen, indem wir in der Prüfung vertrauensvoll am Herrn festhalten und mit seiner Hilfe weitergehen. Doch die grosse Absicht jeder Glaubensprüfung ist die Verherrlichung des Herrn Jesus. Bei seinem Erscheinen in Herrlichkeit wird sichtbar, auf welch wunderbare Weise Er all die Seinen ans Ziel gebracht hat. Alle Ehre wird Ihm zufallen. Bis heute haben wir Ihn noch nicht gesehen. Doch wir glauben an Ihn, lieben Ihn und freuen uns in Ihm.

Seit unserer Bekehrung haben wir die Errettung der Seele als unverlierbaren Besitz. Diese Heilssicherheit kannten die Propheten des Alten Testaments noch nicht. Doch sie, die die Leiden und die danach folgenden Herrlichkeiten des Messias voraussagten, forschten über diese Errettung in ihrer ganzen Fülle nach. Sie merkten, dass sie erst in einer späteren Zeitperiode völlig offenbart sein würde. Das ist die Zeit der Gnade, in der wir leben. Sie folgte auf den Tod und die Auferstehung des Herrn Jesus. In dieser Zeit wird das Evangelium der Gnade verkündigt. Wer es im Glauben annimmt, empfängt den Heiligen Geist und damit die Kraft, um täglich als Glaubender zu leben.

Was ist das für eine Gnade, die uns bei der Offenbarung Jesu Christi gebracht wird und auf die wir hoffen sollen? Damit ist die Errettung in ihrer ganzen Fülle gemeint – nach Geist, Seele und Körper. Wenn wir mit dem Herrn Jesus in Herrlichkeit offenbart werden, wird sie völlig ans Licht gestellt werden.

Unterwegs zu diesem Ziel sollen wir uns als errettete Menschen verhalten. Die erste Ermahnung dazu lautet: «Umgürtet die Lenden eurer Gesinnung.» Das Umgürten spricht von Dienst. Wir sollen dem Herrn Jesus in seiner Gesinnung dienen, die sich durch Gehorsam und Demut auszeichnete (Philipper 2,5-8). «Seid nüchtern» heisst, ein ausgewogenes, normales Christenleben zu führen, ohne sich von der Welt täuschen zu lassen.

SONNTAG
9. MAI

Als Kinder des himmlischen Vaters sollen wir Ihm in allem gehorchen und nicht mehr so leben wie vor unserer Bekehrung. Weil Gott heilig ist, werden auch wir zu einer heiligen Lebensführung aufgerufen. Ausserdem soll unser Verhalten von Gottesfurcht geprägt sein, denn unser Gott und Vater übt eine gerechte Regierung aus. Er lässt jeden – auch seine Kinder – das ernten, was er sät. Ein weiterer Grund für eine heilige Lebensführung ist der hohe Preis, um den wir für den Himmel erlöst worden sind. Er konnte weder mit Silber noch mit Gold beglichen werden. Nur durch das überaus wertvolle Blut des Herrn Jesus Christus, der als flecken- und fehlerloses Lamm für uns am Kreuz gestorben ist, konnten wir erlöst werden. Wie spornt uns dies alles an, heilig, d. h. für Gott abgesondert, zu leben!

Das kostbare Blut des Lammes Gottes war der hohe Preis unserer Erlösung. In Vers 20 erfahren wir, dass Gott schon an dieses Lamm gedacht hatte, bevor die Welt erschaffen wurde. Er sah den Sündenfall des Menschen voraus und wusste, dass eine Erlösung nötig war, um seine Pläne trotzdem ausführen zu können.

Am Ende der Zeit der Erprobung des Menschen kam der Sohn Gottes als Mensch auf die Erde, um als

**MONTAG
10. MAI**

das Lamm Gottes für uns am Kreuz zu sterben. Im Glauben haben wir diese wunderbare Errettung angenommen. Nun ist unser Erlöser aber nicht im Grab geblieben, sondern auferstanden. Daher gehen wir mit der Hoffnung, Ihn zu sehen, im Gottvertrauen den Glaubensweg zum Ziel.

Als wir bei unserer Bekehrung unsere Sünden Gott bekannten, haben wir unsere Seelen gereinigt, denn Er hat uns vergeben und uns von aller Ungerechtigkeit gereinigt (1. Joh 1,9). Gleichzeitig fand ein Werk Gottes in uns statt. Er hat die Neugeburt bewirkt und uns neues Leben geschenkt, und zwar durch den Samen des ewigen Wortes Gottes. Dieses Wort wurde uns verkündigt. Wir haben es geglaubt und dadurch das neue Leben bekommen, das wir nie verlieren werden. Denn «das Wort des Herrn ... bleibt in Ewigkeit» (Vers 25).

Vor unserer Bekehrung traf die Beschreibung von Vers 24 auch auf uns zu. Das Leben des natürlichen Menschen, der nicht von neuem geboren ist, gleicht dem vergänglichen Gras. Es verdorrt und die Blume, d. h. die Ehre und das Ansehen, die jemand hier genossen hat, fällt ab. Im Blick auf die Ewigkeit hat das Erdenleben eines unbekehrten Menschen keinen Wert.

Der Apostel Petrus ruft den Bekehrten und von neuem Geborenen zu: «Legt nun ab alle Bosheit.» Obwohl wir erlöst sind und ewiges Leben empfangen haben, ist die Sünde noch in uns. Wenn wir nicht wachsam sind, kommen aus dieser Wurzel Trug, Heuchelei, Neid und übles Nachreden hervor. Deshalb müssen wir entschieden gegen alle Auswüchse der alten Natur vorgehen und uns mit aller Energie nach der geistlichen Nahrung des Wortes Gottes ausstrecken. Nur so werden wir im Glauben wachsen. Als Bild gebraucht der Apostel einen Säugling, der Hunger hat und nach seiner Milch verlangt.

DIENSTAG
11. MAI

Wir haben einen gütigen Herrn. Ihm sollen wir innerlich näherkommen, um Ihm nicht nur für seine Güte zu danken, sondern Ihn wirklich anzubeten. Der Herr ist der «lebendige Stein» oder – wie es in Matthäus 16,16-18 steht – der Fels als Fundament der Versammlung. Die Menschen haben Ihn zwar verworfen. Doch Er war auf der Erde der auserwählte Knecht, an dem Gott sein ganzes Wohlgefallen fand (Jes 42,1; Mt 3,17).

Als Sohn des lebendigen Gottes ist der Herr Jesus die stabile Grundlage des Hauses Gottes. Wir Gläubigen sind die einzelnen Steine, aus denen dieses geistliche Haus Gottes besteht. Aber nicht nur das. In diesem Haus oder Tempel sind wir auch Priester. Alle Erlösten der Gnadenzeit bilden zusammen eine heilige Priesterschaft, um Gott geistliche Schlachtopfer darzubringen. Durch Lied, Gebet und vorgelesene Bibelstellen bringen wir Ihm das Lob, den Dank und die Anbetung unserer Herzen. Alles geschieht durch Jesus Christus. Er und sein Werk sind die Grundlage unserer Anbetung.

Der Herr Jesus ist nach den Voraussagen des Alten Testaments der Eckstein, nach dem alles ausgerichtet wird.
Er ist das Mass aller Dinge. Doch an Ihm scheiden sich
die Geister. Für uns glaubende Menschen ist Er der auserwählte, kostbare Eckstein. Durch den Glauben an Ihn
sind wir von Gott angenommen worden. Nun können
wir jeden Tag auf Ihn vertrauen und mit allem, was wir
auf dem Herzen haben, freimütig zu Gott kommen. Weil
wir in die Gnade unseres Erlösers
eingehüllt sind, werden wir nicht
zuschanden werden.

**MITTWOCH
12. MAI**

Für die ungläubigen Menschen
ist Er ein Stein des Anstosses und ein Fels des Ärger-
nisses. Sie wollen nicht Buße tun, wie das Wort Gottes
jeden auffordert, und glauben nicht an Ihn. Ihnen wird
Er schliesslich als gerechter Richter entgegentreten.
Wie ernst!

«Ihr aber ...» Damit wendet sich der Apostel wieder an
die Gläubigen. In Anlehnung an das Volk Israel nennt er
sie ein auserwähltes Geschlecht, eine königliche Priesterschaft, eine heilige Nation, ein Volk zum Besitztum. Diese
Ausdrücke reden von der Würde, die wir vor Gott haben.
Doch damit ist ein grosser Auftrag verbunden. Wir sollen
den Menschen die Tugenden Gottes verkünden – z.B.
seine Gnade, seine Langmut, seine Geduld, seine Treue
und seine Zuverlässigkeit. Wir dürfen ihnen erzählen, was
für einem wunderbaren Gott wir jetzt angehören. Uns
ging es einst wie ihnen. Wir waren in Finsternis, d.h. in
Unkenntnis über Gott, und ohne Beziehung zu Ihm. Doch
jetzt haben wir Barmherzigkeit erfahren. Lasst uns durch
Wort und Tat Wegweiser zu Gott sein!

In Vers 9 haben wir von der Stellung gelesen, die wir in Gottes Augen auf der Erde einnehmen, und vom Auftrag, den wir hier haben. Jetzt geht es darum, dies täglich umzusetzen. Wir können nur dann ein Licht und ein Zeugnis für Gott sein, wenn wir uns in jeder Hinsicht unserer Stellung entsprechend verhalten.

DONNERSTAG 13. MAI

Die Briefempfänger waren einerseits Fremdlinge, weil sie als Juden im Ausland lebten. Andererseits waren sie Himmelsbürger und daher überall auf der Erde Fremde. Das Zweite trifft auch auf uns zu. So gelten die Ermahnungen der Verse 11 und 12 auch uns. Nicht die egoistischen Wünsche aus der alten Natur sollen uns prägen, sondern das neue Leben soll die Oberhand haben. Dann werden wir uns gegenüber den Ungläubigen korrekt verhalten. Vielleicht begreifen sie uns nicht und unterschieben uns schlechte Motive. Einmal werden die Menschen jedoch alles im göttlichen Licht sehen. Dann werden sie das Urteil Gottes über unsere Werke erkennen und Ihn verherrlichen.

Als Christen unterordnen wir uns der Regierung und befolgen ihre Anordnungen. Nur wenn sie etwas von uns verlangt, was im Widerspruch zum Willen Gottes steht, müssen wir Gott mehr gehorchen als den Menschen. Unsere christliche Freiheit wollen wir niemals gebrauchen, um gegen Regierungsautoritäten zu rebellieren. Wir sind Freie, um für Gott zu leben! Er möchte, dass wir uns den Behörden unterordnen. In Vers 17 haben wir vier Aufforderungen, die alle umfassen: die Mitmenschen, die Gläubigen, Gott und die von Ihm eingesetzte Staatsautorität. Wir sollen alle vier befolgen.

Was damals den Hausknechten gesagt wurde, können wir heute auf die Arbeitnehmer übertragen. Mancher Christ steht in einem schwierigen Arbeitsverhältnis. Nicht jeder gläubige Angestellte hat einen angenehmen Vorgesetzten. Es kann sogar vorkommen, dass er von seinem Chef ungerecht behandelt wird. In einer solchen Situation, in der man am liebsten davonlaufen und einen neuen Job suchen würde, sind diese Verse eine echte Hilfe. Was zeigen sie uns? Gott möchte, dass wir an einem schwierigen Platz ausharren, dabei aber nicht sündigen, sondern ein gutes Gewissen vor Ihm bewahren.

FREITAG
14. MAI

Ab Vers 21 stellt uns der Apostel das Beispiel des Herrn Jesus vor und fordert uns auf, Ihm in seinen Fussstapfen nachzufolgen. Die Fussspuren, die Christus hinterlassen hat, sind vollkommen. Er tat keine Sünde. In allem war Er fehlerlos. Seine Worte waren ohne Trug, in völliger Übereinstimmung mit seinen Gedanken (Psalm 17,3). Er gab nicht zurück, wenn Er geschmäht wurde. Denen, die Ihm Leiden zufügten, drohte Er nicht mit dem Gericht. Alles übergab Er Gott und ging seinen Weg mit innerem Frieden weiter. Versuchen wir doch, den Tritten unseres Meisters zu folgen! Auch wenn es uns nicht immer gelingt und wir manchmal versagen oder stolpern, können wir wieder aufstehen und mit seiner Hilfe weitergehen.

Zuletzt spricht Petrus vom Kreuzestod unseres Heilands. Der Gedanke an sein Opfer und an seine Leiden in den drei Stunden der Finsternis bewahrt uns davor, leichtfertig zu sündigen. Wie gut, dass der Herr jetzt unser Hirte ist, der sich um uns kümmert!

Zu unserer Lebensführung als königliche Priesterschaft gehört auch das praktische Verhalten in der Ehe. In den Versen 1-6 spricht der Apostel die gläubigen Ehefrauen an und in Vers 7 die gläubigen Ehemänner.

SAMSTAG
15. MAI

Es kommt vor, dass sich in einer Ehe von zwei ungläubigen Menschen nur die Frau bekehrt. Wenn sie ihre Stellung der Unterordnung gegenüber ihrem Mann einnimmt und ein Leben der Gottesfurcht und Reinheit führt, wird vielleicht ihr Mann für den Herrn gewonnen, so dass er zum Glauben kommt. Auch dann, wenn ihr Mann zwar gläubig, aber vom Herrn abgekommen ist und dem Wort Gottes nicht mehr gehorcht, wird sie durch ihr Verhalten ohne Worte einen positiven Einfluss auf ihn ausüben.

Ab Vers 3 spricht Petrus von dem, was Gott wertschätzt, und weist auf den inneren Schmuck einer sanften und stillen Geisteshaltung hin. Dabei erinnert er an gläubige Ehefrauen zur Zeit des Alten Testaments. Ein besonders schönes Beispiel ist Sara.

Die Ehemänner werden ermahnt, in Erkenntnis bei ihren Frauen zu wohnen. Das bedeutet, dass sie die besondere Art ihrer Frau erkennen und sich ihr gegenüber dementsprechend verhalten. Nie dürfen wir Männer vergessen, dass unsere Frauen schwächer sind als wir. Verlangen wir nicht manchmal zu viel von ihnen und geben ihnen die Ehre nicht, die ihnen zusteht? Zudem wollen wir nie vergessen, dass unsere Frauen vor Gott genauso wie wir Miterben der Gnade des Lebens sind. Wenn wir uns als Ehemänner nicht richtig verhalten, wirkt sich dies sehr negativ auf unsere Gebete aus.

Die Verse 8-12 unterweisen uns, wie wir uns gegenüber anderen Christen verhalten sollen. Möchten wir uns um ein gutes Miteinander bemühen, wie Vers 8 uns auffordert! – Was ist zu tun, wenn Böses im Volk Gottes vorkommt und wir persönlich davon betroffen sind? Dann gilt es, in Gnade zu handeln und nicht mit gleicher Münze zurückzuzahlen.

Die Verse 10-12 sind ein Zitat aus Psalm 34. Zunächst haben wir den Grundsatz der gerechten

SONNTAG
16. MAI

Regierung Gottes: Wir ernten das, was wir säen. Wollen wir auf der Erde gute Tage haben, dann müssen wir die hier gegebenen Ermahnungen bezüglich unserer Zunge und unseres Verhaltens gegenüber dem Bösen zu Herzen nehmen und befolgen. Wenn wir in praktischer Gerechtigkeit vor Gott leben, wird Er mit Güte antworten. Dulden wir aber Böses in unserem Leben, wird Er uns widerstehen.

Ab Vers 13 geht es um unsere Lebensführung in der Welt. Es kann sein, dass wir für unser gutes und gerechtes Benehmen zu leiden haben, vielleicht sogar angegriffen werden. Dann wollen wir uns einfach entschieden zum Herrn Jesus halten. Wenn jemand uns für unser Verhalten zur Rechenschaft zieht, dann lasst uns mit Sanftmut antworten. Wir können frei bezeugen, dass wir jetzt schon dem Herrn Jesus, der einmal hier regieren wird, gehorchen wollen. Wie wichtig ist es für uns, in allem, was wir reden und tun, ein gutes Gewissen zu haben! Es kann sein, dass wir deshalb Nachteile in Kauf nehmen müssen. Aber es sollte nie so weit kommen, dass wir uns unkorrekt benehmen und deshalb zu leiden haben.

Jesus Christus hat einmal für unsere Sünden am Kreuz gelitten. Durch den Glauben an sein vollbrachtes Erlösungswerk passen wir zu Gott und sind zu Ihm gebracht worden. Das spornt uns an, nicht mehr zu sündigen, sondern Gott wohlgefällig zu leben!

MONTAG
17. MAI

Wie der Herr Jesus heute durch den Heiligen Geist tätig ist, so wirkte Er schon in den Tagen Noahs. Als dieser gottesfürchtige Mann seine Mitmenschen durch Worte und Taten vor der Sintflut warnte, war das eine «Predigt», die durch den Geist geschah. Obwohl Gott viele Jahre Geduld hatte, gingen schliesslich nur acht Menschen in die Arche und wurden gerettet. Alle anderen, die der Botschaft Noahs nicht glaubten, kamen um. Ihre Seele und ihr Geist sind jetzt im Totenreich (Gefängnis). Sie werden einmal zum Endgericht auferstehen (Offenbarung 20,11-15).

Noah und seine Familie waren nicht besser als die anderen. Weil sie wussten, dass sie den Tod verdient hatten, nahmen sie im Glauben Zuflucht zum Rettungsmittel Gottes und gingen in die Arche. Die christliche Taufe ist ein Gegenbild der Rettung Noahs durch die Arche. Als wir bei der Taufe ins Wasser getaucht wurden, bekannten wir, das Gericht und den Tod verdient zu haben. Aber wir blieben nicht unter Wasser, weil Christus für uns in den Tod gegangen ist.

Am Ende des Kapitels steht der Herr Jesus als der Auferstandene vor uns, der in den Himmel zurückgekehrt ist. Weil Er das Erlösungswerk vollbracht hat, nimmt Er jetzt den Ehrenplatz zur Rechten Gottes ein, um in der Zukunft als Universalherrscher über alles zu regieren. 🔹

Als Mensch auf der Erde litt der Herr Jesus ständig wegen der Sünde und den Sündern, die Ihn umgaben. Doch Er wollte Gott um jeden Preis gehorchen. Dieser Gehorsam führte Ihn bis in den Sühnungstod am Kreuz. Wie viel hat Er in seinem Leben gelitten! Nun ruft der Apostel die Gläubigen auf, die gleiche Gesinnung gegenüber der Sünde zu haben, d. h. lieber zu leiden als zu sündigen!

DIENSTAG
18. MAI

Mit der *übrigen Zeit* ist die Zeit nach unserer Bekehrung gemeint. Da sollen wir nicht mehr den Wünschen der ungläubigen Menschen und den Forderungen der Sünde in uns nachgeben. Statt zu sündigen, wollen wir den Willen Gottes tun. Es genügt, dass wir in der *vergangenen Zeit,* d. h. vor unserer Bekehrung, gesündigt haben.

Sobald wir als gläubige Christen gottesfürchtig leben und nicht mehr sündigen wollen, distanzieren sich die ungläubigen Mitmenschen innerlich von uns. Schnell sagen sie, dass wir besser sein wollen als sie und kritisieren unser Verhalten. Lassen wir uns dadurch nicht verunsichern! Denken wir daran, dass sie sich dafür vor dem Herrn Jesus verantworten müssen.

Die Toten in Vers 6 sind alle verstorbenen Menschen, die in ihrem Leben die gute Botschaft der Gnade Gottes gehört haben. Alle, die sie nicht angenommen haben, werden einmal vom Weltenrichter Jesus Christus zu ewiger Strafe verurteilt werden. Einige haben der göttlichen Botschaft geglaubt. Sie haben sich vor Gott und seinem gerechten Urteil gebeugt und durch den Glauben neues Leben empfangen. Dadurch sind sie fähig geworden, Gott gemäss zu leben.

Der Apostel verbindet den Aufruf, besonnen und nüchtern zum Gebet zu sein, mit dem *Ende aller Dinge*. Der Richter steht bereit (Vers 5). Es ist allein die Langmut Gottes, die das Gericht noch zurückhält und die Zeit der Gnade noch andauern lässt. Wie wichtig ist es da, dass

MITTWOCH
19. MAI

wir in den irdischen Belangen vernünftig und überlegt handeln und das Gebet nicht vernachlässigen.

Die Welt, in der wir leben, ist ein kalter Ort. Doch die Gemeinschaft der Glaubenden soll von Liebe geprägt sein. Das erwärmt die Herzen. Und wenn Böses in ihrer Mitte vorkommt? Dann muss es nach den Anweisungen der Bibel verurteilt und die Sache in Ordnung gebracht werden. Das bedeutet aber nicht, den Fehlbaren nicht mehr zu lieben. Im Gegenteil! Aktive Gastfreundschaft fördert die Bruderliebe. Das soll uns anspornen, Glaubensgeschwister einzuladen.

Jeder Erlöste hat vom Herrn eine Gnadengabe empfangen. Damit darf und soll er den Mitgläubigen dienen. Verwalten wir das, was Gott uns geschenkt hat, treu zum Nutzen der anderen?

Das *Reden* als Aussprüche Gottes finden wir z. B. im mündlichen Dienst der Weissagung nach 1. Korinther 14. Es ist die Verkündigung des Wortes Gottes unter der Leitung des Heiligen Geistes, die den vorhandenen Herzensbedürfnissen entspricht, ohne dass der Redner die Umstände der Zuhörer kennt. Aber Gott kennt sie und lenkt die Verkündigung dementsprechend. – Beim *Dienen* geht es um praktische Aufgaben unter den Gläubigen.

Wenn sich Redner und Diener vom Herrn gebrauchen lassen, wird Gott geehrt und verherrlicht.

Gläubige Menschen, die dem Herrn Jesus entschieden nachfolgen möchten, werden es nicht immer leicht
haben. Die ungläubigen Juden haben den Herrn Jesus
verfolgt. Es ist daher eine normale Folge, dass die Menschen gegen uns sind, weil wir uns zu Ihm bekennen
(Vers 12; Johannes 15,20). Wir erfahren dann Leiden, die
auch Er auf seinem Lebensweg zu spüren bekam. Aber
wir freuen uns, dass diese Zeit bald vorbei ist und dass
wir danach mit Ihm in Herrlichkeit
erscheinen werden.

**DONNERSTAG
20. MAI**

Warum sagt der Apostel: Ihr
seid glückselig, wenn ihr als sol-
che, die sich zu Christus bekennen, verspottet und verachtet werden? Weil die Schmach für den Namen des
Herrn Jesus Christus eine tiefe Freude im Herzen gibt
(Apostelgeschichte 5,41). – Traurig ist es jedoch, wenn wir
wegen unseren Fehlern oder unserem unkorrekten Verhalten leiden müssen. Soweit sollte es nicht kommen.

In den Schlussversen des Kapitels geht es um Gottes Regierungswege mit allen Menschen. Er fängt bei
den Seinen an. Wenn wir uns vom Herrn entfernen oder
etwas Verkehrtes tun, wird Er in seiner Erziehung eingreifen. Vielleicht erleben wir Schwierigkeiten oder wir
müssen bitter ernten, was wir gesät haben. Doch alles
bezieht sich auf das Leben hier, nicht auf die Ewigkeit.
Denn *jeder* Glaubende wird das himmlische Ziel sicher
erreichen (Johannes 10,28).

Wie ganz anders sind die richterlichen Wege Gottes
mit den Ungläubigen! Alle, die das Evangelium ablehn-
nen, gehen einem schrecklichen Gericht entgegen. Sie
werden ewig bestraft werden.

Wenn Petrus die Ältesten, d. h. die älteren Brüder, anspricht, vergleicht er ihren Dienst mit der Arbeit eines Hirten. Sie haben die verantwortungsvolle Aufgabe, die Herde Gottes zu hüten, wobei die Gläubigen mit Schafen verglichen werden. Die Erlösten benötigen geistliche Nahrung aus dem Wort Gottes. Sie müssen vor Gefahren gewarnt und auf dem rechten Weg geführt werden. Das Wort «hüten» umfasst alle diese Punkte.

**FREITAG
21. MAI**

Im Blick auf den Dienst der Ältesten heisst es dreimal «nicht ..., sondern ...». Er soll freiwillig und bereitwillig getan werden, ohne Geld oder Ehre zu erwarten. Zudem werden die Ältesten aufgefordert, gute Vorbilder für die anderen zu sein. Für ihre Treue im Dienst werden sie vom Erzhirten mit der unverwelklichen Krone der Herrlichkeit belohnt werden.

Die Ermahnung an die Jüngeren unter den Gläubigen ist sehr kurz: «Ordnet euch den Älteren unter!» Dann fährt der Apostel fort: «Alle aber ...» Wenn jeder von uns mit Demut fest umhüllt ist, wird das Resultat ein harmonisches Miteinander von Alt und Jung im Volk Gottes sein. Vergessen wir nie den göttlichen Grundsatz: «Gott widersteht den Hochmütigen, den Demütigen aber gibt er Gnade.»

Wenn Gott in seiner Erziehung seine mächtige Hand auf uns legt, z. B. in Form von Schwierigkeiten, dann wollen wir uns darunter demütigen. Gott wird zu seiner Zeit darauf antworten, die Prüfung beenden und uns erhöhen. Aber jederzeit können wir unsere Sorge auf Ihn werfen. Er ist besorgt für uns, oder wie es in der Fussnote heisst: Ihm liegt an uns. Welch ein Trost!

Als Erlöste gehören wir nicht mehr zur Welt, aber wir leben noch in ihr (Johannes 17,16). Da bekommen wir es mit dem Fürsten dieser Welt, mit dem Teufel, zu tun. Meistens versucht er uns mit seinen Listen zu Fall zu bringen. Doch manchmal will er uns als brüllender Löwe Angst einjagen. Dann gilt es, ihm im Glauben standhaft zu widerstehen. Wir halten uns vertrauensvoll an die Aussagen der Bibel, dass er ein besiegter Feind ist (Hebräer 2,14). Gleichzeitig stützen wir uns auf den Herrn, der uns stärken und bewahren will.

Samstag
22. Mai

Am Ende des Briefs stellt der Apostel den Gott aller Gnade vor. Er hat uns zu seiner ewigen Herrlichkeit berufen, denn Er will uns für immer bei sich im Haus des Vaters haben. Durch die Wege, die Er uns führt – auch durch Leiden und Prüfungen – wird Er uns vollkommen machen, befestigen, kräftigen, gründen. Gnade leuchtet sowohl aus seinem Vorsatz als auch aus seinen Wegen mit uns. Wer wollte einen solchen Gott nicht loben und preisen (Vers 11)?

Silvanus (oder Silas) kennen wir aus dem Leben und den Briefen des Apostels Paulus. Er war der treue Überbringer dieses von Gott inspirierten Dokuments. Er konnte mündlich bestätigen, dass Petrus in seinem praktischen Brief die wahre Gnade Gottes vorstellt, in der wir alle jeden Tag stehen sollen.

Die Miterwählte in Babylon ist vermutlich die Frau von Petrus. Markus, der später das Markus-Evangelium schrieb, nennt er seinen Sohn. Der Brief endet mit Liebe und Frieden. Das ist ein schöner Wunsch für alle Kinder Gottes!

Der Apostel Petrus schrieb den zweiten Brief an die gleichen Empfänger wie den ersten (Kapitel 3,1). In seiner Anrede erinnert er sie an das wertvolle Glaubensgut, das alle Erlösten von Gott empfangen haben. Es ist die christliche Wahrheit, die nur mit dem Glauben erfasst werden kann.

SONNTAG
23. MAI

Um täglich den Weg des Glaubens gehen zu können, benötigen wir *Gnade* für jeden Schritt und *Frieden* für unser Herz. Beides wünscht der Apostel den Glaubenden. Wir können darin zunehmen, wenn wir auf Gott und den Herrn Jesus blicken. Von dort kommt jede Hilfe.

Damit wir als erlöste Christen leben können, hat Gott uns Gläubigen alles geschenkt, was wir dazu nötig haben (Vers 3). Mit «Leben» ist unser inneres Glaubensleben gemeint. Durch das Lesen der Bibel und das Gebet pflegen wir den Kontakt zu unserem Gott und Vater. Die «Gottseligkeit» ist das gottesfürchtige Verhalten, das die Menschen an uns sehen können.

Wir sind berufen, hier zur Ehre Gottes zu leben. Die Triebfedern dazu sind einerseits die Herrlichkeit als das wunderbare Ziel, dem wir entgegengehen, und anderseits die geistliche Energie. Doch diese Kraft haben wir nicht in uns selbst. Wir bekommen sie durch die kostbaren und grössten Verheissungen, die uns geschenkt sind. Das sind a) das ewige Leben, wodurch wir Teilhaber der göttlichen Natur geworden sind, und b) der Heilige Geist, der die Kraft des neuen Lebens ist. Doch die Formulierung von Vers 4 macht klar, dass wir täglich zeigen sollen, dass wir Teilhaber der göttlichen Natur und daher Menschen Gottes sind.

Als bekehrte Menschen, die dem Verderben in der Welt entflohen sind, sollen wir jeden Tag zur Ehre Gottes leben. Das geht nicht von selbst. Dazu ist geistlicher Fleiss nötig. Dieser Fleiss zeigt sich in einer Anzahl von Merkmalen (Verse 5-7). Beim *Glauben* geht es um das tägliche Gottvertrauen. Die *Tugend* ist die geistliche Energie, die trotz Hindernissen weitermacht. Die *Erkenntnis* aus der Bibel ist nötig, damit wir unsere Energie nicht für etwas Verkehrtes einsetzen. Die *Enthalt-samkeit* oder Selbstbeherrschung ist gesunde Zurückhaltung. *Ausharren* bedeutet, in den Problemen nicht aus der Schule zu laufen. *Gottseligkeit* zeigt sich in einem gottesfürchtigen Verhalten. *Bruder-liebe* ist die Zuneigung zu allen, die zur Familie Gottes gehören. Mit der *Liebe* ist die göttliche Liebe gemeint, die aus sich heraus liebt, ohne im Gegenüber etwas Lie-benswürdiges zu finden. In einem ausgewogenen Glau-bensleben werden alle diese Merkmale sichtbar.

MONTAG
24. MAI

Möchten wir solche sein, bei denen diese Eigenschaf-ten nicht nur vorhanden sind, sondern auch zunehmen! Dann wird es in unserem Leben Frucht für Gott geben, weil unsere Beziehung zum Herrn Jesus vertieft wird. – Ein Gläubiger, der diese Merkmale nicht verwirklicht, befindet sich in einem schlechten inneren Zustand. Er hat den Herrn Jesus, das Ziel und das Erlösungswerk aus den Augen verloren. Wie ernst!

Wenn wir aber diese Dinge tun, werden wir vor dem Fallen bewahrt bleiben und mit einer grossen Beloh-nung in den himmlischen Teil des zukünftigen Reichs eingehen (Lukas 19,16-19).

Zum vierten Mal spricht Petrus von «diesen Dingen», die er in den Versen 5-7 erwähnt hat. Als Hirte, der den Tod vor sich sieht, erinnert er die Gläubigen nochmals an diese wichtigen Eigenschaften. Er weiss, wie vergesslich wir sind, und möchte, dass wir uns diese Merkmale durch das Lesen

DIENSTAG
25. MAI

der Bibel immer wieder ins Gedächtnis rufen. Merken wir, wie wichtig ein ausgewogenes Glaubensleben ist, in dem alle «diese Dinge» vorhanden sind?

Die Briefempfänger kannten die Voraussagen aus dem Alten Testament über das Tausendjährige Reich. Mit dem Wiederkommen des Herrn in Macht und Herrlichkeit wird jene Segenszeit beginnen. Doch jetzt leben wir in der Zeit, in der Christus, der König seines Reichs, verworfen ist. Nun versichert uns Petrus, dass das angekündigte Reich mit seinem Segen bestimmt kommen wird. Denn er erlebte damals mit Jakobus und Johannes einen Vorgeschmack der zukünftigen Herrlichkeit. Sie hatten die herrliche Grösse des Herrn Jesus gesehen und die Stimme Gottes gehört, als Er sein Wohlgefallen über seinen Sohn ausdrückte.

Durch jenes Ereignis wurde das prophetische Wort des Alten Testaments bestätigt. Was Gott über die Zukunft vorausgesagt hat, ist für uns heute wie eine Lampe. Sie erhellt in einer finsteren Welt den Weg bis zum Ziel. Bald kommt der Herr Jesus, der glänzende Morgenstern, zu unserer Entrückung. Bis dahin können wir uns mit festem Vertrauen auf das geschriebene Wort Gottes stützen. Es ist absolut zuverlässig, weil es vom Heiligen Geist wörtlich inspiriert worden ist.

Seit jeher will der Teufel dem Werk Gottes schaden. Eine seiner Methoden ist die Nachahmung. Gott sandte Propheten mit seinen Mitteilungen zum Volk Israel. Da versuchte der Feind mit falschen Propheten die Menschen zu verführen. In der christlichen Zeit hat Gott Lehrer gegeben, die die Bibel erklären, damit wir Gottes Gedanken besser verstehen. Doch die Christenheit ist voll von falschen Lehrern, die der Teufel benutzt, um die Menschen – auch Gläubige – zu verführen.

**MITTWOCH
26. MAI**

Die Verse 1-3 beschreiben diese Verführer, damit wir uns vor ihnen hüten können. Oft wirken sie im Verborgenen und greifen grundlegende Wahrheiten des Christentums an – z. B. die Person und das Werk des Herrn Jesus. Sie führen unter einem christlichen Deckmantel ein unmoralisches Leben. Ihr Motiv ist Habsucht.

Doch sie werden dem Gericht Gottes nicht entgehen. Der Apostel belegt diese Tatsache mit drei Beispielen aus dem Alten Testament, wo Gott das Gericht über die Bosheit seiner Geschöpfe brachte. Die Engel in Vers 4, die gesündigt hatten, schloss Er in den Abgrund ein (1. Mose 6,1.2; Judas 6). In Vers 5 haben wir das Gericht der Sintflut über die gottlosen Menschen (1. Mose 7). Nur acht gottesfürchtige Personen überlebten in der Arche. Die Verse 6-8 reden vom Gericht über die gottlosen Städte Sodom und Gomorra, wo Lot wohnte. Weil Gott sah, dass er gerecht war, wurde er gerettet – wie ein Brandscheit aus dem Feuer. Obwohl Lot ein Gläubiger war, lebte er nicht in Gemeinschaft mit Gott. Statt sich vom Bösen zu trennen, verband er sich mit der Welt.

Wenn Gott Gericht über die Menschen bringt, bewahrt Er die, die Ihm angehören. Die Ungläubigen aber werden nicht entkommen, sondern von Ihm bestraft werden.

Ab Vers 10 werden die falschen Lehrer in der Christenheit näher charakterisiert. Sie leben die sündigen Begierden bedenkenlos aus und lehnen sich gegen jede Autorität auf, die ihnen diese «Freiheiten» beschränken könnte. Sie lästern diese sogar.

Donnerstag

27. Mai

Petrus vergleicht sie mit unvernünftigen Tieren. Damit wird einerseits die Gottlosigkeit dieser Leute beschrieben, denn Tiere haben keine sittliche Beziehung zu Gott. Anderseits sind sie unvernünftig, wenn sie über das lästern, was sie nicht wissen. Sie werden in ihrem eigenen Verderben umkommen, d. h. den Tod erleiden und endgültig für ewig gerichtet werden.

Der 13. Vers beschreibt die Hemmungslosigkeit dieser Menschen. Sie versuchen Glaubende auszunutzen, indem sie an ihren Mahlzeiten teilnehmen. Ihre *Augen* sind voll Ehebruch und ihre *Herzen* sind in Habsucht geübt. Zudem verführen sie andere zum gleichen Tun.

In den Versen 15 und 16 vergleicht Petrus diese Verführer mit dem falschen Propheten Bileam (4. Mo 22 – 24). Dabei werden drei Punkte hervorgehoben:

a) Der Weg Bileams war gegen Gottes Willen. – Auch sie haben den geraden Weg verlassen und sind abgeirrt.

b) Bileam liebte den Lohn der Ungerechtigkeit. – Sie sind ebenso habsüchtig.

c) Ein Esel musste Bileam von seiner Torheit überführen. – So wird Gott einmal die Verkehrtheit der Verführer in der Christenheit entlarven (2. Tim 3,9).

In den Versen 17-19 werden die Verführer in der Christenheit weiter beschrieben und ihr Verhalten aufgezeigt. Sie haben nichts zu geben, was den Durst der Seele stillen könnte (= Quellen ohne Wasser). Man weiss nicht, woran man bei ihnen ist (= Nebel). Zudem passen sie sich immer den Gegebenheiten an, d. h. sie hängen ihre Fahnen nach dem Wind (= vom Sturmwind getrieben).

FREITAG
28. MAI

Mit ihren Reden beeindrucken sie viele Menschen und durch ihr sündiges Leben verführen sie andere. Dabei reden sie viel von Freiheit, die sie ihren Anhängern versprechen. Sie sagen: Alles ist erlaubt. Lebe deine Wünsche und deine Leidenschaften aus! In Wirklichkeit aber sind sie Sklaven ihrer Begierden (Johannes 8,34).

Ab Vers 20 geht es um solche, die diesen Verführern zum Opfer fallen. Es sind Menschen, die etwas vom Christentum und vom Herrn Jesus wissen. Sie sind sogar beeindruckt von seinem heiligen Leben. Als Folge davon verändern sie ihr Verhalten und begehen keine groben Sünden mehr. Sie haben sich gebessert, aber nicht wirklich bekehrt. Sie haben kein neues Leben. Wenn die Verführung an sie herantritt, haben sie keine Kraft zu widerstehen und werden von der Sünde überwältigt. Nun ist ihr Zustand schlimmer als vorher. Warum? Weil sie den richtigen Weg erkannt haben, sich aber abgewandt und einen falschen Weg gewählt haben. Das Sprichwort in Vers 22 macht deutlich, dass die Menschen, die in diesem Abschnitt beschrieben werden, keine wahren Gläubigen sind: An ihrer Natur hat sich nichts geändert.

Nach dem düsteren Kapitel, das uns vor Verführern in der Christenheit warnt, spricht der Hirte Petrus jetzt zum Herzen der Gläubigen. Er nennt sie Geliebte. Bevor er in Vers 2 vom Wert des Wortes Gottes spricht, appelliert er an ihre lautere Gesinnung. Es ist überaus wichtig, dass wir die Bibel mit demütigem Herzen lesen und bereit sind, dem Wort Gottes zu gehorchen.

SAMSTAG 29. MAI

Viele Leute spotten über die Bibel und stellen ihre Aussagen infrage. Weil sie meinen, sie wüssten es besser, bleibt ihnen das Wort Gottes unverständlich. Ja, der Eigenwille des Menschen verblendet ihn.

Für die Glaubenden aber ist alles ganz einfach. Die Schöpfung, in der wir leben und zu der unser Körper gehört, rief Gott einst durch sein Wort ins Dasein (Psalm 33,6). Als die Bosheit der Menschen überhandnahm, kündigte Er das Gericht der Sintflut an, das auch eintraf. Jetzt steht dem Himmel und der Erde ein Gericht durch Feuer bevor. Die ungläubigen Menschen mögen das prophetische Wort von Gott verspotten. Doch es wird so kommen und auch sie treffen.

Die Verse 8-10 sind eine Ermunterung für alle Gläubigen, die auf das Kommen des Herrn warten. Er wird sein Wort einlösen, das Er einst zu den Jüngern sagte: «Ich komme wieder und werde euch zu *mir* nehmen» (Johannes 14,3). Wir wollen nicht vergessen, dass Gott eine andere Zeitrechnung hat als wir (siehe auch Jesaja 55,8.9). Der Grund, warum der Herr seine Verheissung noch nicht erfüllt hat, liegt in seiner Langmut zu uns. Er möchte, dass auch unsere noch ungläubigen Angehörigen zur Buße kommen und errettet werden.

Der «Tag des Herrn» kommt sowohl im Alten wie im Neuen Testament vor. Es ist die Zeitperiode, die mit dem Erscheinen des Herrn Jesus in Herrlichkeit beginnt, das Tausendjährige Reich umfasst und damit enden wird, dass die erste Schöpfung im Brand aufgelöst wird. Das Ende des Tages des Herrn leitet in den ewigen Zustand über.

**SONNTAG
30. MAI**

Petrus möchte, dass das Wissen über die Zukunft der ersten Schöpfung unser tägliches Leben als Christen beeinflusst. Echte *Absonderung* von der Welt und ein gottesfürchtiges Leben, das mit der täglichen *Erwartung* des Herrn verbunden ist, sollen unser Verhalten prägen.

Vers 13 beschreibt den ewigen Zustand, über den wir auch in Offenbarung 21,1-8 etwas erfahren. Weil dann alles in Übereinstimmung mit Gott ist, fordert uns der Apostel auf, jetzt schon alles wegzutun, was die Gemeinschaft mit Gott stören könnte (Vers 14).

Die Verse 15 und 16 zeigen, wie zwei ganz verschiedene Diener des Herrn – die Apostel Petrus und Paulus – einander in Bruderliebe geschätzt und geachtet haben. Petrus musste einmal von Paulus zurechtgewiesen werden (Galater 2,11-14). Trotzdem spricht er von «unserem geliebten Bruder Paulus». Das ist aktive Bruderliebe.

Am Schluss warnt der Apostel nochmals vor den Verführern in der Christenheit. Er weiss, dass wir uns nicht selbst bewahren können. Deshalb lenkt er unseren Blick auf den Herrn Jesus, der uns vor den Angriffen der Frevler beschützen will. Möchten wir Ihn immer besser kennen lernen und zu einem tieferen Bewusstsein seiner wunderbaren Gnade kommen!

Verfasser
Jesaja war verheiratet und hatte mindestens zwei Söhne (Kapitel 7,3; 8,3). Er wirkte vor allem im Südreich Juda, und zwar während der Regierungszeit Ussijas, Jothams, Ahas' und Hiskias. Folglich dauerte sein Prophetendienst mehr als 50 Jahre.

Einteilung
Das Buch Jesaja besteht aus zwei grossen Teilen, die durch einen geschichtlichen Abschnitt getrennt werden:

Kapitel 1 – 35: Die äussere Geschichte des Volkes Gottes, sein Verhältnis zu den Nationen.

Kapitel 36 – 39: Das Leben Hiskias in seiner sinnbildlichen Vorausschau auf die Zukunft.

Kapitel 40 – 66: Die innere Geschichte Israels, seine Beziehung zu Gott und zu Christus.

Prophetie
In den Voraussagen auf die Zukunft können wir zwei Schwerpunkte feststellen:

- Auf dem Hintergrund der damaligen Bedrohung durch den König von Assyrien beschreibt Jesaja den Angriff des zukünftigen Assyrers auf Israel. Gott wird diesen Feind aus dem Norden benutzen, um die Gottlosen seines Volkes zu richten und den gläubigen Überrest zu läutern.

- Jesaja weist mit vielen Weissagungen auf Christus hin. Er spricht über seine Geburt (Kapitel 7,14; 9,5), seinen Dienst (Kapitel 42,1; 49,3-6), seine Leiden (Kapitel 50,6; 53) und seine Herrlichkeit (Kapitel 11,2-10; 52,13-15).

Nach der Einleitung beginnt der Prophet mit der Beschreibung des geistlichen Zustands im Volk. Der HERR hatte Israel einst aus Ägypten befreit und ins Land Kanaan gebracht. Dieses gnädige Handeln wird mit dem Aufziehen von Kindern verglichen. Was war die Reaktion der Israeliten darauf? Gehorchten sie ihrem Gott? Nein, sie verliessen Ihn und beschritten einen Weg der Sünde. Sie handelten schlimmer als der Ochse und der Esel, die ihren Meister kennen und bei ihm bleiben.

MONTAG
31. MAI

In den Versen 5 und 6 gebraucht der HERR ein anderes Bild, um den traurigen Zustand in Israel zu beschreiben. Wie ein Arzt, der einen Kranken untersucht, beurteilte Gott das Volk und stellte eine Diagnose. Sie war niederschmetternd: «Von der Fusssohle bis zum Haupt ist nichts Gesundes an ihm.» Die göttlichen Massnahmen zur Erziehung seines Volkes brachten nicht die gewünschte Wirkung. Die grosse Masse kehrte nicht zu Ihm um. Nur ein kleiner Überrest demütigte sich (Vers 9).

Ab Vers 10 prangert der HERR den Gottesdienst in Israel an. Die Menschen, die Ihm Opfer darbrachten und seine Feste feierten, lebten gleichzeitig unmoralisch und gewalttätig. Wie verabscheute Er diese geheuchelte Frömmigkeit! Mit aller Deutlichkeit forderte Gott sie auf, von ihrem bösen Weg umzukehren. Sie sollten gerecht leben und Barmherzigkeit üben.

Die Christenheit befindet sich in einem ähnlich traurigen Zustand. Doch es gibt auch für uns einen Weg der persönlichen Treue: vom Bösen abstehen und das Gute tun (Römer 12,9; 1. Petrus 3,11).

Mit einem eindrucksvollen Vergleich zeigt Gott, dass die Sünden seines Volkes getilgt werden können: Wenn sie so rot wie Scharlach sind, sollen sie so weiss wie Schnee werden. Dieses Angebot der Gnade findet im Erlösungswerk des Herrn Jesus seine Grundlage und gilt jedem, der seine Schuld vor Gott einsieht und bekennt. Zu allen Heilszeiten sind einzelne Menschen auf diesem Weg zu Gott zurückgekehrt. Auch in der Zukunft wird ein gläubiger Überrest aus Israel über seine Sünden Buße tun und göttliche Vergebung bekommen.

DIENSTAG
1. JUNI

Weil die Bewohner von Jerusalem anderen Göttern dienten, musste Gott diese Stadt als Hure bezeichnen. Der Götzenkult führte auch zu einer ungerechten Rechtsprechung. Die Richter nahmen Bestechungsgeschenke an, anstatt den Wehrlosen zu ihrem Recht zu verhelfen.

Ab Vers 24 prophezeit der HERR das Gericht über sein Volk. Diese Ankündigung geht über das babylonische Exil hinaus und reicht bis in die Endzeit. In dieser zukünftigen Gerichtszeit wird es eine Läuterung in Israel geben. Die Gottlosen werden bestraft und die Glaubenden für das Reich bereit gemacht werden. Es wird eine Wiederherstellung der Stadt Jerusalem geben. Der Herr Jesus wird sie zum Mittelpunkt seines Friedensreichs machen.

Aber die Götzendiener in Israel werden beschämt werden. Wenn der HERR mit Gericht eingreifen wird, werden ihnen ihre Götter nicht helfen können. – Wer jedoch an den lebendigen Gott glaubt und für Ihn lebt, wird nie enttäuscht werden (Jesaja 28,16; 1. Thessalonicher 1,9.10).

In den Versen 1-4 hat der Prophet eine Vision über die herrliche Zukunft des Volkes Israel. Jerusalem wird die Hauptstadt der Erde sein. Von dort wird Christus seine gerechte Regierung und Rechtsprechung über die ganze Erde ausüben. Die Menschen aus den anderen Völkern werden sich seiner Herrschaft fügen und seine Anweisungen befolgen. Die Auswirkung davon wird ein weltweiter Frieden sein. Die einzelnen Länder werden keine Waffen mehr haben und sich nicht mehr gegenseitig bekriegen. Was sich heute viele Menschen wünschen, wird dann Wirklichkeit werden, weil alle die göttlichen Rechte des Herrn Jesus anerkennen werden.

Diese freudige Aussicht veranlasst Jesaja zu einem Aufruf an das Volk: «Lasst uns wandeln im

MITTWOCH
2. JUNI

Licht des HERRN!» Schon jetzt können wir uns dem Herrn Jesus unterordnen und unser Leben in Übereinstimmung mit Ihm führen. Wie freut Er sich darüber!

Nach der Einschaltung über die Zukunft knüpft der Prophet an Kapitel 1 an und tadelt den Götzendienst, den Israel von den Nachbarvölkern übernommen hat. Durch den Handel mit ihnen hat sich nicht nur der Wohlstand gemehrt (Vers 7), sondern auch der Götterkult breitgemacht (Vers 8).

Das Gericht steht fest. Weder der Niedrige (= Mensch) noch der Hohe (der Mann) werden ihm entgehen können. Weil sie alle hochmütig und überheblich sind, wird Gott sie erniedrigen. Gleichzeitig wird der Herr Jesus, der einst demütig und verachtet war, den Platz höchster Macht einnehmen. Jedes Knie wird sich vor Ihm beugen müssen (Philipper 2,10).

Mit dem Ausdruck «an jenem Tag» in Vers 11 ist der Tag des HERRN gemeint, der ab Vers 12 näher beschrieben wird. Dieser zukünftige Tag trägt folgenden Charakterzug: Der hochmütige und gottlose Mensch gilt nichts, während der HERR alle Würde und Ehre bekommt. Durch Strafgerichte wird Gott alles zerstören, worauf der Mensch stolz ist:

DONNERSTAG
3. JUNI

- Alle Regenten (= Bäume), die sich auf ihre politische Macht etwas einbilden, werden erniedrigt werden (Vers 13).
- Auch die Militärmächte mit ihren hohen Türmen und festen Mauern werden keinen Bestand haben (Vers 15).
- Ebenso werden alle grossen Unternehmen – dargestellt durch die Tarsis-Schiffe – zugrunde gehen (Vers 16).

Diese zukünftige Gerichtszeit wird drei Tatsachen ans Licht bringen:

1) *Gott widersteht den Hochmütigen.* Petrus zieht aus diesem biblischen Grundsatz eine Schlussfolgerung: «So demütigt euch nun unter die mächtige Hand Gottes, damit er euch erhöhe zur rechten Zeit» (1. Pet 5,6).

2) *Götzen sind wirkungslos und helfen nicht.* Zu dieser bitteren Erkenntnis werden die Menschen kommen, die das zukünftige Götzenbild im Tempel anbeten werden. Es wird für sie jedoch zu spät sein, um noch umzukehren.

3) *Es ist furchtbar in die Hände des lebendigen Gottes zu fallen.* Die Ungläubigen werden versuchen, seinem Zorn zu entgehen. Doch es wird ihnen nicht gelingen (Off 6,12-17).

Deshalb endet das Kapitel mit der eindringlichen Warnung, nicht auf Menschen zu vertrauen. Viel besser ist es, die Zuversicht auf Gott zu setzen (Ps 40,5).

Das Gericht, das Gott hier ankündigt, hat sich bei der Eroberung Jerusalems durch die Babylonier erfüllt:

- Die Stadtbewohner litten während der Belagerung Hunger (Vers 1; Klagelieder 2,19).
- Nebukadnezar liess alle Obersten des Volkes ins Exil führen (Verse 2.3; 2. Kön 24,14).

Als Folge davon war niemand mehr da, der in der Regierung des Volkes Verantwortung über-

FREITAG
4. JUNI

nehmen konnte und wollte. Weil unerfahrene Menschen über das Land herrschten, entstand grenzenlose Verwirrung und gegenseitige Unterdrückung.

In der Zukunft werden wieder solche schrecklichen Zustände vorherrschen. Erste Anzeichen, dass unfähigen Leuten Regierungsverantwortung übergeben wird, sind heute schon zu erkennen. In ihrer Verzweiflung sind die Menschen bereit, irgendjemand zu folgen, wenn er nur einen Ausweg aus der Misere verspricht.

Der Grund für den totalen Niedergang von Jerusalem und Juda wird in Vers 8 angegeben: Alle Worte und Handlungen ihrer Bewohner richten sich gegen den HERRN, um sich gegen Ihn aufzulehnen. Schamlos reden sie über die schlimmsten Sünden, die sie begangen haben, weil sie überhaupt keine Gottesfurcht mehr besitzen.

Die «Augen seiner Herrlichkeit» sehen nicht nur das Böse in Israel, sondern auch die wenigen Gläubigen, die Gott treu bleiben. Er ermutigt sie, weiter gerecht und gottesfürchtig zu leben, denn sie werden ihren Lohn nicht verlieren. Der HERR selbst wird sie während der zukünftigen Gerichtszeit bewahren und in den Segen des Reichs einführen.

Der HERR wird einmal als gerechter Richter auftreten, um alles Böse auf der Erde zu bestrafen. Diese Tatsache wird dem Volk vorgestellt, um es zu warnen. Tatsächlich hat Gott in seinen Regierungswegen die Menschen aus Israel die Folgen ihrer Sünden ernten lassen und sie ins Exil gebracht. In der Zukunft wird Er nochmals gegen das Böse in seinem Volk vorgehen.

Zuerst wird die Führungsschicht zur Verantwortung gezogen (Verse 14.15). Anstatt sich für das Wohl des Volkes einzusetzen, haben die Fürsten die Menschen materiell ausgebeutet. Erbarmungslos und grausam haben sie über das Volk Gottes geherrscht. In Hesekiel 34,2-6 muss der HERR den Regierenden in Israel den gleichen Vorwurf machen.

SAMSTAG
5. JUNI

Ab Vers 16 spricht Gott die Frauen an. Er hat gesehen, wie sie sich kleideten und schmückten, um aufzufallen. Er hat auch wahrgenommen, dass der Stolz im Herzen die Ursache für dieses aufsehenerregende Benehmen war. Nun stand der HERR im Begriff, diesen Frauen alles wegzunehmen und sie nach Babel verschleppen zu lassen.

Wir sehen hier, wie Gott über Frauen denkt, die sich mit Kleidern, Frisuren und Schmuck herausputzen. Was hingegen eine gottesfürchtige Frau in den Augen des Herrn auszeichnet, finden wir in 1. Petrus 3,3.4: «Deren Schmuck nicht der äussere sei durch Flechten der Haare und Umhängen von Goldschmuck oder Anziehen von Kleidern, sondern der verborgene Mensch des Herzens in dem unvergänglichen Schmuck des sanften und stillen Geistes, der vor Gott sehr kostbar ist.»

Aufgrund der grossen Verluste im Belagerungskrieg der Babylonier gab es in Israel viel mehr Frauen als Männer. Anstatt sich darunter zu demütigen, versuchten die unverheirateten Frauen mit allen Mitteln, einen Mann zu bekommen. Dieser Vorgang wird sich in der Zukunft wiederholen, denn der Ausdruck «an jenem Tag» weist auch auf das Ende der kommenden Drangsalszeit hin.

SONNTAG
6. JUNI

An diesem zukünftigen Tag wird der Herr Jesus erscheinen. Er ist der «Spross des HERRN», der schon bei seinem ersten Kommen zur Freude Gottes gelebt und Frucht für Ihn gebracht hat. Wenn Er zum zweiten Mal kommt, wird Er nicht unscheinbar und verachtet sein, sondern in grosser Pracht und Herrlichkeit auftreten.

Für die Gläubigen in Israel wird Christus der erhoffte *Befreier* sein. Sie sind die «Entronnenen» und die «Übriggebliebenen», weil sie dem Gericht entkommen und als Frucht für Gott übrig bleiben. Den Gottlosen wird der Herr als *Richter* begegnen. Durch Strafgerichte wird Er Jerusalem von allem Bösen reinigen.

Der Berg Zion (Jerusalem) wird zum Mittelpunkt des Segens für die ganze Erde werden. Die Wolke der Gegenwart des HERRN, die einst in der Wüste über dem Allerheiligsten des Zeltes gesehen wurde, wird im Tausendjährigen Reich über der Stadt Jerusalem sein. Damit wird Gott seine Anwesenheit in der Mitte seines Volkes bezeugen. Diese Wolke wird für die Menschen in Israel sowohl zur Herrlichkeit (Vers 5) als auch zum Schutz (Vers 6) sein. Was für ein Segen wartet noch auf das irdische Volk Gottes!

In den Versen 1-7 vergleicht Gott Israel mit einem Weinberg. Wie hat Er sich um dieses Volk gekümmert! Er befreite es aus Ägypten und verpflanzte es nach Kanaan. Dort sollten die Israeliten zur Freude Gottes sein. Doch Er fand in seinem Weinberg nur schlechte Beeren. Obwohl Er sich immer wieder für sein Volk einsetzte, brachte es nichts hervor, was Ihn geehrt hätte. Im Gegenteil! Wie muss Ihn die Ungerechtigkeit, die Unmoral und die Gewalttat geschmerzt haben, die überall im Land herrschten!

MONTAG
7. JUNI

Nachdem der HERR sein Volk mehrmals zur Buße aufgerufen hatte, gab Er schliesslich seinen Weinberg auf. Er liess die Chaldäer kommen, die das Land zerstörten und die Bewohner ins Exil brachten.

Ab Vers 8 bis zum Ende des Kapitels spricht der Prophet sechs «Wehe» über die Menschen in Israel aus. Dabei prangert er einige hervorstechende Sünden des Volkes an, die heute in der Welt ebenfalls gang und gäbe sind. So dienen seine Worte auch uns zur Ermahnung.

• Das erste Wehe richtet sich gegen die *Habsüchtigen*, die sich immer mehr Reichtum verschaffen. Sie leben nur für ihren Besitz und denken nicht an Gott.

• Das zweite Wehe gilt den *Genusssüchtigen*, die Wein trinken und Musik hören, anstatt zu arbeiten. Das Tun Gottes beachten sie nicht.

Damals griff Gott mit Gericht ein und führte Israel nach Babel weg. In Vers 13 erkennen wir jedoch einen Grundsatz, den wir heute noch erfahren: Der Einfluss der Welt durch Habgier und Vergnügen führt im Volk Gottes zu einem Mangel an Erkenntnis.

- Das dritte Wehe in Vers 18 betrifft die *Spötter*. Frech fordern sie Gott heraus, Er solle sein Gericht ausführen, das Er durch seinen Propheten angekündigt hat. Weil sie nicht an eine göttliche Strafe glauben, leben sie ungerecht, verkehrt und sündig.

DIENSTAG
8. JUNI

- Das vierte Wehe verurteilt die *Gewissenlosen*, die kein Empfinden für das haben, was vor Gott recht und unrecht ist. Bewusst nennen sie das Böse gut und das Gute böse.

- Das fünfte Wehe richtet sich gegen die *Hochmütigen*, die sich auf ihren Verstand und ihre Weisheit etwas einbilden. Doch in den Augen Gottes sind sie töricht, weil sie Ihn aus ihren Überlegungen ausschliessen.

- Das sechste Wehe spricht Gott gegen die *Ungerechten*. Durch den Genuss von Alkohol haben sie den gerechten und gesunden Sinn verloren. Durch Geschenke lassen sie sich zu einem verkehrten Urteilsspruch verleiten.

Gott kann es nicht ungestraft lassen, dass sein Volk und besonders dessen Führer sein Gesetz und sein Wort ablehnen. Sein heiliger Zorn wird sie treffen. Er ist «der HERR der Heerscharen», der die Macht hat, das Gericht auszuführen. Er ist auch der «Heilige Israels», der zu rein ist, um Böses in seinem Volk zu dulden.

In den Versen 26-30 werden die fremden Heere beschrieben, die Gott benutzt, um das Strafgericht über Israel zu bringen. Diese Soldaten sind schnell, kennen keine Müdigkeit und sind gut bewaffnet. Wir können in ihnen einerseits die Chaldäer sehen, die damals Jerusalem angegriffen haben. Anderseits weisen sie auf die assyrische Armee in der Endzeit hin.

In den Versen 1-7 hat Jesaja eine Vision, die seiner Berufung zum Propheten vorausgegangen ist. Er sieht den HERRN in seiner *Erhabenheit* auf hohem Thron sitzen. Ohne es zu wissen, erblickt Jesaja die Herrlichkeit des Sohnes Gottes, der das Bild des unsichtbaren Gottes ist (Johannes 12,41; Kolosser 1,15). In der Haltung und aus den Worten der Seraphim erkennt er zudem die absolute *Heiligkeit* Gottes.

**MITTWOCH
9. JUNI**

In diesem Licht ruft Jesaja aus: «Wehe mir! Denn ich bin verloren!» Er ist zwar ein Glaubender, kennt aber die volle Sicherheit der Errettung noch nicht, weil er *vor* dem Erlösungswerk des Herrn Jesus lebt. Doch er muss nicht verzweifeln. Ein Engel berührt seine Lippen mit einer glühenden Kohle vom Brandopferaltar. Dieser Altar weist auf das Kreuz hin, wo Jesus Christus das Gericht des heiligen Gottes erduldet hat, damit glaubende Menschen errettet werden. Jesaja besitzt nun die Zusicherung, dass er von seiner Ungerechtigkeit gereinigt ist.

Es ist der Herr selbst, der Jesaja zum Propheten beruft. Mit den beiden Fragen zeigt Er zwei wichtige Merkmale jedes Dieners auf: *Abhängigkeit von Gott* (sich senden lassen) und *Freiwilligkeit* (gehen). Als Jesaja seine Bereitschaft zum Dienst erklärt, bekommt er einen schweren Auftrag: Er soll zu einem Volk sprechen, das die göttliche Botschaft nicht annehmen will. Weil die Israeliten die Ohren immer wieder vor dem Wort Gottes verschlossen haben, verhärtet Gott nun ihre Herzen, so dass sie nicht verstehen und umkehren. So bleibt für sie nur noch das Gericht übrig.

Ahas war ein gottloser König, der in Jerusalem regierte (2. Chronika 28,1-4). In unserem Abschnitt wird berichtet, dass zwei verbündete Mächte sein Reich angriffen: Syrien unter der Führung Rezins und Israel unter der Führung Pekachs. Als Ahas und die Bewohner Jerusalems vom geplanten Feldzug hörten, fürchteten sie sich sehr.

DONNERSTAG
10. JUNI

Da sandte Gott seinen Propheten mit einer Mut machenden Botschaft zum König: Diese beiden Feinde waren in den Augen Gottes wie rauchende Brandscheit-Stümpfe, von denen keine wirkliche Gefahr für das Volk Gottes ausgehen konnte. Sie hatten geplant, Jerusalem zu erobern und dort den Sohn Tabeals zum König zu machen. Doch ihr Plan würde nicht zustande kommen.

Nun stellt sich die Frage: Warum half Gott dem ungläubigen König Ahas, der ein Götzendiener war? Wir finden in unserem Abschnitt zwei Antworten:

1) Der Sohn Jesajas, mit dem er zum König gehen sollte, hiess Schear-Jaschub. Dieser Name bedeutet: Der Überrest wird umkehren. Der HERR sah damals die Wenigen in Juda, die Ihm treu blieben. Darum vereitelte Er den feindlichen Angriff.

2) Die Feinde wollten mit ihrem geplanten Regenten die königliche Linie Davids, die zum Messias führen sollte, zerstören. Weil damit die Erfüllung seiner Verheissung auf Christus auf dem Spiel stand, griff Gott zugunsten seines Volkes ein.

Auch in der Zukunft wird Gott das Volk Israel wegen des verheissenen Königs und wegen des gläubigen Überrests nicht auslöschen.

Gott bot Ahas ein Zeichen an, um ihm zu zeigen, was Er in seiner Gnade und Macht tun konnte. Doch der ungläubige König weigerte sich mit einem fromm klingenden Vorwand, Gott um ein Zeichen der Bestätigung zu bitten. Da gab der Prophet nicht ihm, sondern dem ganzen Haus Davids das grösste und herrlichste Zeichen: «Siehe, die Jungfrau wird schwanger werden und einen Sohn gebären und wird seinen Namen Immanuel nennen.» Damit kündigte Jesaja das Wunder der Menschwerdung des Sohnes Gottes an. Er wurde von einer Jungfrau geboren, um als Messias Israels auf die Erde zu kommen und um zu zeigen, dass Gott für sein Volk ist (Matthäus 1,22.23; Lukas 1,35).

FREITAG
11. JUNI

Dieses Zeichen sollte sich nicht zur damaligen Zeit erfüllen. Deshalb geht es ab Vers 16 wieder um den Sohn Jesajas. Bevor dieser Knabe das Alter und die Fähigkeit zur Unterscheidung von Gut und Böse erreichte, würden die beiden feindlichen Mächte Syrien und Israel von den Assyrern geschlagen sein. Aber der König von Assyrien würde auch das Land Juda angreifen und schwer in Mitleidenschaft ziehen.

Man hat den Eindruck, dass der Prophet in Vers 18 von der Gegenwart auf die Endzeit hinüberwechselt. Er benutzt wieder den Ausdruck «an jenem Tag». Mit einer Bildersprache zeigt er, wie Israel in der Zukunft zwischen den beiden Grossmächten Ägypten und Assyrien viel leiden wird. Das Land wird entvölkert und verwüstet werden. Die Hoffnung auf Rettung wird nur auf Christus, dem Sohn der Jungfrau, liegen. Er wird den leidenden Überrest aus der Drangsal befreien.

Gott bestätigte auf zweifache Weise das Gericht über Syrien und über das Nordreich Israel:

a) Der Prophet sollte auf eine Tafel schreiben: «Es eilt der Raub, bald kommt die Beute.»

b) Der Sohn Jesajas, der geboren wurde, bekam einen Namen, der dem Text auf der Tafel entsprach.

Bevor dieser Knabe die ersten Worte sprechen konnte, liess der König von Assyrien die Kriegsbeute aus den eroberten Städten Damaskus und Samaria nach Hause bringen. Aber er drang später auch in Juda ein, wie in Vers 8 angekündigt wird.

SAMSTAG
12. JUNI

Diese Prophezeiung lenkt die Gedanken in die Zukunft. Der Assyrer, den Daniel in seinem Buch «König des Nordens» nennt, wird wieder ins Land Israel eindringen und weiter nach Ägypten ziehen (Daniel 11,40-45). An diesen zukünftigen Kriegsereignissen werden viele Völker beteiligt sein. Aber sie werden alle von Christus besiegt und zerschmettert werden, wenn Er als «Immanuel» (= Gott mit uns) dem gläubigen Überrest zu Hilfe kommen wird (Verse 8-10).

Ab Vers 11 ermutigt der HERR die Wenigen, die Ihm in der Zukunft treu bleiben. Sie sollen sich nicht wie die ungläubige Masse des Volkes vor den Angreifern fürchten, sondern ehrfurchtsvoll auf Gott und seinen Christus vertrauen. Er wird dem Überrest zum Heiligtum, den Ungläubigen aber zum Stein des Anstosses sein, an dem sie zu Fall kommen werden. Mit den Treuen hingegen, die auf den HERRN harren und nach seinem Wort handeln, wird sich Christus vereinigen: «Siehe, ich und die Kinder, die der HERR mir gegeben hat» (Vers 18).

Die Verse 21 und 22 beschreiben die schrecklichen Folgen für das ungläubige Israel, das sich dem Okkultismus zuwandte (Vers 19). Es konnte und wollte das wahre Licht nicht sehen. Deshalb versank es in geistliche Finsternis.

SONNTAG
13. JUNI

Gerade dort, wo es moralisch am dunkelsten war, erschien durch das Kommen des Messias ein grosses Licht (Kapitel 9,1). Jesus Christus begann im Gebiet von Sebulon und Naphtali, das am See Genezareth liegt, seinen Dienst der Gnade im Volk (Matthäus 4,12-17).

Zwischen den Versen 1 und 2 liegt die Zeit der Verwerfung des Messias und der Zerstreuung der Juden unter die Nationen. Vers 2 beschreibt die Freude des zukünftigen Überrests, der zu Gott umkehren und von Ihm als Volk Israel anerkannt werden wird. Diese Glaubenden werden auf die Rettung Gottes zurückblicken, der sie von der Bedrückung der feindlichen Völker befreit haben wird (Verse 3.4).

Dann folgt eine eindrucksvolle Prophezeiung über den Herrn Jesus, der in Israel durch sein Kommen in Macht und Herrlichkeit eine Wende zum Guten herbeiführen wird. Er, der einst in Bethlehem geboren wurde, ist Gott und Mensch in einer Person. Die Namen, die Er trägt, bezeugen, dass Er fähig, weise und mächtig ist, um eine dauerhafte Segenszeit einzuführen. Er besitzt tatsächlich alle Voraussetzungen, um in Gerechtigkeit und Frieden über Himmel und Erde zu herrschen. Was für eine herrliche Zeit wird für Israel anbrechen, wenn Gott dafür sorgen wird, dass Christus als Sohn Davids den Thron besteigen wird!

Nun spricht Jesaja wieder den gegenwärtigen Zustand in Israel an. Bis zum Ende des Kapitels folgen drei Prophezeiungen, die mit den gleichen Worten enden: «Bei all dem wendet sich sein Zorn nicht ab, und noch ist seine Hand ausgestreckt» (Verse 11.16.20).

Die erste Mitteilung betrifft die zehn Stämme im Norden, die bereits von Gott gezüchtigt wurden. Anstatt sich darunter zu demütigen, meinten sie in ihrem Hochmut, sie würden nochmals zu einer starken Nation werden. Doch das Gegenteil traf ein. Die Assyrer – die hier Bedränger Rezins genannt werden – und andere Feinde griffen Israel an und führten das göttliche Gericht aus.

MONTAG
14. JUNI

In der zweiten Prophezeiung muss Gott seinem Volk vorwerfen, dass es trotz seiner Erziehungsmassnahmen nicht zu Ihm umkehrte. Besonders schwerwiegend war, dass die Führungsschicht in Israel dem Aufruf zur Buße nicht Folge leistete, sondern das Volk in die Irre führte. Aber auch die gewöhnlichen Leute lebten gottlos und gewalttätig. Darum würde sich der Zorn Gottes nicht von ihnen abwenden.

Mit der dritten Weissagung verurteilt der HERR die Ausbreitung der Gottlosigkeit in Israel. Er vergleicht sie mit einem Feuer, das sich immer mehr ausweitet, bis der ganze Wald brennt. So geschah es in Israel. Die Menschen verharmlosten die Sünde und achteten nicht auf die göttlichen Warnungen. Als Folge davon nahm das Böse überhand, was zugleich eine göttliche Strafe war. Wie schrecklich, wenn in einem Land Bosheit und Gewalttat an der Tagesordnung sind!

In den Versen 1-4 spricht Gott die Menschen an, die in Israel eine Position in der Gesetzgebung oder im Gericht besetzten. Sie erliessen ungerechte Verordnungen und fällten ungerechte Urteile, so dass die Armen und Wehrlosen bedrückt und ausgeraubt wurden. Doch der HERR würde seinen Zorn nicht von ihnen abwenden, sondern sie bestrafen.

DIENSTAG
15. JUNI

Ab Vers 5 geht es um den Assyrer, der zur Zeit Jesajas für das Volk Israel eine Zuchtrute in der Hand Gottes war. Er eroberte das Zehnstämme-Reich im Norden und führte die Menschen ins assyrische Exil (2. Könige 17). Er griff auch das Südreich an und bedrängte Hiskia. Doch dieser gottesfürchtige König wurde aus seiner Hand errettet (2. Könige 18 – 19).

In der Zukunft wird der Assyrer Israel nochmals angreifen. Wieder wird er die Zuchtrute Gottes sein. Durch ihn wird der HERR das ungläubige Volk bestrafen, das dem Antichristen nachfolgt und das Götzenbild anbetet. Bevor der Assyrer jedoch seine Wut am treuen Überrest des Volkes auslassen kann, wird Christus zur Rettung der Glaubenden einschreiten und ihn vernichten.

Der hochmütige Assyrer merkte nicht, dass er nur ein Werkzeug in der Hand des Allmächtigen war. Er verspottete sogar den wahren Gott und stellte Ihn den Götzen gleich. Er schrieb alle Siege sich selbst zu. Deshalb musste Gott ihn richten.

So wird es auch in der Zukunft sein. Sobald der Herr das ganze Werk der Wiederherstellung des gläubigen Überrests in Israel beendet hat (Vers 12), wird Er den stolzen Assyrer mit Gericht heimsuchen.

«An jenem Tag», d. h. in der zukünftigen Drangsalszeit, wird ein kleiner Teil aus dem Volk Israel zum HERRN umkehren. In der Bedrängnis wird dieser Überrest sein Vertrauen nicht mehr auf Menschen setzen, sondern auf Gott. Die grosse Masse, die im Unglauben verharrt, wird ins Gericht kommen, so dass der HERR nur die Wenigen, die Ihm treu bleiben, als sein Volk anerkennen wird.

Ab Vers 24 ermuntert Gott diese Glaubenden. Sie sollen sich nicht vor dem Assyrer fürchten. Der HERR der Heerscharen wird über ihn die Geissel schwingen und ihn vernichten. Damit wird Gott die Last von den Schultern seines bedrängten Volkes wegnehmen. Israel wird nie mehr unter Fremdherrschaft stehen, sondern unter allen Nationen eine Vorrangstellung einnehmen.

MITTWOCH
16. JUNI

Ab Vers 28 wird der letzte Angriff des Assyrers detailliert beschrieben. Er wird aus Ägypten ins Land Israel zurückkehren und die Stadt Jerusalem ein zweites Mal belagern. Wenn die Not des bedrängten Überrests am höchsten sein wird, wird Christus erscheinen und den Assyrer vernichtend schlagen. Daniel, der ihn König des Nordens nennt, schildert diesen Feldzug ebenfalls: «Aber Gerüchte von Osten und von Norden her werden ihn erschrecken; und er wird ausziehen in grossem Grimm, um viele zu vernichten und zu vertilgen. Und er wird seine Palastzelte aufschlagen zwischen dem Meer und dem Berg der heiligen Zierde. Und er wird zu seinem Ende kommen, und niemand wird ihm helfen» (Daniel 11,44.45).

Wir lernen aus diesem Abschnitt, wie segensreich es für uns ist, wenn wir unser Vertrauen ganz auf den Herrn setzen (Jeremia 17,7.8).

Die Verse 1-5 reden über Christus, der einmal als Sohn
Davids in Jerusalem regieren wird. Schon bei seinem
ersten Kommen hat Er für Gott Frucht gebracht. Nach
seiner Taufe ist der Heilige Geist

DONNERSTAG
17. JUNI

wie eine Taube auf Ihn gekommen
und auf Ihm geblieben. Wenn der
Herr Jesus in der Zukunft seine
Herrschaft antreten wird, wird seine Rechtsprechung
absolut gerecht sein. Alles, was Er tun wird, wird zur
Ehre Gottes und zum Segen der Menschen ausschlagen.

In den Versen 6-10 sehen wir, wie herrlich diese
zukünftige Zeit des Friedens auf der Erde sein wird:

- Die Folgen des Sündenfalls, unter denen die Schöpfung schon lange seufzt, werden weggetan sein.
- Die Menschen auf der ganzen Erde werden Gott kennen und in Übereinstimmung mit Ihm leben.
- Christus wird das Banner (oder der Mittelpunkt) sein,
  nach dem sich alle Völker freudig ausrichten werden.

In den Versen 11-16 geht es nicht um die Rückkehr
aus dem babylonischen Exil. Jesaja beschreibt hier die
Sammlung des Volkes Israel am Anfang des Tausendjährigen Reichs, denn es heisst: «An jenem Tag, da wird
der HERR noch *ein zweites Mal* seine Hand ausstrecken.»
Diese Rückkehr der Vertriebenen aus allen Stämmen
Israels wird mit einer echten Umkehr zu Gott einherge-
hen. Darum wird es auch unter den Stämmen zu einer
Versöhnung kommen (Vers 13). Gemeinsam werden sie
alle feindlichen Nachbarvölker besiegen (Vers 14). Der
HERR selbst wird diese nationale Wiederherstellung seines irdischen Volkes möglich machen. Dadurch wird Er
verherrlicht werden.

Wenn das wiederhergestellte Volk Israel in den Segen des Reichs eingehen wird, wird es einen Lobgesang anstimmen. Er umfasst zwei Lieder.

Im ersten Lied preisen die Erlösten den HERRN, der sie aus der Drangsal befreit hat. Sie anerkennen auch, dass seine Erziehung nötig war, damit sie mit ganzem Herzen von ihren Sünden zu Ihm umgekehrt sind. Schliesslich drücken sie ihr

FREITAG
18. JUNI

Gottvertrauen aus, das in der Not nicht beschämt worden ist. – Auch wir werden am Ziel unseren Gott loben. In alle Ewigkeit werden wir Ihm danken, dass Er seinen Sohn gegeben und uns im Herrn Jesus erlöst hat. Wir werden im Rückblick auf unser Leben dankbar erkennen, dass Gott unser Vertrauen auf Ihn nie enttäuscht hat.

Mit dem zweiten Lied ab Vers 4 bezeugen die Gläubigen aus Israel vor den anderen Völkern, wie gross der HERR ist. Sie besingen seinen herrlichen Namen und seine Wundertaten. Ausdrücklich bestätigen sie, dass Er alles zu ihrer Rettung getan hat. Damit legen sie ein wirkungsvolles Zeugnis von ihrem Gott ab. – Auch wir haben den Auftrag, die Vortrefflichkeiten Gottes zu verkünden (1. Petrus 2,9). Wie schön, wenn die Menschen in unserem Leben etwas von seiner Gnade und seiner Gerechtigkeit erkennen.

Der Zwischensatz in Vers 3 weist darauf hin, dass sich die Rettung Israels auf die Gnade Gottes gründet. Der gläubige Überrest wird jede eigene Anstrengung aufgeben und das Wasser des Lebens annehmen, das der HERR ihm umsonst anbietet (Psalm 116,13).

In den Kapiteln 13 bis 23 erfolgen zehn Aussprüche über Nationen, die damals Feinde Israels waren und sich in der Zukunft nochmals als Gegner des Volkes Gottes erweisen werden. Sie werden alle gerichtet werden.

Jesaja beginnt mit einer Prophezeiung über Babel.

**SAMSTAG
19. JUNI**

Bevor das babylonische Reich die Vorherrschaft im Orient einnahm und Jerusalem zerstörte, sagte Gott schon das Gericht über dieses Volk voraus. Die Invasion der medopersischen Armee war jedoch nur eine Vorerfüllung davon. Der Ausdruck «Tag des HERRN» in den Versen 6 und 9 weist auf das Ende der zukünftigen Drangsalszeit hin. Kurz vor dem Kommen des Herrn wird das Strafgericht die gottlosen Nationen treffen:

- Grosse Regenten – dargestellt durch Sonne, Mond und Sterne – werden ihre Autorität verlieren (Vers 10).
- Jede Bosheit, jeder Hochmut, jede Ungerechtigkeit auf der Erde wird bestraft werden (Vers 11).
- Es werden so viele Menschen sterben, dass die Übriggebliebenen kostbarer als Gold sein werden (Vers 12).
- Durch gewaltige Naturereignisse wird Gott seinen Zorn gegenüber den Gottlosen offenbaren (Vers 13).

Was wir in den Versen 17-22 lesen, hat sich bereits wörtlich erfüllt. Die Meder und Perser eroberten Babel und übernahmen die Macht. Schonungslos gingen sie gegen die Bevölkerung vor. Später wurde die Stadt zu unbewohnten Ruinen. Als Archäologen vor ungefähr 200 Jahren das alte Babylon ausgegraben haben, ist die Wahrheit dieser göttlichen Weissagung bestätigt worden.

Mit der Eroberung Jerusalems durch die Babylonier begannen die Zeiten der Nationen, die bis zum Kommen des Herrn in Herrlichkeit andauern werden. In diesem Zeitraum steht das Volk Israel oft unter Fremdherrschaft und wird häufig von feindlichen Völkern bedrückt. Doch diese Bedrängnis wird mit dem göttlichen Gericht über die Nationen ein Ende nehmen. Der HERR wird sich über sein irdisches Volk erbarmen und alle bestrafen, die es plagen und quälen. Was für eine Befreiung wird das für die Menschen in Israel sein!

SONNTAG 20. JUNI

Der Ausdruck «König von Babel» in Vers 4 steht als Bezeichnung für die Machthaber, die das Volk Gottes verfolgen und unterdrücken. Zu Beginn des Tausendjährigen Reichs werden alle diese Feinde endgültig fallen.

Obwohl der Prophet ab Vers 9 immer noch über den König von Babel spricht, geht es nicht mehr um einen gewöhnlichen Herrscher aus den Nationen. Jetzt tritt ein Unterdrücker vor unsere Blicke, der sich selbst Gott gleichmacht, aber zu Fall kommt. Wir denken da an Satan, der einst ein Engelfürst war. Doch er wollte sein wie Gott. Deshalb erhob er sich und fiel tief (siehe auch Hesekiel 28,11-19).

Das hebräische Wort «Scheol» bezeichnet den Aufenthaltsort der Seelen der Gestorbenen, ungeachtet ihrer früheren Beziehung zu Gott und ihrer ewigen Bestimmung. Erst im Neuen Testament zeigt der Herr im Gleichnis vom reichen Mann und dem armen Lazarus, dass die Seelen der Ungläubigen am *Ort der Qual* und die Seelen der Gläubigen im *Paradies* sind (Lukas 16,19-31).

In den Versen 15-20 wird ein babylonischer König beschrieben, der gestorben ist. Vermutlich handelt es sich um Belsazar (Daniel 5,30). Seine Seele befindet sich im Scheol, während seinem Körper ein ehrenvolles Begräbnis verweigert wird. Was für ein unrühmliches Ende hat dieser Schössling aus der babylonischen Königsfamilie gefunden!

Mit aller Deutlichkeit spricht der HERR zum Schluss sein Gerichtsurteil aus: Sowohl die hochgestellten als auch die einfachen Leute in Babel werden ausgerottet werden. Die Stadt wird untergehen und ein Wohnort für wilde Tiere werden.

MONTAG
21. JUNI

Nach der Beschreibung des Untergangs von Babel wird nochmals der Sturz des Assyrers erwähnt. Der HERR wird ihn im Land Israel zerschmettern, wie Er es in seinem Ratschluss bestimmt hat. Damit wird sein irdisches Volk endgültig vom Joch der Nationen befreit werden. Im Blick auf diese beiden Nationen gilt es folgende Unterscheidung festzuhalten: In der Geschichte wurde Assyrien zeitlich vor Babel gerichtet (Jeremia 50,18). Aber in der Zukunft wird es umgekehrt sein. Zuerst wird Gott Babylon, die grosse Hure, zu Fall bringen und danach den Assyrer bestrafen.

Dieser Abschnitt enthält auch eine Ermutigung für die Glaubenden. Gottes Pläne kommen zustande. Niemand kann sie vereiteln. Ob es sich um Israel oder um die Versammlung handelt – der ewige und allmächtige Gott führt alles aus, was Er sich vorgenommen hat. In Jesaja 46,10 sagt Er: «Mein Ratschluss soll zustande kommen, und all mein Wohlgefallen werde ich tun.»

Als Ahas in Jerusalem regierte, eroberten die Philister einige Städte aus Juda (2. Chronika 28,18). Im Todesjahr dieses Königs kündigte Jesaja das Gericht über jene Feinde Israels an. Es traf bereits unter König Hiskia ein: «Er schlug die Philister bis Gaza und verheerte dessen Gebiet, vom Turm der Wächter an bis zur festen Stadt» (2. Könige 18,8). Aber die vollständige Erfüllung liegt noch in der Zukunft, wenn Gott die Philister durch feindliche Truppen aus dem Norden richten wird. Im Gegensatz dazu wird Er den Berg Zion zu einer Zufluchtsstätte für den treuen Überrest in Israel machen.

**DIENSTAG
22. JUNI**

Der dritte Ausspruch gilt Moab, das östlich vom Jordan wohnte. Dieses Volk stammte von Lot ab und lebte in Feindschaft mit Israel (Josua 24,9; Richter 3,28; 1. Samuel 14,47). Nun kündigte Gott den Moabitern ein plötzliches Gericht an. Über Nacht würden die Stadt (Ar-Moab) und die Festung (Kir-Moab) verwüstet werden. Als Folge davon würden Bestürzung und Jammer die Bevölkerung erfassen. Diese Prophezeiung fand eine vorläufige Erfüllung durch Nebukadnezar, die endgültige steht jedoch noch bevor.

Sinnbildlich steht Moab für Menschen, die «im Fleisch» sind (Römer 8,8). Obwohl sie sich vielleicht Christen nennen, haben sie kein Leben aus Gott. Wenn sie nicht zu Ihm umkehren und den Herrn Jesus als persönlichen Erlöser annehmen, gehen sie ewig verloren. Bewegt es uns, dass die Ungläubigen dem Verderben entgegengehen, wie der Prophet über das Gericht an Moab erschüttert war (Vers 5)?

In diesem Kapitel wird die Weissagung über Moab fortgesetzt. Die Verse 3-5 beinhalten ein besonderes Thema. Es geht darum, dass die

**MITTWOCH
23. JUNI**

Moabiter dem treuen Überrest aus Israel während der zweiten Hälfte der Drangsalszeit einen Zufluchtsort gewähren. Wenn der Gräuel der Verwüstung aufgerichtet wird, müssen die gläubigen Juden auf die Berge und in die Wüste fliehen (Matthäus 24,15-21). Sie werden auch in Moab Zuflucht suchen, und zwar vor dem «Verwüster» – das ist der Assyrer – und vor dem «Bedrücker» – das ist der Antichrist. Aber dann wird Christus erscheinen, den Überrest befreien und seinen Thron in Jerusalem aufrichten.

Ab Vers 6 prophezeit Jesaja wieder das göttliche Gericht über Moab. Der Grund dafür ist der Hochmut dieses Volkes (Jeremia 48,29). Immer wieder finden wir in der Bibel den Grundsatz, dass Gott den Hochmütigen widersteht (Sprüche 16,18; 1. Petrus 5,5).

Der Obst- und Weinbau waren für Moab eine Hauptstütze des Wohlstands. Doch in der kommenden Gerichtszeit werden die Obstgärten verwüstet und die Weinstöcke zerstört. Als Folge davon wird die Freude einer Ernte ausbleiben. Wieder ist das Herz des Propheten zutiefst bewegt, wenn er an das Unglück denkt, das Moab treffen wird.

Schon durch Bileam hat Gott das Gericht über dieses Volk angekündigt (Vers 13; 4. Mose 24,17). Nun wird es durch Jesaja bestätigt. Nur ganz wenige Moabiter werden übrig bleiben, wenn Gott ihre Gefangenschaft wenden wird (Jeremia 48,47).

Damaskus, die Hauptstadt Syriens, stand damals in enger Beziehung zu Ephraim, d. h. zum Zehnstämme-Reich im Norden. Gemeinsam griffen sie Ahas, den König von Juda, an (Kapitel 7,1). Darum kündigte der HERR beiden das Gericht an. Die vorausgesagte Zerstörung wurde Wirklichkeit, als die assyrische Armee Damaskus und Samaria eroberte (2. Könige 16,9; 18,9-12).

DONNERSTAG
24. JUNI

Doch die Weissagung unseres Abschnitts zielt auf die Endzeit, wie der Ausdruck «an jenem Tag» deutlich macht. Es ist der Tag des Gerichts, an dem Christus auf der Erde erscheinen wird:

- «An jenem Tag» wird Gott in Israel eine Unterscheidung zwischen den Ungläubigen und den Gläubigen machen. Die Ersten werden durch die Strafgerichte weggerafft, während die Zweiten für das Reich übrig bleiben. Diese Treuen werden durch die einzelnen Früchte am Olivenbaum dargestellt (Verse 4-6).

- «An jenem Tag» wird der Überrest im Glauben auf den HERRN blicken und Ihm anhangen. Jedes Vertrauen auf Götzenbilder wird für immer vorüber sein (Verse 7.8).

- «An jenem Tag» werden die Treulosen in Israel, die vom Gott ihres Heils abgefallen sind und heidnische Gebräuche (= ausländische Reben) angenommen haben, gerichtet werden (Verse 9-11).

Die Nationen gleichen in ihren politischen Unruhen einem aufgewühlten Meer. Das wird sich in der Endzeit noch zuspitzen. Viele Völker werden nach Israel ziehen, um es zu erobern und zu plündern. Im entscheidenden Moment wird Christus erscheinen, die feindlichen Nationen schlagen und den Überrest retten.

Dieses Kapitel bildet einen Anhang zum Ausspruch über Damaskus. Der Prophet spricht in Vers 1 ein Land an, das seine schützenden Flügel über Israel hält. Das Volk Gottes ist tatsächlich über viele Jahrhunderte weg verschleppt und ausgebeutet worden. Dennoch ist Israel als eigenständiges Volk bestehen geblieben. Das ist ein göttliches Wunder.

FREITAG
25. JUNI

Im Rückblick auf die letzten hundert Jahre sehen wir, wie die Juden mit der Unterstützung von Amerika und Europa nach Israel zurückgekehrt sind. Sie haben unter dem Schutz der westlichen Länder den Staat Israel gegründet. Aber diese Rückkehr geschah im Unglauben.

Vielleicht weisen die Verse 3 und 4 auf diese Entwicklung hin. Jedenfalls sprechen das Banner und die Posaune von der Sammlung des vertriebenen Volkes Israel. Die Tatsache, dass Gott vom Himmel her zuschaut, aber diese menschlichen Bemühungen nicht gutheissen kann, weist darauf hin, dass es noch nicht zu einer echten Buße und Umkehr gekommen ist.

Darum spricht der HERR in den Versen 5 und 6 vom Gericht. Bevor Israel in den Segen des Reichs eingehen kann, muss Gott die Reben und Ranken des Eigenwillens und der Bosheit abhauen. Die Gottlosen werden getötet und der gläubige Überrest wird geläutert.

Erst in Vers 7 ist das Volk Israel innerlich für den HERRN bereit. Durch die schweren Wege, die der Überrest gehen muss, wird er zu einem kostbaren Geschenk für Gott. Die Nationen werden diese Gabe zum Berg Zion bringen, denn die Wiederherstellung Israels wird sich auf die Gnade gründen.

Ägypten ist das südliche Nachbarland von Israel. Auch diesem Volk kündigt Jesaja das Gericht an. Eine erste Erfüllung fand bald nach der Prophezeiung statt, als Assyrien zur stärksten Macht im Orient wurde und sich viele Länder unterwarf. Auch Ägypten musste sich seiner Vorherrschaft beugen. Vollständig werden sich diese Worte in der Endzeit erfüllen, wenn Gott das Land Ägypten durch Gerichte heimsuchen wird.

SAMSTAG
26. JUNI

Zunächst sagt der Prophet einen Bürgerkrieg in Ägypten voraus, in dem jeder gegen jeden kämpft (Vers 2). Dann spricht er über einen harten und grausamen König, der dieses Land unterdrücken wird (Vers 4). Ein weiteres Strafgericht Gottes ist die Austrocknung des Nil und die daraus hervorgehende Hungersnot (Verse 5-10). Dieser Fluss, der das Land fruchtbar machte, war die Hauptquelle des Wohlstands in Ägypten. Aber anstatt hinter diesem Segen den Schöpfer-Gott zu sehen, verfielen die Menschen in einen schlimmen Götzendienst.

In den Versen 11-15 geht es um die bekannte Weisheit der Ägypter, in der schon Mose unterrichtet worden war (Apostelgeschichte 7,22). Auch auf diesem Gebiet traf sie das göttliche Gericht. Weil die Gelehrten in Ägypten den lebendigen Gott völlig aus ihren Überlegungen ausschlossen, machte Er ihre Weisheit zunichte.

Erleben wir heute nicht etwas Ähnliches? Trotz des wissenschaftlichen Fortschritts erkennen die Menschen die Wahrheit nicht, weil sie Gott ausklammern. Deshalb wollen wir uns davor hüten, mit weltlicher Weisheit die Glaubenswahrheiten erfassen zu wollen.

Dieser Abschnitt beschreibt, wie der HERR in der Endzeit das Land Ägypten sowohl richten als auch wiederher-stellen wird (Vers 22). Der Prophet stellt dieses göttliche Werk in sechs Etappen vor. Jede beginnt mit den Worten «an jenem Tag».

SONNTAG
27. JUNI

- Zunächst werden die Ägypter unter dem Gericht Gottes zittern. Sie werden zur Erkenntnis kommen, dass der HERR für Israel ist und seine Pläne mit diesem Volk erfüllt.

- Am Anfang des Tausendjährigen Reichs werden fünf Städte in Ägypten die Sprache Kanaans sprechen. Eine von ihnen wird sogar einen hebräischen Namen tragen. Spricht das nicht davon, dass sich die Ägyp-ter der Vorherrschaft Israels unterordnen werden?

- Es wird in Ägypten einen Altar des HERRN geben, denn die Bewohner werden eine Beziehung zum lebendigen Gott eingehen und seine Autorität über sich anerken-nen. Der Götzendienst wird aus Ägypten verschwinden.

- Der HERR wird sich den Ägyptern offenbaren, so dass sie seine Grösse und Herrlichkeit erkennen werden. Als Folge davon werden sie Ihm Schlachtopfer dar-bringen und Ihn anbeten (siehe auch Maleachi 1,11).

- In der Vergangenheit haben sich Ägypten und Assyrien ständig bekämpft. Aber in der Zukunft wird zwischen diesen beiden Völkern eine harmonische Beziehung bestehen. Gemeinsam werden sie dem HERRN dienen.

- Das Volk Israel wird mit Ägypten und Assyrien einen Dreierbund des Segens eingehen. Zugleich wird es seine besondere Stellung als Volk Gottes behalten. Israel ist und bleibt *sein Erbteil!*

Dieses Kapitel schliesst die Weissagung über Ägypten mit einer Illustration ab. Der Hintergrund dafür war folgende Begebenheit: Zur Zeit Hiskias hatten sich die Philister, die an der Küste wohnten, mit der Unterstützung Ägyptens gegen den König von Assyrien empört. Da sandte er Tartan mit Soldaten nach Asdod, um diese Rebellion niederzuschlagen.

**MONTAG
28. JUNI**

Nun sollte der Prophet Jesaja das Sacktuch, das er als Kleid trug, ablegen und die Sandalen ausziehen. Drei Jahre lang zog er auf diese Weise wie ein Sklave oder Kriegsgefangener durch die Strassen Jerusalems. Dann erfolgte die göttliche Botschaft: Genauso würden die Menschen aus Ägypten und Äthiopien als Gefangene des Königs von Assyrien weggetrieben werden (Vers 4).

Das war eine ernste Warnung an alle Juden, die sich im Kampf gegen Assyrien Hilfe und Unterstützung von Ägypten erhofften:

• Einerseits konnten sie sehen, wie es den Bewohnern der Küstengebiete erging, die sich auf Ägypten stützten. Sie wurden von der assyrischen Armee besiegt.

• Andererseits teilte Gott ihnen durch das Zeichen Jesajas mit, dass sogar die Ägypter und Äthiopier vom Assyrer geschlagen und ins Exil verschleppt würden.

Wir lernen aus diesem Kapitel, in den Problemen auf dem Glaubensweg nicht bei den Menschen Hilfe zu suchen, sondern auf Gott zu vertrauen. David gibt uns darin ein schönes Beispiel. Er betete: «Schaffe uns Hilfe aus der Bedrängnis! Menschenrettung ist ja eitel. Mit Gott werden wir Mächtiges tun; und *er* wird unsere Bedränger zertreten» (Psalm 60,13.14).

Die Verse 1-10 beschreiben das Gericht über Babel. Diese Stadt mit ihrer Umgebung wird «Wüste des Meeres» genannt, weil der Euphrat jene Gegend oft überschwemmte. Zwei Völker – die Meder und die Perser – griffen Babel an und eroberten es mühelos. In Vers 5 finden wir den Grund für diesen schnellen Sieg: Die Babylonier feierten Feste, anstatt die Stadt umsichtig zu verteidigen. Das deckt sich mit Daniel 5, wo wir lesen, dass Belsazar mit seinen Gewaltigen ass und trank, während die feindlichen Soldaten Babel eroberten.

**DIENSTAG
29. JUNI**

Der Prophet wird aufgefordert, einen Wächter aufzustellen, denn der Fall Babylons war für sein Volk von grosser Bedeutung. Er sollte der Auftakt zur Befreiung der Juden aus der Verbannung sein. Sobald die göttliche Erziehung – dargestellt durch das Dreschen in Vers 10 – das Ziel erreicht hatte, konnte das Volk ins Land zurückkehren. – So wird es in der Zukunft auch dem gläubigen Überrest ergehen. Wenn das Werk der Wiederherstellung vollendet ist, wird der HERR die Feinde richten und die Glaubenden befreien.

Der Ausspruch über Duma beschreibt den Ausgang aus der Drangsalszeit: Für die Glaubenden aus Israel folgt ein herrlicher *Morgen*: Christus wird als Sonne der Gerechtigkeit erscheinen (Maleachi 3,20). Für die Feinde des Volkes hingegen kommt dann die *Nacht* des Gerichts.

Der Ausspruch über Arabien betrifft die Beduinen im Nordwesten der arabischen Halbinsel. Weil sie sich in der Zukunft am Kampf Assyriens gegen Jerusalem beteiligen (Psalm 83,5-9), wird Gott sie richten.

Der Ausspruch über das Tal der Gesichte beschreibt,
wie die Stadt Jerusalem von feindlichen Armeen angegriffen und erobert wird. Während der Belagerung sterben viele Bewohner. Die Überlebenden werden bei der
Einnahme gefangen genommen. Das Heer der Angrei-
fer ist so gross und mächtig, dass
es für die Menschen in der Stadt   **MITTWOCH**
kein Entkommen gibt.   **30. JUNI**
   Diese Prophezeiung erfüllte sich
teilweise, als die Chaldäer Jerusalem eroberten. Die
Zerstörung der Stadt rief bei den Gottesfürchtigen eine
tiefe Trauer hervor (Vers 4). Jeremia war einer von ihnen.
Unter der Leitung des Geistes Gottes schrieb er die
Klagelieder nieder, die den Fall Jerusalems zum Thema
haben.
   Diese Weissagung wird sich erst vollständig erfüllen,
wenn der zukünftige Assyrer mit seinen Verbündeten
die Hauptstadt Israels angreifen wird. Trotz des Bun-
des mit dem Herrscher des Römischen Reichs werden
die ungläubigen Juden diesen Ansturm nicht abweh-
ren können. Sie werden zwar alle menschlichen Mittel
zur Verteidigung Jerusalems anwenden, wie es in den
Versen 9-11 beschrieben wird. Aber sie werden nicht zu
ihrem Gott umkehren und über ihre Sünden Buße tun.
Darum werden ihre Anstrengungen nutzlos sein.
   Der Unglaube der Stadtbewohner zeigt sich in ihrem
Lebensmotto: «Lasst uns essen und trinken, denn morgen sterben wir!» Unser Leitspruch lautet ganz anders,
weil wir im Glauben über das kurze Leben auf der Erde
hinausblicken: «Deshalb beeifern wir uns auch ...., ihm
wohlgefällig zu sein» (2. Korinther 5,9).

In diesem Abschnitt ist von Schebna und Eljakim die Rede, die unter König Hiskia einen wichtigen Posten in der Regierung besetzten (2. Könige 18,18.26.37). Diese beiden Männer weisen auf zwei bedeutende Personen in der Zukunft hin.

DONNERSTAG
1. JULI

Schebna, der Verwalter des Königs, baute sich eine Grabstätte, weil er über seinen Tod hinaus bekannt bleiben wollte. Was ihn dazu veranlasste, war Hochmut und Ehrsucht. Doch Gott kündigte ihm ein trauriges Ende an: Dieser stolze Mann würde in einem weit entfernten Land ohne ehrenvolle Bestattung sterben.

Wir erkennen in Schebna den Antichristen, der sich selbst erhöhen und in seinem Grössenwahn sogar göttliche Verehrung entgegennehmen wird (Daniel 11,36; 2. Thessalonicher 2,4). Aber er wird ein schreckliches Ende finden, denn sein Pflock wird ausgerissen werden (Vers 25). Christus wird den Antichristen durch den Hauch seines Mundes vernichten und direkt in den Feuersee werfen (Offenbarung 19,20).

Eljakim, der Sohn Hilkijas, bekam das Amt, das Schebna zuvor bekleidet hatte. Dieser Knecht Gottes nahm im Auftrag des Königs eine verantwortungsvolle Aufgabe in der Regierung wahr. Er tat es nicht selbstsüchtig, sondern wie ein Vater, der für seine Kinder sorgt.

Zweifellos weist Eljakim auf Christus hin, dem Gott die Herrschaft über Israel anvertrauen wird. Der Herr wird die Schlüssel des Hauses Davids besitzen, die ein Symbol seiner rechtmässigen Verfügungsgewalt im Tausendjährigen Reich sind. Sein Pflock wird an einem festen Ort eingeschlagen bleiben (Vers 23).

Tyrus war eine Handelsstadt am Mittelmeer mit grosser wirtschaftlicher Bedeutung für den Orient. Hochmut und Gottlosigkeit prägten die Menschen dort, die ohne Gott reich geworden waren.

Nun kündigt der Prophet die Zerstörung dieser Stadt an. Die Handelsschiffe kehren zurück und

FREITAG
2. JULI

können den Hafen nicht anlaufen, weil alles verwüstet ist. Die Nachbarstadt Sidon und das Land Ägypten, die vom Handel mit Tyrus profitiert haben, leiden ebenfalls unter den Folgen dieses Zusammenbruchs. Der HERR der Heerscharen hat dieses Gericht beschlossen. Darum wird es auch ausgeführt. Niemand kann es verhindern.

Die Chaldäer waren das erste Werkzeug, das Gott benutzte, um gegen Tyrus vorzugehen und den Stolz dieser Bewohner zu beugen (Vers 13). Dieser Angriff unter der Führung Nebukadnezars wird in Hesekiel 26 – 28 ausführlich beschrieben.

Der Prophet Jesaja sagt eine Zeit von 70 Jahren voraus, in der Tyrus in Vergessenheit geraten wird. Dann kündigt er eine Wiederherstellung an. Diese Stadt wird zu neuer wirtschaftlicher Blüte gelangen. Doch Gott ist immer noch aus dem Leben und dem Handel ihrer Bewohner ausgeschlossen. Darum wird der erwirtschaftete Reichtum ein «Hurenlohn» genannt.

Erst der letzte Vers zeigt eine Wendung zum Guten, die sich nicht nur auf Tyrus, sondern auf den gesamten Handel auf der Erde bezieht. Im Tausendjährigen Reich werden die Menschen nicht mehr für sich selbst wirtschaften, sondern ihren Erwerb dem HERRN und seinem irdischen Volk zur Verfügung stellen (Jesaja 60,5).

Nach den Aussprüchen über verschiedene Völker der
Erde folgt nun in den Kapiteln 24 – 27 ein Überblick über
die Ereignisse in der Endzeit.

SAMSTAG

3. JULI

Es beginnt mit dem Strafgericht, das zuerst Juda und Jerusalem trifft. Der HERR selbst kehrt
das Land Israel um und zerstreut seine Bewohner. Keine
Gruppe der Gesellschaft bleibt verschont und die ganze
Erde ist von der Zerstörung betroffen.

Der Grund für diese furchtbaren Gerichte wird in den
Versen 5 und 6 angegeben: Die Menschen im Volk Gottes haben das Gesetz des HERRN übertreten. Als Folge
der allgemeinen Gottlosigkeit, die sich nicht nur in Israel
ausbreitet, trifft der Fluch Gottes die ganze Erde. Die
Freude der Welt verschwindet und macht einem Jam-
mergeschrei Platz.

Das Bild der Ernte, das in Vers 13 gebraucht wird,
weist auf das göttliche Gericht hin. Aber wie bei der
Oliven- und Weinernte eine Nachlese gehalten wird, so
werden aus der zukünftigen Drangsal gläubige Menschen hervorgehen, die über die Majestät des HERRN
jubeln werden. Sie werden seine Gerechtigkeit bewundern, die sich im Strafgericht und in der darauffolgen-
den Herrschaft des Friedens offenbart.

Das göttliche Gericht wird unausweichlich und endgültig sein, weil das moralische Verderben der Menschen gross ist (Verse 16-20). Der HERR wird sowohl
Satan, den Fürsten dieser Welt, als auch die gottlosen
Herrscher auf der Erde bestrafen, um den Weg für die
herrliche Regierung des Herrn Jesus in Jerusalem frei zu
machen (Verse 21-23).

Dieses herrliche Kapitel ist ein Loblied zur Ehre des HERRN. Der Grund dafür ist, dass Er in der Zukunft den gläubigen Überrest seines Volkes aus der Drangsal befreien wird. Mit den Worten «HERR, du bist mein Gott!» werden sich diese Glaubenden zu ihrem Gott bekennen. Sie werden die Umsetzung seines wunderbaren Plans mit Israel und der Erde bewundern. Rückblickend werden sie erkennen, wie Er sie in Sturm und Bedrängnis beschützt und bewahrt hat (Vers 4).

Wenn das Gericht vorüber ist, kann die herrliche Zeit des Tausendjährigen Reichs anbrechen:

SONNTAG
4. JULI

- Der HERR hat auf dem Berg Zion Segen und Freude für alle Völker bereit (Vers 6).
- Er nimmt die geistliche Blindheit von den Menschen weg, so dass alle den König bewundern (Vers 7).
- Im Friedensreich wird niemand sterben, es sei denn, er habe öffentlich gesündigt (Vers 8; Psalm 101,8).

Uns, den Glaubenden der Gnadenzeit, hat Gott einen ähnlichen Segen zugedacht. Obwohl er geistlicher Art ist, wissen auch wir, dass sich der Tod in Sieg verwandeln wird und Gott jede Träne von unseren Augen abwischen wird (1. Korinther 15,54; Offenbarung 21,4).

Wenn Jesus Christus zur Befreiung erscheinen wird, werden die Glaubenden aus Israel erkennen, dass ihr Retter der Gleiche ist, den ihre Vorfahren einst gekreuzigt haben. Dann werden sie Ihn mit Freuden als ihren König annehmen und sprechen: «Siehe da, unser Gott, auf den wir harrten, dass er uns retten würde.» – Christus ist auch unser Heiland, der uns errettet hat und sicher ans Ziel bringen wird.

«An jenem Tag», an dem das herrliche Friedensreich unter der Regierung des Herrn Jesus anbricht, wird der innerlich wiederhergestellte und äusserlich befreite Überrest aus Israel dieses Loblied singen. Diese Treuen loben den HERRN, der ihnen Frieden verschafft und sich ihnen als ein Fels der Ewigkeiten erwiesen hat. – Gott ist

**MONTAG
5. JULI**

auch für uns dieser Fels, dem wir vollkommen vertrauen können. Er wird uns nie beschämen.

Ab Vers 7 reden die Glaubenden aus Israel über ihre Erfahrungen in der Drangsalszeit. Gott hat ihnen, die wünschten, gerecht zu leben, einen Weg durch die Drangsal hindurch gebahnt, während die Gottlosen im Strafgericht die göttliche Gerechtigkeit kennen gelernt haben. – Wir dürfen ebenfalls damit rechnen, dass Gott uns einen Weg durch die Welt gibt, auf dem wir vom Bösen bewahrt bleiben.

Die Gläubigen aus Israel erkennen auch, dass die Bedrängnis von aussen das Mittel in der erziehenden Hand Gottes gewesen ist, um sie zu einer inneren Umkehr zu bringen. In der Not haben sie den HERRN gesucht und ihr Vertrauen auf seine Rettung gesetzt. Nun erleben sie, wie Er eine geistliche Auferweckung und Wiederherstellung in seinem irdischen Volk bewirkt (Vers 19). – Genauso ist es Gottes Absicht, uns durch die Schwierigkeiten im Leben näher zu sich zu bringen.

Die beiden letzten Verse enthalten eine Botschaft an den Überrest, sich während der Gerichtszeit zu verbergen, um bewahrt zu bleiben. Gott selbst wird ihn beschützen: «Er wird mich bergen in seiner Hütte am Tag des Unglücks» (Psalm 27,5).

Der erste Vers redet sinnbildlich vom Gericht Gottes über Satan, die alte Schlange. Vor dem Tausendjährigen Reich wird der Teufel in den Abgrund eingeschlossen, damit er niemand verführen kann. Nach dem Friedensreich wird er für immer in den Feuersee geworfen (Offenbarung 20,1-3.10).

DIENSTAG
6. JULI

Wenn alle Strafgerichte vorüber sind, wird das «Lied vom Weinberg» seine Fortsetzung finden. Das Volk Israel, das einst nur schlechte Trauben gebracht hat (Jesaja 5,2.7), wird im Tausendjährigen Reich zur Freude Gottes sein. Es wird blühen und Frucht für Ihn tragen. Keine Nation wird das irdische Volk Gottes mehr bedrängen können. Stattdessen werden sich die Völker der Erde dem König der Könige unterwerfen und Frieden mit Ihm machen (Vers 5; Psalm 2,12).

In den Versen 7-11 geht es um einen Rückblick auf Gottes Handeln mit Israel während der Drangsalszeit. Der HERR muss sein geliebtes Volk schlagen, aber Er vernichtet es nicht. Er muss es erziehen, damit es seine Schuld einsieht und zu Ihm umkehrt. Eine Zeit lang kann Er kein Erbarmen erweisen, weil der Unglaube im Volk gross ist. Aber schliesslich erbarmt Er sich über den Überrest, der sich vor Ihm demütigt (Jesaja 54,7). – Auch in unserer Erziehung verfolgt Gott immer eine gute Absicht. Ausserdem hilft Er uns, das Schwere, das Er uns auferlegt hat, zu ertragen.

Die Verse 12 und 13 beschreiben, wie der Herr nach seiner Erscheinung in Herrlichkeit auch die zehn vertriebenen und verlorenen Stämme Israels ins Land zurückführen wird.

In den Kapiteln 28 bis 33 spricht der Prophet sechsmal ein «Wehe» aus. Das erste Wehe gilt dem Zehnstämme-Reich im Norden unter der Führung Ephraims. Die Hauptstadt Samaria wird sowohl mit einer «stolzen Krone» als auch mit einer «welkenden Blume» verglichen. Der «Starke» und «Mächtige» ist der König von Assyrien, der mit seiner Armee das Nordreich erobert und Samaria zerstört. Der Grund für dieses göttliche Gericht, das bald nach dieser Weissagung eingetroffen ist, ist der Stolz, der Götzendienst und die oft damit verbundene Trunkenheit.

MITTWOCH
7. JULI

Zwischendurch erfolgt ein kurzer Ausblick auf den treuen Überrest in der Zukunft, der in den Augen Gottes eine «prächtige Krone» und «ein herrlicher Kranz» sein wird. Im Gegensatz zur Eitelkeit in Samaria, die der HERR verurteilen muss, werden diese Treuen zu seiner Freude sein. – Kann Gott auch an uns Gefallen finden, weil wir mitten in einer bösen Welt zu seiner Ehre leben möchten?

Ab Vers 7 kehrt der Prophet wieder in die Gegenwart zurück. Jetzt spricht er die Menschen im Zweistämme-Reich an, denn er beginnt mit den Worten: «Und auch diese ...» In Juda gab es zwar noch Priester und Propheten. Aber ihr abscheuliches und ungerechtes Betragen machte es unmöglich, dass Gott sie zum Nutzen seines Volkes gebrauchen konnte. Weil keiner da war, der die Menschen Erkenntnis lehrte, und niemand auf die Stimme Gottes hören wollte, würde Er durch fremde Nationen, die andere Sprachen redeten, das Gericht über sein Volk bringen.

Dieser Abschnitt enthält eine deutliche Prophezeiung auf die Zukunft. Die Juden werden in der Drangsalszeit vom Assyrer bedroht werden. Um sich gegen diese Gefahr zu schützen, werden die Ungläubigen aus dem Volk unter der Führung des Antichristen einen Bund mit dem Herrscher des wiedererstandenen Römischen Reichs machen (Daniel 9,27). Jesaja nennt diese Abmachung, die den Juden militärische Unterstützung zusichert, einen «Bund mit dem Tod» (Vers 15).

DONNERSTAG
8. JULI

Dem gläubigen Überrest, der den Antichristen nicht anerkennen und den Bund nicht eingehen wird, macht Gott eine herrliche Zusage: Christus wird für diese Treuen der Stein sein, auf den sie ihr Vertrauen setzen können. Er wird sie nicht beschämen.

Der Bund mit dem römischen Herrscher wird die treulosen Juden nicht vor dem Angriff des Assyrers zu schützen vermögen. Die «überflutende Geissel» wird ins Land eindringen und die Ungläubigen vernichtend schlagen. Hinter dem Assyrer steht der HERR selbst, der ihn als Werkzeug zur Bestrafung seines Volkes benutzen wird (Vers 21). Das Befremdende an diesem göttlichen Werk ist die Tatsache, dass Gott zur Ausführung seines Gerichts Menschen brauchen wird, die noch grössere Sünder sind als jene, die bestraft werden.

In den Versen 23-29 erklärt Gott anhand der verschiedenen Arbeiten eines Ackerbauern, dass Er weise und angemessen mit den Seinen umgeht, wenn Er sie in Liebe erzieht. Manches, was uns hart erscheint – wie z. B. pflügen, eggen oder dreschen –, schlägt schliesslich zum Segen für uns aus.

Das zweite Wehe gilt Ariel, der «Stadt, wo David lagerte». Vers 8 bestätigt uns, dass damit die Stadt Jerusalem gemeint ist, die auf den Berg Zion gegründet ist. Sie wird von einem Feind angegriffen, der mit einer gewaltigen Armee heranziehen wird. Es ist der Assyrer, der sich mit anderen Völkern gegen Israel verbündet und mit vielen Soldaten die Stadt völlig umzingeln wird.

FREITAG

9. JULI

Es handelt sich hier um den zweiten Angriff des Assyrers nach seiner Rückkehr aus Ägypten (Daniel 11,42-45). Angesichts dieser schrecklichen Bedrohung demütigen sich die Bewohner von Jerusalem (Vers 4). Wenn die Not am höchsten ist, wird Christus erscheinen und das feindliche Heer mit einem Schlag vernichten (Sacharja 12,2-4; 14,3-5). Die vielen fremden Soldaten werden zu Staub und Spreu werden. Sie werden so ernüchtert sein wie ein Schlafender, der von einem schönen Traum erwacht und sich in einer grausamen Wirklichkeit wiederfindet. Denn sie werden merken, dass der erhoffte Sieg sich in eine vernichtende Niederlage verwandelt.

Ab Vers 9 spricht der Prophet über den geistlichen Zustand in Israel. Viele sind innerlich abgestumpft und hören nicht auf das, was Gott ihnen sagt. Diese schuldhafte Verstocktheit des Herzens gegenüber dem HERRN beantwortet Er mit einer Verhärtung, die Er selbst in ihnen bewirkt (siehe auch 2. Mose 9,12). Als Folge davon verstehen sie das Wort Gottes nicht mehr. – Das kann auch heute bei einzelnen Menschen geschehen, die zum Evangelium der Gnade immer wieder Nein sagen. Wie ernst!

Nun folgt das dritte Wehe. Es richtet sich gegen die Menschen im Volk Israel, die zwar fromm reden, aber innerlich weit von Gott entfernt sind. Sie schmieden Pläne ohne Ihn und versuchen diese vor Ihm zu verbergen. Damit leugnen sie bewusst die *Allwissenheit* Gottes. Ausserdem behaupten sie: «Er hat mich nicht gemacht!», denn sie weigern sich

SAMSTAG
10. JULI

entschieden, Gott als ihren Schöpfer anzuerkennen und seine *Allmacht* zu bejahen. – Eine solche Haltung, die Gott eine «Verkehrtheit» nennt, ist auch heute weit verbreitet. Wie viele Menschen klammern Gott bewusst aus ihrem Leben aus und behaupten, alles sei von selbst entstanden.

Ab Vers 17 lenkt der Heilige Geist den Blick des Propheten in die Zukunft. Nach allen Strafgerichten und aller Drangsal wird eine wunderbare Zeit anbrechen. Einige aus dem jüdischen Volk werden in echter Buße zu Gott umkehren und so von ihrer geistlichen Taubheit und Blindheit geheilt werden. Dieser gläubige Überrest wird das Wort Gottes verstehen und sich im HERRN freuen, weil Er den Gewalttätigen (= Assyrer) und den Spötter (= Antichrist) gerichtet haben wird.

Wie Gott *Abraham* aus einem götzendienerischen Volk herausgerufen und *Jakob* durch Erziehung zum Anbeter gemacht hat, wird Er auch mit den Glaubenden aus Israel sein Ziel erreichen. Staunend werden sie rückblickend das göttliche Werk betrachten, das sie in den Segen eingeführt haben wird. – Auch wir werden im Himmel darüber staunen, wie Gott uns erlöst und auf dem Weg zum Ziel für sich geformt hat.

Das vierte Wehe spricht Gott über die Menschen in Juda aus, die ein Bündnis mit Ägypten schliessen, um sich vor dem Assyrer zu schützen. Anstatt sich an den HERRN zu wenden und auf seine Stimme zu hören, setzen sie ihr Vertrauen auf menschliche Hilfe. Doch sie werden enttäuscht werden, weil das politisch geschwächte Ägypten ihnen den erwünschten Schutz nicht bieten kann.

SONNTAG
11. JULI

Jesaja soll diese Weissagung auf eine Tafel und in ein Buch schreiben, damit das verkehrte Verhalten seiner Landsleute dem gläubigen Überrest in der Endzeit als Warnung dient, in der Bedrängnis nicht auf Menschen zu vertrauen. Auch wir wollen diese Ermahnung zu Herzen nehmen und uns immer auf den lebendigen Gott stützen, der alles vermag.

Wie traurig ist die Einstellung, die in den Versen 9-11 zutage tritt: Man will nicht auf Gott hören, weil man eigene Pläne und verkehrte Wege verfolgt. Aber der Heilige Israels bleibt sich selbst treu. Wenn sein Volk nicht auf die göttlichen Warnungen hören will, muss es die Folgen davon tragen.

In Vers 15 zeigt der Prophet den richtigen Weg für jeden, der sich in Schwierigkeiten befindet: Die bewusste Umkehr zu Gott und das stille Vertrauen auf Ihn. Jeremia drückt es ähnlich aus: «Es ist gut, dass man still warte auf die Rettung des HERRN» (Klagelieder 3,26).

Die Weigerung Israels, auf Gott zu hören, zieht nicht nur Gericht nach sich, sondern verzögert auch die Erweisung seiner Gnade. Doch am Ende wird Er dem gläubigen Überrest, der auf Ihn harrt, gnädig sein.

Am Ende der zukünftigen Drangsalszeit wird sich Gott über die Gläubigen in Jerusalem erbarmen, die zu Ihm umkehren und ihr Vertrauen auf Ihn setzen. Weil sie bereit sein werden, sich belehren zu lassen, werden sie den Weg erkennen, den der HERR sie führen möchte (Psalm 32,8). Sie werden auch verstehen, wie schrecklich Gott durch den Götzendienst in Israel verunehrt worden ist. Darum werden sie entschieden alle Götzen wegwerfen.

Dieser Überrest, der dem HERRN treu bleibt, wird in den Segen des Tausendjährigen Reichs eingehen. Dann werden die Menschen mehr als genug zu essen haben.

Das Licht der Sonne in Vers 26 weist auf die Herrlichkeit des Herrn Jesus hin, die auf der ganzen Erde erstrahlen wird. Für die Gläubigen aus Israel wird Er tatsächlich als Sonne der Gerechtigkeit aufgehen mit Heilung in ihren Flügeln (Mal 3,20).

MONTAG
12. JULI

Ab Vers 27 geht es um das Strafgericht, das Gott über den Assyrer und dessen Verbündete bringen wird. Dazu werden vier verschiedene Bilder benutzt:

a) Seine Zunge ist wie ein *verzehrendes Feuer*, das diese feindlichen Mächte zerstören wird.

b) Sein Odem gleicht einem *überflutenden Bach*, vor dessen Wassermassen niemand entrinnen kann.

c) Gott wird *das Sieb oder die Worfschaufel schwingen* und diese Völker als wertlose Spreu beseitigen.

d) Sein machtvolles Wirken wird mit einem *irreführenden Zaum* verglichen, der die Feinde ins Verderben bringt.

Der letzte Vers beschreibt bildlich die ewige Strafe für den assyrischen Herrscher und den Antichristen, der hier einfach «König» genannt wird.

In diesem Kapitel haben wir das fünfte Wehe. Es wird nochmals über die Menschen in Israel ausgesprochen, die um Hilfe nach Ägypten hinabziehen. Während in Kapitel 30 von «Plänen» und «Bündnissen» die Rede war, handelt es sich jetzt um «Pferde», «Wagen» und «Reiter». Die ungläubigen Juden haben ihr Vorhaben trotz göttlicher Warnung in die Tat umgesetzt. Doch der HERR nimmt sein Wort nicht zurück, sondern wiederholt seine Gerichtsankündigung. Wenn sie auf diesem verkehrten Weg weitergehen, werden sie ins Unglück kommen.

DIENSTAG
13. JULI

Sehr deutlich zeigt Jesaja in Vers 3 den Gegensatz zwischen der Armseligkeit menschlicher Hilfe und der Allmacht Gottes. Doch es ist Glauben nötig, um die unsichtbare Kraft des Herrn in Anspruch nehmen zu können. Darauf weist auch der Apostel Petrus hin, wenn er uns an die göttliche Bewahrung auf dem Weg zum Ziel erinnert: «Die ihr durch *Gottes Macht* durch *Glauben* bewahrt werdet zur Errettung» (1. Petrus 1,5).

Ab Vers 4 kündigt der Prophet dem gläubigen Überrest in Israel die Hilfe Gottes an:

- Der HERR wird *wie ein Löwe* auftreten, um gegen die Feinde seines Volkes Krieg zu führen.
- Den Glaubenden wird Er *wie schwirrende Vögel* erscheinen, um sie vor Angriffen zu beschützen.

Das Volk Israel wird in der Zukunft von so starken Feinden bedrängt werden, dass nur Gott es retten kann. Darum ruft Er sein Volk zur Umkehr auf. Der Überrest, der sich ganz vom Götzendienst abwendet, wird erfahren, wie der HERR ihn aus der Bedrängnis des Assyrers befreien wird.

Der Herr Jesus ist der König, der gerecht regieren wird. Was für eine herrliche Zeit wird dann auf der Erde anbrechen! Jetzt leben wir noch in einer Welt, wo das Böse immer mehr überhandnimmt, wo sich gemeine und tückische Menschen durchsetzen können. Aber im zukünftigen Friedensreich wird Gottes Gerechtigkeit die Oberhand haben. Die glaubenden Menschen in Israel werden aufmerksame Ohren, offene Augen und ein erneuertes Herz haben. Als Folge davon werden sie den Willen Gottes erkennen und seine Herrlichkeit deutlich bezeugen.

MITTWOCH
14. JULI

Solange noch Unrecht und Bosheit herrschen, ist der Herr für die Glaubenden ein Bergungsort, um sie zu beschützen. Wenn sie «nach Gerechtigkeit hungern und dürsten» (Matthäus 5,6), schenkt Er ihnen durch sein Wort geistliche Erfrischung.

In den Versen 9-14 werden die Sorglosen vor dem kommenden Gericht gewarnt. Anstatt sich in falscher Sicherheit zu wiegen, sollen sie sich vor Gottes Zorn fürchten und Buße tun. Leider schlagen auch heute viele Menschen die göttlichen Warnungen in den Wind. Wie schrecklich wird es für sie sein, wenn der Tag des Gerichts unerwartet über sie hereinbrechen wird! (1. Thessalonicher 5,3).

An Pfingsten kam der Heilige Geist auf die Erde, um in den Gläubigen und in der Versammlung zu wohnen (Apostelgeschichte 2,33). Zu Beginn des Tausendjährigen Reichs wird der Geist nochmals ausgegossen werden, damit der angekündigte Segen für Israel und die ganze Erde Wirklichkeit werden kann (Verse 15-18).

Das sechste und letzte Wehe gilt dem Assyrer, der in
Israel als Verwüster und Räuber aufgetreten ist und in
der Zukunft nochmals auftreten wird. Er ist zwar ein
Werkzeug in der Hand Gottes, um sein irdisches Volk zu
züchtigen. Weil er jedoch mit Bosheit und Grausamkeit
vorgeht, wird der HERR ihn dafür bestrafen.

**DONNERSTAG
15. JULI**

Der treue Überrest kommt durch
den Angriff des Assyrers in grosse Bedrängnis. Er ruft zu Gott um
Rettung und Hilfe: «O HERR, sei
uns gnädig! Auf dich harren wir.» Die göttliche Antwort
auf dieses Flehen folgt sogleich: «Vor dem Brausen deines Getümmels fliehen die Völker, vor deiner Erhebung
zerstreuen sich die Nationen.» So wird der HERR eingreifen, um den Überrest aus seiner Notlage zu befreien.

Die Verse 5 und 6 enthalten eine Ermutigung für alle,
die in den Wirren der Zeit ihr Vertrauen auf Gott setzen:
Er steht über allem, was auf der Erde geschieht, und
wird im Tausendjährigen Reich seine Pläne mit Israel
und der ersten Schöpfung erfüllen.

Ab Vers 7 beschreibt der Prophet nochmals die Not,
die durch den Assyrer über Israel kommen wird. Alle
Bemühungen, den Angriff dieses Feindes durch Bünd-
nisse abzuwehren, scheitern. Auf seinem Eroberungszug
wird er alles, was ihm begegnet, zerstören. Doch dann
kommt der Moment, wo der HERR sagen wird: Genug!
Die Zeit der Läuterung des gläubigen Überrests ist genau
bemessen. Wenn sie beendet ist, wird der HERR sein drei-
maliges «Nun» aussprechen und zur Rettung seines Volkes eingreifen. Sein Strafgericht wird den Assyrer und
seine verbündeten Völker schwer treffen.

Die «Sünder in Zion» sind die Ungläubigen in Israel, die bei der Erscheinung des Herrn Jesus erschrecken werden. Obwohl sie zu fliehen versuchen, werden sie seiner gerechten Strafe nicht entkommen. Nur solche, die gerecht leben und das Böse ablehnen, werden angesichts der göttlichen Heiligkeit bestehen können. Diese Kennzeichen tragen die Menschen, die von neuem geboren sind und in der Zukunft zum gläubigen Überrest gehören werden. Sie kommen nicht ins Gericht, sondern gehen in den Segen des Friedensreichs ein.

Welche Freude wird es für diese Erlösten sein, ihren König in seiner Schönheit zu sehen und das Aufblühen des Landes Israel zu erleben! – Als gläubige Christen bewundern wir im Glauben die Herrlichkeit des Herrn Jesus und freuen uns an den geistlichen Segnungen in den himmlischen Örtern (Hebräer 2,9; Epheser 1,3).

FREITAG
16. JULI

Die Verse 20 und 21 beschreiben die Ruhe und die Sicherheit, die während des Friedensreichs in der Stadt Jerusalem herrschen werden. In Vers 22 zählen die Gläubigen aus Israel drei Titel des HERRN auf, die ihre Erfahrung mit Ihm widerspiegeln:

a) Er ist unser *Richter*, der uns zum Recht verhelfen und unsere Rechtssache ausführen wird.

b) Er ist unser *Feldherr*, der die feindlichen Mächte bekämpfen und besiegen wird.

c) Er ist unser *König*, der gerecht und barmherzig über sein irdisches Volk regieren wird.

Die Beziehung des Überrests aus Israel zu seinem Gott wird geordnet sein, weil Er die Schuld seines irdischen Volkes vergeben wird (Vers 24; Jesaja 40,2).

Die Kapitel 34 und 35 bilden den Abschluss des ersten Teils des Buches Jesaja. Sie können mit «Gericht und Segen» überschrieben werden.

Wenn der Herr Jesus in Macht und Herrlichkeit erscheint, wird sich sein Zorn gegen die Nationen wenden. Zuerst wird Er den Römischen Herrscher und den Antichristen mit den versammelten Heeren in Harmagedon vernichten (Offenbarung 19,19-21). Darauf wird Er sich mit dem Überrest vereinigen und den Assyrer schlagen, der Jerusalem ein zweites Mal angreifen wird. Nach diesem Sieg wird sich Christus gegen die feindlichen Völker wenden, die Israel umgeben. In der Schlacht von Edom wird Er das Strafgericht über sie bringen, wie es die Verse 5-8 eindrucksvoll beschreiben.

Das Gericht über Edom lässt uns an den Untergang von Sodom und Gomorra denken, wo es Feuer und Schwefel regnete. Ab Vers 10 wird gezeigt, dass das Land Edom «für immer und ewig» verwüstet bleiben wird. Es wird als unbewohnbare und unwegsame Wüste beschrieben, in der nur die wilden Tiere eine Bleibe finden. Daraus erkennen wir, dass die Schöpfung im Tausendjährigen Reich noch nicht in einem vollkommenen Zustand sein wird. Erst auf der neuen Erde und im neuen Himmel wird es keine Erinnerung an die Folgen der Sünde mehr geben (Offenbarung 21,1-5).

Mit dem «Buch des HERRN» in Vers 16 ist das ganze prophetische Wort in der Bibel gemeint. Alles, was Gott voraussagt, wird sich erfüllen. Es ist nützlich und gut für uns, wenn wir uns mit der biblischen Prophetie beschäftigen (2. Petrus 1,19; Offenbarung 1,3).

Im Gegensatz zum Land Edom, das verödet bleibt (Kapitel 34), wird das Land Israel nach der Gerichtszeit herrlich aufblühen. Durch klimatische und biologische Umwälzungen wird Gott die unfruchtbaren Wüsten in ertragreiches Kulturland verwandeln. Die Menschen werden darin die Grösse und Herrlichkeit des HERRN erkennen.

**SONNTAG
18. JULI**

Diese Aussicht soll den Glaubenden, die in der zukünftigen Gerichtszeit schrecklich leiden werden, eine Ermutigung sein, auszuharren und am HERRN festzuhalten. Er wird die Wende zum Guten bringen. – In Hebräer 12,12 wird der 3. Vers zitiert und auf uns Christen angewandt. Auch wir erfahren den Widerstand der Welt und stehen dadurch in Gefahr, im Glaubensleben nachzulassen. Doch wir wollen nicht mutlos werden, sondern uns gegenseitig die Hände zum Guten stärken.

Die Verse 5 und 6 haben sich teilweise erfüllt, als der Herr Jesus vor ungefähr 2000 Jahren in Israel gelebt und gewirkt hat. Er hat Blinde, Gehörlose und Gelähmte gesund gemacht. Wenn Er zum zweiten Mal erscheinen wird, werden nicht nur einige, sondern alle Kranken geheilt werden.

Der «heilige Weg» in den Versen 8-10 ist der Weg in der Nachfolge des HERRN. Das wiederhergestellte Volk Israel wird auf diesem Weg vorangehen. Es wird nicht mehr von seinem Gott abweichen, sondern so leben, wie es Ihm gefällt. Dieser Weg führt nach Jerusalem, wo Gott in der Mitte seiner Erlösten gegenwärtig sein wird. Dort werden sie sich ewig am Herrn Jesus und an seinem Segen freuen.

Die vier geschichtlichen Kapitel über Hiskia, die nun folgen, illustrieren die bisherigen Prophezeiungen Jesajas über den Assyrer und den jüdischen Überrest in der Zukunft.

Der assyrische König war mit seinen Soldaten in Juda eingedrungen und hatte alle festen Städte erobert – ausser Jerusalem. Nun sandte er den Rabsake mit einem grossen Heer gegen die Hauptstadt. Bevor es zu einem Angriff kam, versuchte dieser Befehlshaber den Widerstand der Bevölkerung mit bösen und listigen Worten zu lähmen.

MONTAG
19. JULI

Der Rabsake wusste, dass es in Jerusalem einige gab, die auf die Hilfe der Ägypter hofften. Mit Spott und Verachtung machte er dieses Vertrauen auf Ägypten lächerlich. – In der Zukunft werden die ungläubigen Juden in Jerusalem tatsächlich erfahren, dass ihnen beim Angriff des Assyrers menschliche Hilfe nichts nützen wird.

Dem Rabsake war auch bekannt, dass Hiskia den Götzendienst in Juda ausgerottet hatte und nun sein Vertrauen auf den HERRN setzte. Als Heide kannte er den Unterschied zwischen dem lebendigen Gott und den nichtigen Götzen nicht. Deshalb glaubte er nicht, dass der HERR den bedrängten Bewohnern Jerusalems helfen konnte. – Der gläubige Überrest wird in der zukünftigen Drangsal sein Vertrauen auf Gott setzen und erleben, wie er aus der Hand des Assyrers errettet wird.

Wir lernen aus diesem Abschnitt, uns nicht durch menschliche Vernunftschlüsse davon abhalten zu lassen, fest auf Gott zu vertrauen. Er wird uns nie beschämen.

Die drei Abgesandten des Königs Hiskia baten den Rabsake, nicht jüdisch zu reden, damit die Bevölkerung Jerusalems durch sein überhebliches Reden nicht in ihrem Gottvertrauen verunsichert würden. Doch gerade das wollte der assyrische Befehlshaber erreichen.

DIENSTAG
20. JULI

In seinen weiteren Worten änderte er für kurze Zeit seine Taktik. Anstatt das Volk weiter einzuschüchtern, versuchte er es zu überreden und zu verführen. Zuerst säte er Misstrauen gegen Hiskia, der auf den HERRN vertraute und die Rettung von Ihm erwartete. Dann schlug der Rabsake den Bewohnern von Jerusalem vor, sich kampflos zu ergeben, um dem Elend der Belagerung zu entgehen. Die Deportation ins Ausland verharmloste er mit schönen Worten. Schliesslich verlästerte er sogar den Gott Israels. Er stellte Ihn auf die gleiche Stufe wie die heidnischen Götzen, die ihre Leute nicht vor dem mächtigen König von Assyrien zu erretten vermochten.

Wir erkennen hier, wie der Feind durch die Welt gegen die Glaubenden vorgeht. Einerseits setzt er sie unter Druck und sät Zweifel an der Macht und Hilfe Gottes. Andererseits verführt er sie, sich mit der Welt zu verbinden und so scheinbar den Problemen zu entgehen. Diese doppelte Taktik ist sehr gefährlich.

Auf die frechen und angriffigen Worte des Rabsake reagierte das Volk mit Schweigen. Dieses Verhalten ist beispielhaft für uns. Wenn unser Glaube und unser Gottvertrauen angegriffen werden, wollen wir nicht diskutieren, sondern schweigen und die Not im Gebet dem Herrn hinlegen.

Angesichts der Bedrohung durch den Assyrer beugte sich König Hiskia vor Gott und suchte die Zuflucht bei Ihm. Mit den Worten, die er dem Propheten Jesaja übermitteln liess, drückte er seine Demut und sein Vertrauen auf die Hilfe des HERRN aus. Es war Hiskia auch bewusst, dass der Rabsake den lebendigen Gott verhöhnt und sich dadurch in einen Kampf mit Ihm eingelassen hatte.

Mit einer kurzen Botschaft ermutigte der HERR den König von Juda, standhaft zu bleiben. Er selbst würde dafür sorgen, dass der Assyrer in sein Land zurückkehren und dort sein Ende finden würde.

MITTWOCH
21. JULI

Weil sich der Assyrer unerwartet gegen den König von Äthiopien zur Wehr setzen musste, konnte er den geplanten Angriff gegen Jerusalem nicht durchführen. Doch er hielt seinen Druck gegen Hiskia durch einen Brief aufrecht. Mit Drohungen versuchte er den König von Juda einzuschüchtern. Wieder brachte er mit deutlichen Worten seine Überheblichkeit und die Verachtung des lebendigen Gottes zum Ausdruck.

Hiskia nahm den Brief des Feindes und breitete ihn im Tempel vor dem HERRN aus. Genauso dürfen wir unsere Anliegen im Gebet vor Gott kundwerden lassen (Philipper 4,6). Zuerst rühmte Hiskia die Grösse und Herrlichkeit seines Gottes. Dann stellte er Ihm die Not vor und bat Ihn um Rettung aus der Hand des Königs von Assyrien.

Der letzte Vers enthält einen prophetischen Hinweis: Wenn der Herr zur Befreiung des Überrests eingreifen wird, werden die Menschen auf der Erde seine Autorität und Herrschaft anerkennen müssen.

Gott lässt ein Gebet, das vertrauensvoll an Ihn gerichtet wird, nicht unbeantwortet. So machte Er auch Hiskia durch den Propheten Jesaja eine ermutigende Mitteilung. Schon am Anfang brachte der HERR die Sache auf den Punkt: Der König von Assyrien hatte Ihm den Krieg erklärt. Nun bekam er es mit dem «Heiligen Israels» zu tun, der seine Ehre keinem anderen gibt. Damit war die Niederlage Sanheribs bereits besiegelt.

DONNERSTAG
22. JULI

Gott offenbarte in seiner Botschaft den Hochmut des assyrischen Königs. Dieser meinte, alle Siege aus eigener Kraft errungen zu haben. Doch er war nur ein Werkzeug in der Hand des HERRN, um die göttlichen Pläne mit den Völkern der Erde und besonders mit Israel auszuführen (Vers 26).

Der HERR gab dem gottesfürchtigen König Hiskia ein Zeichen, dass Er sein Volk vom Assyrer befreien würde: Das Land, das von den feindlichen Soldaten verwüstet worden war, sollte sich wieder erholen und von neuem aufblühen. Darin erkennen wir prophetische Hinweise auf die Endzeit. Nach dem Sieg über den zukünftigen Assyrer wird der Herr die Glaubenden in den Segen des Reichs einführen. Sie werden im Wort Gottes gewurzelt sein. Deshalb werden sie für Ihn Frucht bringen. – Auch wir können in unserem Leben nur Frucht für Gott tragen, wenn wir nahe beim Herrn Jesus bleiben und seinem Wort gehorchen (Johannes 15,4-8).

Der HERR versprach Hiskia, dass der Feind keinen Pfeil in die Stadt schiessen würde. Stattdessen würde die assyrische Armee vernichtet und Sanherib getötet werden. Genauso geschah es auch.

Dieses Kapitel beschreibt eine weitere Prüfung im Leben Hiskias. Er war nicht nur dem Angriff des Assyrers ausgesetzt, sondern bekam auch eine schlimme Krankheit.

FREITAG

23. JULI

Prophetisch weisen diese beiden Erprobungen auf die *äussere Bedrängnis* und auf die *innere Seelennot* des zukünftigen Überrests hin. Gerade die geistlichen Übungen im Herzen dieser Glaubenden werden dazu führen, dass sie die Schuld ihres Volkes in der Kreuzigung des Messias erkennen und bekennen. Dann wird der HERR ihnen vergeben und ihre Sünden hinter seinen Rücken werfen (Vers 17). Damit wird das Werk der Wiederherstellung im Überrest aus Israel zum Abschluss kommen.

Obwohl König Hiskia gottesfürchtig gelebt hatte, wurde er todkrank. Gott erklärte ihm durch Jesaja: «Du wirst sterben und nicht genesen.» Was tat nun Hiskia? Er betete zum HERRN und stellte Ihm seine Not vor. Es war für ihn als treuen Israeliten sehr schwer, so jung sterben zu müssen, denn Gott belohnte damals den Gehorsam mit einem langen Leben (5. Mose 5,33). Zudem hatte Hiskia wenig Kenntnis über das Jenseits. Wir wissen mehr: Wenn wir sterben, gehen wir zu Christus heim, wo es viel besser ist (Philipper 1,23).

Der HERR erhörte die Bitte Hiskias und schenkte ihm 15 weitere Lebensjahre. Zur Bekräftigung gab Er dem König ein Zeichen, das auf natürliche Weise nicht zu erklären ist: Der Schatten an der Sonnenuhr ging um zehn Stufen zurück, d. h. Gott drehte die Zeit ein wenig zurück. Er drückte damit aus, dass Er in seiner Gnade die Zeit für Hiskia verlängern wollte.

Die Aufzeichnungen Hiskias über seine inneren Übungen während seiner Krankheit gleichen einem Lied oder einem Psalm. In den Versen 10-14 spricht er über seine Not und Hilflosigkeit angesichts des bevorstehenden Todes. Die Verse 15-20 enthalten seinen Dank gegenüber Gott für das Leben, das ihm wieder geschenkt worden ist.

SAMSTAG
24. JULI

Für Hiskia hatte der Tod etwas Beängstigendes, weil ihm nur wenig über das Jenseits bekannt war. Er vergleicht seinen Körper mit einem Hirtenzelt, das abgebrochen wird. Doch er wusste nicht, dass der Gläubige durch die Auferstehung von Gott einen neuen Körper bekommen wird, der einem herrlichen Bau gleicht (2. Korinther 5,1). Es fehlte ihm auch die Sicherheit seiner Errettung, weil er das Werk des Herrn Jesus am Kreuz nicht kannte. Darum rief er: «O Herr, mir ist bange! Tritt als Bürge für mich ein!»

Hiskia war seinem Gott für die Genesung von Herzen dankbar. Diese erfahrene Gnade wirkte sich positiv auf sein Leben aus:

1) Er wollte seinen Weg vorsichtig gehen, um nicht in eine Falle des Feindes zu tappen oder sich durch Eigenwillen vom HERRN zu entfernen (Vers 15).

2) Er erkannte, dass die Krankheit und die darauf folgende Seelennot etwas Gutes bewirkt hatten (Vers 17).

3) Er betrachtete das göttliche Eingreifen zur Heilung seiner Krankheit als einen Beweis, dass Gott ihm alle seine Sünden vergeben hatte (Vers 17).

4) Er hatte den Wunsch, den HERRN im Tempel allezeit für die erfahrene Rettung zu loben (Vers 20).

Nach seiner Krankheit und seiner Genesung bekam Hiskia hohen Besuch aus Babel, der ihn mit Geschenken ehrte. Weil er sich dadurch in seiner Eitelkeit geschmeichelt fühlte, zeigte er den Gesandten von Babel seinen ganzen Reichtum. Er merkte nicht, dass er durch diesen Besuch geprüft wurde und den Test nicht bestand. Was hatte ein gottesfürchtiger König in Israel mit den Leuten aus Babel zu tun?

**SONNTAG
25. JULI**

Im Auftrag Gottes kam der Prophet Jesaja zu Hiskia und stellte ihm drei herzerforschende Fragen. Sie richten sich auch an uns im Blick auf unser Verhältnis zur Welt:

1) «Was haben diese Männer gesagt?» – Passen wir auf, dass wir nicht auf die verführerischen und schmeichelnden Worte der Welt hereinfallen!

2) «Woher sind sie gekommen?» – Die Welt, die sich ohne Gott organisiert, bleibt gottlos, auch wenn sie sich einen religiösen Mantel umwirft.

3) «Was haben sie in deinem Haus gesehen?» – Gegenüber der Welt ist immer Vorsicht geboten, denn sie will uns das wegnehmen, was uns wertvoll ist.

Die Ankündigung des Gerichts in den Versen 6 und 7 betraf die königliche Familie: Ihr Reichtum wurde nach Babel weggebracht werden und ihre Nachkommen würden dem König von Babel dienen. In Daniel 1,3 finden wir die Erfüllung dieser Vorhersage. Die allgemeine Verschleppung nach Babel war jedoch nicht die eigentliche Folge des Versagens Hiskias. Der wahre Grund dafür lag in der anhaltenden Untreue des gesamten Volkes und ihrer Führer (2. Chronika 36,11-16).

- Titus kam vermutlich durch Paulus zum Glauben an den Herrn Jesus. Das lässt sich daraus schliessen, dass der Apostel ihn «mein echtes Kind» nennt (Titus 1,4).

- Er war noch relativ jung, als der Apostel ihm einen Brief schrieb, denn er wird aufgefordert, den jüngeren Männern ein Vorbild guter Werke zu sein (Titus 2,6.7).

- Titus gehörte zu den engeren Mitarbeitern des Apostels Paulus, obwohl er in der Apostelgeschichte nicht erwähnt wird. Aber aus dem Brief, den Paulus ihm schrieb, wird dies klar ersichtlich.

- Er reiste im Auftrag des Apostels und aus eigenem Antrieb nach Korinth, um zu sehen, welche Wirkung der erste Brief auf die Christen dort hatte. Er besuchte sie auch, um sie zu Sammlungen für arme Gläubige in Judäa anzuspornen (2. Korinther 2,13; 7,5-7; 8,6.17).

- Die Stellen im zweiten Korinther-Brief beschreiben Titus als einen eifrigen Mitarbeiter im Werk des Herrn. Er hatte ein Herz für die Gläubigen und teilte mit Paulus die Sorgen im Dienst.

- Titus war ein gebürtiger Grieche und galt als Musterfall für die Glaubenden aus den Nationen, dass sie nicht beschnitten werden und das Gesetz nicht halten müssen (Galater 2,1-10).

- In seiner Art scheint Titus robuster und forscher als Timotheus gewesen zu sein (1. Timotheus 5,23; 2. Timotheus 1,6-8). Er war aber innerlich nicht so eng mit Paulus verbunden wie Timotheus (2. Timotheus 1,4).

In seiner Autorität als Apostel schrieb Paulus diesen Brief an seinen jüngeren Mitarbeiter Titus. Er nennt ihn «mein echtes Kind nach unserem gemeinschaftlichen Glauben». Ihr gelebter Glaube verband diese beiden unterschiedlichen Diener Gottes miteinander.

**MONTAG
26. JULI**

Paulus verknüpft seinen Dienst und sein Apostelamt mit vier Punkten der christlichen Wahrheit:

1) *Der Glaube der Auserwählten.* Jeder Einzelne, der an den Herrn Jesus glaubt, gehört zu denen, die Gott vor Grundlegung der Welt auserwählt hat.

2) *Die Erkenntnis der Wahrheit.* Gott hat sich in Jesus Christus völlig offenbart. Seither besitzen wir die volle Erkenntnis der Wahrheit, die wir nun täglich in die Praxis umsetzen sollen.

3) *Die Hoffnung des ewigen Lebens.* Das ewige Leben besitzen wir seit unserer Bekehrung. Doch den vollen Genuss davon werden wir erst im Vaterhaus haben.

4) *Die Offenbarung des Wortes.* In unserer christlichen Zeit sind die ewigen Gedanken Gottes offenbart und uns durch die Apostel, vor allem durch Paulus, mitgeteilt worden.

Titus sollte in den vermutlich jungen Versammlungen auf Kreta das Mangelnde durch gute Belehrung in Ordnung bringen und Älteste anstellen. Damit jemand diesen Aufseherdienst an einem Ort übernehmen konnte, musste er eine ganze Reihe moralischer Voraussetzungen erfüllen (Verse 6-9). Das ist begreiflich, denn diese gläubigen Männer waren Gottes Verwalter. Als solche mussten sie die Menschen entsprechend den Belehrungen des Wortes Gottes ermahnen und überführen.

Der Abschnitt beginnt mit «denn». Jetzt wird begründet, warum es wichtig ist, dass ein Aufseher oder Ältester das Wort Gottes wertschätzt und die biblische Lehre festhält. Es gab auf Kreta viele zügellose Schwätzer und Betrüger, die sich offensichtlich den Christen angeschlossen hatten. Sie stellten eine Gefahr für die Gläubigen dar. Diese Verführer versuchten bei allem Verkehrten, das sie lehrten, noch einen materiellen Gewinn zu machen. Wie schändlich war dies!

Der heidnische Philosoph, der die Kreter mit wenig schmeichelhaften Worten charakterisierte,

DIENSTAG
27. JULI

hatte recht. Der schlechte Charakter dieses Volkes scheint sprichwörtlich gewesen zu sein. Die Menschen, die an den Herrn Jesus glaubten, hatten immer noch die gleiche alte Natur. Deshalb bekam Titus die schwierige Aufgabe, die gläubigen Kreter vor einem Rückfall in alte Gewohnheiten zu warnen und nötigenfalls scharf zurechtzuweisen. Sie sollten nicht auf die Verführer hören, sondern im Glauben gesund sein und bleiben.

Die Aussage «Den Reinen ist alles rein» bedeutet, dass der Gläubige, der bei seiner Bekehrung gereinigt worden ist (Kapitel 2,14), durch das Äussere wie Essen und Trinken nicht verunreinigt wird. Gott hat uns alles zum Genuss gegeben (1. Timotheus 6,17). Die ungläubigen jüdischen Verführer propagierten jedoch menschliche Reinigungsvorschriften. Allerdings war sowohl ihre Gesinnung als auch ihr Gewissen befleckt. Daher war auch alles, was sie taten, von der Sünde verunreinigt. Sie gaben vor, Gott zu kennen. Aber ihr Verhalten bewies das Gegenteil.

«Du aber rede ...» Im Gegensatz zu den zügellosen Schwätzern sollte Titus das reden, was der gesunden Lehre angemessen war. Die Lehre der Bibel ist immer gesund. Nun möchte Gott, dass wir die Wahrheit auch ausgewogen weitergeben.

MITTWOCH
28. JULI

Die Ermahnung für die alten Männer unter den Gläubigen umfasst sechs Punkte. Bei drei liegt die Betonung auf «gesund». Ältere Glaubensbrüder stehen in Gefahr, nicht mehr ausgewogen zu sein.

Die älteren Glaubensschwestern sollen wie die alten Brüder geistliches Format haben. Auch sie haben Schwachstellen, die im zweiten Teil von Vers 3 erwähnt werden. Eine schöne Aufgabe dieser älteren Frauen besteht darin, den jüngeren Christinnen durch Unterweisung zu zeigen, wie ein gottesfürchtiges Leben im Alltag aussieht. Dann wird sogar die Welt erkennen, dass ihr Verhalten mit dem Wort Gottes übereinstimmt. Sie geben den Ungläubigen keinen Grund, gegen die Bibel zu reden. Beachten wir, dass es nicht Titus war, der die jungen Frauen unterweisen musste.

Für die jüngeren gläubigen Männer sollte Titus vor allem ein gutes Vorbild sein. Das gab seiner mündlichen Ermahnung das nötige Gewicht.

Zuletzt werden die gläubigen Knechte ermahnt, die damals Sklaven waren. Sie konnten durch ihren Gehorsam und ihre Treue bei der Verrichtung der Arbeit ein wirkungsvolles Zeugnis für den Herrn Jesus sein. Ihr Verhalten war ein Schmuck für die biblische Lehre. Heute können wir diese Ermahnungen auf solche anwenden, die im Berufsleben einen Chef über sich haben.

Das Wort «denn» verbindet diesen Abschnitt mit den
vorherigen Ermahnungen. Es geht um die Gnade Gottes, die in der Person des Herrn Jesus erschienen ist. Sie
ist das Fundament jeder praktischen Unterweisung und
Ermahnung. Der Sohn Gottes kam als Mensch auf die
Erde und vollbrachte am Kreuz das Erlösungswerk, um
die Gnade Gottes sichtbar zu machen. Weil sein Tod für
alle Menschen genügt, wird das
Heil seither allen angeboten.

DONNERSTAG

29. JULI

Leider lehnen die meisten die
Gnade des Erretters ab. Alle aber,
die den Herrn Jesus im Glauben annehmen, werden von
der Gnade im Blick auf ihr Leben als Erlöste unterwiesen.
Sie zeigt uns, dass wir zwischen uns und unserer *Vergangenheit* als ungläubige Menschen einen klaren Trennungs-
strich ziehen sollen. In der *Gegenwart* aber möchte Gott,
dass wir da, wo Er uns hingestellt hat, besonnen, gerecht
und gottselig leben. Mit einer herrlichen Hoffnung im
Herzen blicken wir in die *Zukunft*. Wir erwarten den Herrn
Jesus, dass Er kommt, um uns zu sich zu holen. Wir freuen
uns aber auch auf sein Erscheinen in Macht und Herrlichkeit, um hier die Herrschaft über alles anzutreten.

Der Kommende ist unser Heiland, der einst sein Leben
für uns geopfert hat. Jetzt sind wir sein Eigentum und
möchten – getrennt von der Welt und allem Bösen – zu
seiner Freude leben. Als Antwort auf seine Liebe, in der
Er uns erlöst und für sich abgesondert hat, sind wir «eif-
rig in guten Werken».

Titus hatte vom Apostel die Aufgabe und die Vollmacht bekommen, darüber zu den Gläubigen zu *reden*
und sie sowohl zu *ermahnen* als auch zu *überführen*.

Die Aufforderungen in den Versen 1 und 2 könnte man als Lebensprogramm des Christen bezeichnen. Nicht nur die Gläubigen auf Kreta mussten daran erinnert werden. Auch wir haben nötig, dass das Wort Gottes uns immer wieder auf diese Punkte aufmerksam macht. Sind wir stets «zu jedem guten Werk bereit»? Wie schnell vergessen wir, «alle Sanftmut zu erweisen gegen alle Menschen»!

FREITAG

30. JULI

In Vers 3 haben wir wieder ein «Denn». Die Begründung für ein wirklich christliches Verhalten, wie es uns die ersten beiden Verse vorstellen, liegt in unserer Vergangenheit. Als unbekehrte Menschen lebten wir ganz anders. Das Leben im Unglauben war voller Bosheit und Sünde. Doch wir durften die Güte und die Menschenliebe unseres Heiland-Gottes erfahren. Er hat uns errettet und unseren früheren Zustand verändert. Dazu konnten wir nichts beitragen. Alles verdanken wir seiner Barmherzigkeit und Gnade. Spornt uns das nicht an, jeden Tag bewusst als gläubige Christen so zu leben, wie Er es von uns erwartet?

Die «Waschung der Wiedergeburt» spricht vom göttlichen Werk einer *äusseren* Erneuerung durch das Wort Gottes. Die «Erneuerung des Heiligen Geistes» beschreibt die *innere* Seite des Werks Gottes: Wir haben eine neue Natur, ein neues Leben bekommen. Der Heilige Geist, der in uns wohnt, ist die Kraft dieses neuen Lebens. Gerechtfertigt stehen wir in einer vollkommenen Stellung vor Gott und wissen uns für Zeit und Ewigkeit von Ihm angenommen. In der Zukunft, die uns jetzt schon zugesichert ist, werden wir den vollen Genuss des ewigen Lebens haben.

Die Aussage «Das Wort ist gewiss» unterstreicht die Zuverlässigkeit und Glaubwürdigkeit von dem, was Paulus in den vorherigen Versen gesagt hat. Titus musste mit Nachdruck auf die Wahrheit hinweisen, denn sie soll im Leben der Glaubenden sichtbar werden. Wie? Durch gute Werke zur Ehre des Herrn und zum Wohl der Mitmenschen.

Der Feind sucht die Gläubigen in Diskussionen zu verwickeln. Es wird nicht gesagt, wer diese Streitgespräche auslöst. Betont wird hier einfach, wie unnütz und wertlos sie sind. Sie helfen niemand weiter, sondern sind nur zum Schaden (2. Timotheus 2,14).

SAMSTAG
31. JULI

Ein sektiererischer Mensch vertritt eine bestimmte, oft einseitige Meinung und zieht andere hinter sich her. Damit arbeitet er gegen die Einheit des Geistes, die wir bewahren sollen (Epheser 4,3). Deshalb ist es wichtig, solche Leute zurechtzuweisen und – wenn sie keine Einsicht zeigen – abzuweisen.

Weil dem Apostel das Wohl der Gläubigen auf Kreta am Herzen lag, sandte er Artemas oder Tychikus als Ersatz für Titus. – Zenas und Apollos, die Titus mit Sorgfalt für die Reise ausrüsten sollte, waren keine Abgesandten des Apostels. Sie dienten dem Herrn in persönlicher Abhängigkeit. Das gilt heute für alle Diener des Herrn, da wir keine apostolische Autorität mehr haben. – Notwendige Bedürfnisse gibt es immer wieder. Da dürfen wir durch praktische Hilfe gute Werke betreiben, die der Herr Jesus als Frucht für Ihn betrachtet. Ist das nicht eine Gnade? – Der Brief endet mit den Grüssen von allen, die bei Paulus waren, und mit der Gnade, der alle anbefohlen werden.

Die Gunst der Perserkönige hatte es den Juden im Exil ermöglicht, in ihr Land zurückzukehren. Ein Überrest aus ihnen war in mehreren Phasen nach Juda und Jerusalem gekommen. Nach und nach bauten sie den Altar und den Tempel Gottes wieder auf. Sie richteten den Gottesdienst ein und schützten das Heiligtum durch den Wiederaufbau der Stadtmauer von Jerusalem. Auch das Buch des Gesetzes Moses wurde wieder vorgelesen. Äusserlich stellten sie erneut das Volk Gottes dar. Doch mit der Zeit wurde ihr innerer Zustand immer schlechter. Ihre Herzen entfernten sich weit vom HERRN.

**SONNTAG
1. AUGUST**

Da sandte Gott einen letzten Propheten zu ihnen. Durch die Botschaft Maleachis versuchte Er zum Herzen der Juden in Jerusalem zu reden. Vers 2 beginnt mit der grossartigen Aussage Gottes: «Ich habe euch geliebt.» Doch sofort kommt eine böse Entgegnung: «Worin hast du uns geliebt?» Viele Menschen reagieren heute ähnlich, wenn ihnen Gott vorgestellt wird, der die Welt so geliebt hat, dass Er seinen eingeborenen Sohn als Mensch auf die Erde und ans Kreuz gab. Obwohl Er auf Golgatha den Beweis dafür erbracht hat, dass Er Liebe ist, fragen die Leute: Wie kann Er all das Böse zulassen?

Nun zeigt Gott anhand des Lebens von Jakob und Esau, wie Er Jakob geliebt hat, weil dieser Mann trotz all seiner Fehler und Ränke nach Gott und seinem Segen verlangte. Im Herzen Jakobs hatte der HERR einen Platz, während Esau Ihn völlig aus seinem Leben ausklammerte. Das Neue Testament nennt ihn einen Ungöttlichen. Darum hasste Gott Esau.

Ab Vers 6 richtet sich der HERR an eine besondere Gruppe aus dem Volk Israel: an die Priester. Von ihnen erwartet man, dass sie nahe bei Gott sind, Gemeinschaft mit Ihm haben und Ihm dienen. Gerade darin haben sie damals versagt, so dass Gott sie tadeln muss. Doch anstatt ihre Schuld einzusehen, fordern sie von Gott Rechenschaft für seinen Vorwurf. Weil Er ihr Herz und Gewissen erreichen möchte, antwortet Er ihnen in Gnade.

MONTAG
2. AUGUST

Der Tisch des HERRN in den Versen 7 und 12 ist der Brandopferaltar. Anstatt Tiere ohne Fehler zu opfern, brachten sie minderwertige dar, die blind, lahm und krank waren. Nicht einmal der Statthalter hätte solche angenommen. Welch eine Verachtung Gottes! Wir verstehen gut, dass Er kein Gefallen an solchen Priestern hatte und ihre Opfergaben nicht annehmen konnte (Vers 10).

Der HERR der Heerscharen lässt diese bösen Leute wissen, dass eine Zeit kommen wird, in der sein Name nicht nur in Jerusalem, sondern überall gross sein wird. An jedem Ort werden seinem Namen reine Opfergaben dargebracht werden. Was für eine wunderbare Zeit wird das sein! Welch ein Gegensatz zu damals, als die Priester es als eine Anstrengung betrachteten, Gott etwas zu bringen. Sie hielten den Opferdienst zwar äusserlich fest, aber ohne Herzensbeziehung zum HERRN.

Am Ende des Kapitels prangert Gott die Unaufrichtigkeit der Opfernden an. Gleichzeitig stellt Er sich als ein grosser König vor, der sich für die Ehre seines Namens einsetzt.

Wie kommen wir am Sonntag in die Gegenwart des Herrn, um Gott als heilige Priester anzubeten?

Wie sehr ist Gott bemüht, unser Herz zu erreichen! Das sehen wir auch hier. Er hat den Priestern ihre Verfehlungen aufgezeigt. Werden sie es zu Herzen nehmen? Wenn sie nicht hören und Gott die Ehre verweigern, wird Er Fluch statt Segen über sie bringen. Seine Worte in Vers 3 zeigen, wie schlimm das Verhalten der Priester in seinen Augen war.

DIENSTAG
3. AUGUST

Um die Priester von ihrer verkehrten Einstellung zu überführen, bringt Gott einen weiteren Punkt vor. Er erinnert an seinen Bund mit dem Stamm Levi, zu dem sie gehörten. Wir denken an das goldene Kalb in der Wüste. Wie entschieden traten damals die Söhne Levis auf die Seite des HERRN! (2. Mose 32,26). Vielleicht denkt der Heilige Geist auch an 4. Mose 25, als das Volk in den Ebenen Moabs in Hurerei und Götzendienst verfiel. Da wird uns berichtet, wie der Priester Pinehas sich mit Entschiedenheit und Eifer für die Ehre Gottes einsetzte (Verse 10-13).

Zu den Aufgaben der Priester gehörte auch die Belehrung des Volkes durch das Gesetz (5. Mose 33,10). Voraussetzung war natürlich, dass sie selbst das Wort Gottes kannten und seine Gebote beachteten. Doch der HERR muss ihnen durch den wirklichen «Boten Gottes» (= Maleachi) vorhalten: Ihr seid abgewichen. Ihr seid gar keine «Boten des HERRN». Dadurch habt ihr viele zu Fall gebracht. Wie ernst ist Gottes Urteil: «So habe auch *ich* euch beim ganzen Volk verächtlich gemacht.»

Als Christen sind wir eine heilige und eine königliche Priesterschaft (1. Petrus 2,5.9). Kommen wir als solche unserer Verantwortung nach?

Mit den Fragen in Vers 10 erinnert der Prophet die Juden und uns daran, dass wir Geschöpfe Gottes sind. Verhalten wir uns auch so, wie der Schöpfer es von uns erwarten kann?

MITTWOCH
4. AUGUST

Gott muss den Menschen in Juda Treulosigkeit vorwerfen (Verse 10.11.14.15.16). Aber nicht das Volk hatte sich mit der Tochter eines fremden Gottes vermählt, sondern die einzelnen Menschen haben heidnische Frauen geheiratet. Das führte zu dieser traurigen Situation und war eine Beleidigung des wahren Gottes, der sein Volk immer noch liebte!

Aus dem Zusammenhang der Verse kann man den Schluss ziehen, dass viele Juden sich von ihren israelitischen Frauen scheiden liessen, um heidnische Frauen zu heiraten. Diese Sünden wiegen sehr schwer in Gottes Augen. Er kann die Opfergaben dieser treulosen Leute nicht mehr annehmen. Dennoch fragen sie trotzig: «Warum nicht?» In seiner Langmut gibt Gott ihnen auch darauf eine Antwort. Er hat alles gesehen, was zwischen den Eheleuten passiert ist. Mit Nachdruck macht Er jedoch klar, dass Er es hasst, wenn eine Ehe geschieden wird (siehe auch Matthäus 5,32; 19,6).

Die bösen Menschen haben damals Gottes Geduld erschöpft. Sie haben Ihn mit ihren leeren Worten ermüdet. Sie meinten, sie seien ja das Volk Gottes. Darum komme es nicht darauf an, wie sie sich verhielten. Arrogant fragten sie: «Wo ist der Gott des Gerichts?» Wohl ist Gott langmütig und ein Gott der Liebe. Aber Er ist auch heilig und wird zu seiner Zeit ein gerechtes Gericht ausüben.

Der erste Satz dieses Kapitels weist prophetisch auf
Johannes den Täufer hin. Er war der Vorläufer des Messias (Markus 1,2). Aber dann spricht der Prophet nicht
vom Kommen des Herrn Jesus in Gnade, wie es uns die
Evangelien berichten, sondern von seinem Erscheinen
in Herrlichkeit. Von dieser heute

DONNERSTAG
5. AUGUST

noch zukünftigen Zeit lesen wir
beispielsweise in Matthäus 24.

Vers 2 ist die Antwort auf die
freche Frage: «Wo ist der Gott des Gerichts?» Der HERR
wird kommen, und zwar um die Ungläubigen zu bestrafen und die Gläubigen für das Reich zu läutern. Wie ein
Silberschmied wird Er sein Volk ins Feuer des Gerichts
bringen. Er spricht hier ausdrücklich vom Stamm Levi, zu
dem die Priester gehörten. Diese zukünftige Läuterung
durch Gott wird für das Volk Israel sehr schmerzhaft sein.
Doch aus dieser Drangsalszeit wird ein treuer Überrest
hervorgehen, der dem HERRN Opfergaben darbringen
wird, die Er annehmen kann.

In Vers 5 zeigt Gott auf, dass das Versagen der Priester und die Ehen mit heidnischen Frauen längst nicht
alles Böse war, das im Volk Gottes vorkam. Es gab auch
Zauberer, Ehebrecher und falsch Schwörende. Zudem
wurden die Schwachen in der Gesellschaft unterdrückt.
Vor allem fehlte die Gottesfurcht.

Gott droht und warnt. Doch Er erklärt auch, dass Er
nicht den Tod des Sünders will, sondern dass dieser sich
bekehren und leben soll. In Vers 6 sagt der ewige Gott
den Gläubigen seine Bewahrung zu. Den Überrest wird
Er *durch* die Drangsal bringen, die Erlösten der Gnadenzeit jedoch *vor* der Drangsal bewahren.

Gottes Urteil über das Volk Israel ist sehr schwer. Von Anfang an sind die Israeliten von den Satzungen des HERRN abgewichen. Nachdem Er das Volk aus Ägypten befreit hatte, forderte Er die Menschen zum Gehorsam auf und versprach ihnen seinen Segen (2. Mose 15,26). Doch sie lehnten sich gegen Ihn auf und machten ein goldenes Kalb. Trotzdem gab Er sie nicht auf, sondern rief sie in Gnade zur Umkehr auf – wie auch hier.

**FREITAG
6. AUGUST**

Gleichen wir Menschen nicht dem Volk Israel? Gott, unser Schöpfer, sagt etwas, und wir tun es nicht. Der Mensch von Natur will nicht das, was Gott will. Dennoch ruft uns der Heiland bis heute zu: «Tut Buße und glaubt an das Evangelium!»

Israel antwortete: «Worin sollen wir umkehren?» – Sind wir Christen manchmal nicht ebenso von uns selbst überzeugt, wenn Gott unser Versagen anspricht?

Der HERR verlangte von den Menschen aus Israel den Zehnten. Doch sie behielten ihn für sich und beraubten Gott, so dass Er den Fluch über sie bringen musste. Wenn sie Ihm das geben würden, was Ihm zustand, war Er bereit, aufs Neue zu segnen. – Wie steht es da mit uns Christen? Der Herr möchte unsere Zuneigungen, unser Herz haben. Manchmal denken wir jedoch nur an uns und vernachlässigen Ihn!

Die Juden haben dem HERRN auch keine Hebopfer gebracht. – Und wir? Sind wir sonntags nicht schon gleichgültig beim Brotbrechen gewesen? Wir waren da, aber wir haben Gott, dem Vater, nicht die Anbetung gebracht, die Er erwartete. Wir haben Ihn «beraubt», weil unser Herz nicht von Christus erfüllt war.

Auf die Ermahnungen des HERRN durch den Propheten haben die Menschen stets mit rebellischen Fragen
geantwortet. Sogar jetzt, wo Er sie auf ihre trotzigen
Worte anspricht, bleiben sie die Antwort nicht schuldig.
Frech fragen sie: «Was haben wir miteinander gegen
dich beredet?» In seiner Langmut gibt ihnen Gott nochmals eine Antwort. Seine Worte zeigen, wie gut Er unser
Herz kennt.

SAMSTAG
7. AUGUST

Sie dachten bei sich: Was *bringt
es mir*, wenn ich dem HERRN nachfolge und Ihm diene? Was *nützt
es mir*, wenn ich Buße tue? Von einer ähnlichen Einstellung lesen wir auch in 1. Timotheus 6,5. Dort ist von
bösen, egoistischen Menschen die Rede, «die meinen,
die Gottseligkeit sei ein Mittel zum Gewinn». Welch ein
verwerflicher Gedanke!

Die zunehmende Treulosigkeit in Juda veranlasste die
Treuen, sich miteinander zu besprechen, um sich gegen-
seitig die Hände zum Guten zu stärken. Sie versuchten in
dieser schwierigen Situation, einen Gott wohlgefälligen
Weg zu gehen. Weil sie Ehrfurcht vor dem lebendigen
Gott hatten, wollten sie nichts tun, was Ihm missfällt.

Von ihnen nimmt der HERR besonders Kenntnis. Das
Gedenkbuch zeigt, wie wichtig das gottesfürchtige Verhalten dieses Überrests für Ihn ist. Diese Treuen sind
dem Herzen Gottes ein besonderer Schatz. Er verschont
sie, wenn «an dem Tag», d. h. am Tag des HERRN, das
Gericht über die Gottlosen kommt. Ja, wenn der Herr
an jenem Tag erscheinen wird, werden alle sehen, wie
Er einen Unterschied zwischen dem Gerechten und dem
Gottlosen macht (Matthäus 25,31-46).

Der kommende Tag ist der «Tag des Herrn». Dann wird der Herr Jesus in Macht und Herrlichkeit erscheinen und an allen Übermütigen und Gottlosen ein schonungsloses Gericht ausüben. Für den gottesfürchtigen Überrest aus dem Volk Israel aber wird Er als die Sonne der Gerechtigkeit aufgehen. Diese Treuen werden dann mit Ihm in den Segen des Tausendjährigen Reichs eingehen.

Wir Christen erwarten nicht den Tag des Herrn, sondern sein Kommen zur Entrückung. Für uns ist der Herr Jesus der glänzende Morgenstern. Wenn Er kommt, holt Er uns zu sich und bringt uns in das ewige Haus des Vaters, wo wir für immer daheim sein werden.

SONNTAG
8. AUGUST

Für die Zeit vor dem Kommen des Herrn lenkt der Geist Gottes am Schluss des Buches unsere Blicke sowohl zurück als auch nach vorn. Das Gesetz ist das Wort von Gott, das Er seinem Volk am Anfang seiner nationalen Geschichte gegeben hat. Bei der Erwähnung von Elia geht es um eine Persönlichkeit, die in der Kraft und nach den Grundsätzen des historischen Propheten Elia auftreten und das Volk auf das Kommen des HERRN vorbereiten wird.

Unser gegenwärtiges Leben als Christen orientiert sich ebenfalls an diesen zwei Seiten: am Wort Gottes, das Er niederschreiben liess, und am Kommen des Herrn zur Entrückung. Während wir Ihn erwarten, wollen wir uns in allen Belangen an die Bibel halten und dem Wort Gottes gehorchen.

Das Alte Testament schliesst mit der Erwähnung des Gerichts, während das Neue Testament mit einem Wort der Gnade endet (Offenbarung 22,21).

Diese beiden Epochen der Wege Gottes mit den Menschen werden in einem Satz klar voneinander unterschieden: «Das Gesetz wurde durch Mose gegeben; die Gnade und die Wahrheit ist durch Jesus Christus geworden» (Johannes 1,17).

Als die Israeliten in der Wüste Sinai erklärten: «Alles, was der HERR geredet hat, wollen wir tun!», gab Gott ihnen das Gesetz. Es drückte aus, was der Mensch tun musste, um den Ansprüchen des heiligen Gottes zu genügen. Das Befolgen dieser Gebote stellte Segen, Leben und Rechtfertigung vor Gott in Aussicht. So wurde der Mensch erprobt, ob es ihm möglich wäre, aufgrund eigener Gerechtigkeit vor Gott zu bestehen. Aber die Geschichte Israels macht klar, dass keiner das Gesetz halten konnte.

Als dieser Beweis tausendfach erbracht war, sandte Gott seinen Sohn auf die Erde, um seine Gnade völlig zu offenbaren. Weil Jesus Christus am Kreuz das Werk der Erlösung vollbracht hat, können Menschen aufgrund der Gnade und durch den Glauben an den Erlöser vor Gott gerecht werden. Folglich gilt jetzt für alle Gläubigen: «Ihr seid nicht unter Gesetz, sondern unter Gnade» (Römer 6,14).

Diese klare Unterscheidung von Gesetz und Gnade griff der Feind schon am Anfang der christlichen Zeit an. Darum musste der Apostel Paulus im Galater-Brief das Evangelium der freien Gnade Gottes verteidigen. Trotz dieser Belehrung haben sich später gesetzliche und jüdische Elemente in das Christentum eingeschlichen, so dass der Galater-Brief auch für uns heute von grossem Nutzen ist.

Im Galater-Brief verteidigt der Apostel das Fundament des christlichen Glaubens: Der Mensch wird nicht aus Gesetzeswerken, sondern nur durch den Glauben an Jesus Christus gerechtfertigt (Kapitel 2,16). Aus diesem Grund besteht Paulus am Anfang darauf, dass sein Apostelamt weder einen menschlichen Ursprung hat noch durch Menschen übermittelt worden ist. Er hat seine apostolische Autorität vom auferstandenen Christus erhalten.

Der Apostel verbindet sich mit allen Brüdern, die bei ihm waren. Damit zeigt er, dass die Versammlungen in Galatien eine Wahrheit aufgeben wollten, die zum gemeinsamen Glaubensgut der Erlösten gehörte.

MONTAG
9. AUGUST

Wenn der Feind das Evangelium angreift, brauchen wir *Gnade*, um standhaft an der Wahrheit festzuhalten, und *Frieden*, damit das Herz in diesen Anfechtungen wieder zur Ruhe kommt.

In den Versen 4 und 5 gibt der Apostel eine kurze Zusammenfassung des Evangeliums Gottes:

- Jesus Christus hat sich selbst für unsere Sünden hingegeben. Das war der Preis zu unserer Errettung. Nur durch seinen Tod konnte unsere Schuld getilgt werden.
- Durch den Glauben an das Erlösungswerk des Herrn Jesus wurden wir stellungsmässig aus der gottlosen Welt herausgenommen. Wir gehören nicht mehr zu ihr.
- Sowohl das Werk am Kreuz als auch unsere Errettung bei der Bekehrung entsprachen dem Willen Gottes. Auf diesem Weg wollte Er Menschen mit sich versöhnen.
- Wenn das Evangelium der Gnade Menschen zur Errettung führt, wird Gott geehrt und verherrlicht.

Die Galater hatten ihre Einstellung schnell und grundlegend geändert. Als der Apostel auf seiner Missionsreise zu ihnen gekommen war, hatten sie ihn aufgenommen und an das Evangelium der Gnade geglaubt. Doch jetzt wandten sie sich denen zu, die ihnen weismachen wollten, dass das Halten des

DIENSTAG
10. AUGUST

Gesetzes für die Errettung nötig sei. Damit zweifelten sie die göttliche Autorität des Wortes Gottes an und gaben das reine Evangelium auf. – Müssen nicht auch wir mitansehen, dass viele Menschen in der Christenheit die Bibel als Gottes Wort und den Glauben an Jesus Christus als einziges Mittel zur Erlösung infrage stellen?

Um den Ernst der Situation aufzuzeigen, spricht Paulus einen Fluch über solche aus, die etwas als Evangelium verkünden, das im Widerspruch zum Wort Gottes steht. Eine Verfälschung oder eine Verdrehung der Botschaft vom Kreuz und dem Glauben an den Erlöser greift das Fundament der Errettung an. Darum gebraucht der Apostel hier so schwerwiegende Worte.

Die Verse 10-12 zeigen, dass im Evangelium nicht der Mensch, sondern Gott im Zentrum steht:

- Weil das Evangelium die göttliche Wahrheit ist, kann der Apostel keine Kompromisse mit dem Irrtum eingehen, um bei den Menschen besser dazustehen.
- Das Evangelium erhebt den Menschen nicht. Es zeigt ihm vielmehr, dass er verloren ist und deshalb Gottes Gnade nötig hat. Das ist demütigend.
- Das Evangelium hat keinen menschlichen Ursprung, sondern kommt aus dem Herzen Gottes und wurde dem Apostel durch Offenbarung mitgeteilt.

Der Apostel erzählt hier seine Geschichte, um deutlich zu machen, dass Gott ihn mit der Verkündigung des Evangeliums beauftragt hat.

Er beginnt mit seinem Leben vor der Bekehrung. Damals setzte er sich mit blindem Eifer für den jüdischen Glauben ein und verfolgte deshalb die gläubigen Christen. Doch dann kam der Moment, an dem Gott ihm in der Nähe von Damaskus in den Weg trat und ihm seinen Sohn offenbarte. So kam Paulus zum Glauben an den Herrn Jesus und lernte diese herrliche Person kennen. Gleichzeitig erhielt er den Auftrag, seinen Erlöser unter den Nationen zu verkünden. Die Berufung zu diesem Dienst ging nicht von Menschen aus, sondern kam von Gott.

MITTWOCH
11. AUGUST

Der Weg vom Ruf Gottes bis zum Beginn des Dienstes war nicht von menschlichen Überlegungen geprägt und wurde nicht von Menschen bestimmt. Paulus ging von Damaskus nach Arabien, um dort in der Stille von Gott für seine Aufgabe zubereitet zu werden. Sein kurzer Besuch in Jerusalem, der drei Jahre später stattfand, hatte nicht zum Zweck, Paulus ins Apostelamt einzusetzen oder zur Verkündigung des Evangeliums auszusenden. Er lernte dort einfach Petrus und Jakobus, den Bruder des Herrn, kennen.

Als die Versammlungen von Judäa hörten, wie Paulus in Syrien und Zilizien das Wort vom Kreuz verkündete, verherrlichten sie Gott. Sie merkten, dass der Herr ihn ausgesandt hatte, und anerkannten ihn als Diener des Evangeliums. Er hatte also eine gute Beziehung zu den anderen Aposteln, war aber nicht von ihnen abhängig.

Paulus berichtet nun von seiner Reise nach Jerusalem, die in Apostelgeschichte 15 beschrieben wird. Der Anlass dafür waren jüdische Menschen, die sich unter den gläubigen Christen in Antiochien aufhielten und ihnen einredeten, sie könnten nur errettet werden, wenn sie das Gesetz hielten. Genau das war auch das Problem in den Versammlungen von Galatien.

DONNERSTAG
12. AUGUST

Die Frage, ob das Gesetz einen Platz in der Errettung von Menschen und im Leben der Christen hat, musste in Jerusalem geklärt werden. Von dort waren die falschen Lehrer ausgegangen und dort befanden sich die anderen Apostel. Paulus legte ihnen das Evangelium der freien Gnade vor, das er unter den Nationen verkündete. Weil er damit die Wahrheit Gottes ins Licht stellte, deckte er den Irrtum auf. Auch heute liegt der beste Schutz vor falschen Lehren darin, dass wir die biblische Wahrheit kennen und festhalten.

Die Brüder, die in der Versammlung von Jerusalem durch ihr gutes Verhalten ein starkes Gewicht besassen, konnten dem Apostel Paulus keine weitere Wahrheit oder Erkenntnis mitteilen. Sie bestätigten jedoch, dass der Mensch nicht aus Gesetzeswerken, sondern nur durch den Glauben an den Herrn Jesus errettet werden kann. Ausserdem machten sie sich mit dem Apostel Paulus eins, der den göttlichen Auftrag hatte, unter den Nationen das Evangelium zu verkünden.

So nimmt Paulus in der Verteidigung des reinen Evangeliums auf eine wichtige Besprechung in Jerusalem Bezug, die klar bezeugte, dass der Mensch nicht durch das Halten des Gesetzes erlöst werden kann.

Als Petrus nach Antiochien kam, pflegte er zunächst mit den Gläubigen aus den Nationen Gemeinschaft. Aber dann zog er sich von ihnen zurück, weil er sein Ansehen bei den jüdischen Christen nicht verlieren wollte. Darin handelte er im Widerspruch zum Evangelium, das keinen Unterschied zwischen Menschen aus den Juden und Menschen aus den Nationen macht. Sein Verhalten warf ein falsches Licht auf die Wahrheit und zog auch andere auf diesen heuchlerischen Weg. Darum musste ihm Paulus öffentlich widerstehen.

Wenn es auch bezüglich ihrer Herkunft einen Unterschied zwischen Juden und Nichtjuden gibt,

FREITAG
13. AUGUST

so ist doch der Weg zur Errettung für beide gleich. Keinem ist es möglich, durch das Gesetz vor dem heiligen Gott zu bestehen. Niemand kann seine Anforderungen erfüllen. Nur durch den Glauben an Jesus Christus, der am Kreuz für uns gelitten hat und gestorben ist, können wir mit Gott ins Reine kommen. Wer jedoch dem Gesetz wieder eine Bedeutung gibt und nach gesetzlichen Geboten lebt, baut von neuem auf, was er bei seiner Bekehrung durch den Glauben an den Erlöser abgebrochen hat.

Als Erlöste haben wir keine Beziehung zum Gesetz, weil wir mit Christus gestorben sind. Das neue Leben nach der Bekehrung wird nicht durch die Gebote vom Sinai bestimmt, sondern durch die Liebe des Sohnes Gottes, der sich für uns hingegeben hat. Weil Er uns so sehr geliebt hat, haben wir nun den Wunsch, zu seiner Freude zu leben. Das ist aber nur in dem Mass möglich, wie wir im Glauben auf Christus blicken und das neue Leben in uns zur Entfaltung kommt.

Durch die Rückkehr zum Gesetz wird das Erlösungswerk des Herrn Jesus infrage gestellt und die Herrlichkeit des Sohnes Gottes herabgesetzt. So zu denken und zu handeln ist für Christen derart unnatürlich, dass es dem Apostel schien, als wären die Galater bezaubert worden (Vers 1).

SAMSTAG
14. AUGUST

Wer zum Gesetz zurückkehrt, übergeht auch die Gegenwart des Heiligen Geistes und gibt der alten Natur wieder Raum zur Entfaltung. Mit einigen Fragen geht Paulus in den Versen 2-5 auf dieses Thema ein.

- Der Mensch bekommt den Heiligen Geist nicht aus Gesetzeswerken, sondern durch den Glauben an das Wort Gottes (Epheser 1,13).
- Nur in der Kraft des Geistes kann der Erlöste einen Lebenswandel zur Ehre Gottes führen. Wenn er sich unter Gesetz stellt, wird das sündige Fleisch aktiv.
- Der Glaubensweg unter der Führung des Geistes ruft den Widerstand der religiösen Welt hervor. Wer einen gesetzlichen Weg einschlägt, weicht diesen Leiden aus.
- Die Wunder, die Gott am Anfang des Christentums gewirkt hat, waren nicht das Ergebnis davon, dass die Gläubigen das Gesetz hielten, sondern an Gott glaubten.

Ab Vers 6 zeigt der Apostel am Beispiel von Abraham, dass die Menschen den Segen und die Rechtfertigung Gottes nur durch den Glauben an sein Wort bekommen können. Der Patriarch bekam die Verheissung: «In dir werden gesegnet werden alle Nationen» (Vers 8). Sie erfüllt sich schon in der Zeit der Gnade, wenn Menschen wie Abraham dem Wort Gottes glauben. Dann schenkt Er ihnen den ganzen christlichen Segen.

Die Geschichte Abrahams lehrt uns, dass der Mensch auf dem Grundsatz des Glaubens den *göttlichen Segen* bekommt (Verse 6-9). Die Geschichte des Volkes Israel legt das Gegenstück dar: Wer auf dem Grundsatz der Gesetzeswerke lebt, steht unter dem *göttlichen Fluch* (Vers 10). Warum ist das so, wenn Gott auch im Gesetz einen Segen in Aussicht stellt? Weil der Mensch die Gebote vom Sinai nicht halten kann. Das Gesetz verlangt von ihm Gehorsam, gibt ihm jedoch weder die Fähigkeit noch die Kraft, den Anforderungen Gottes zu entsprechen.

Darum hat Gott schon zur Zeit des Alten Testaments den Weg des Glaubens angedeutet: «Der Gerechte aber wird durch seinen Glauben leben» (Hab 2,4). Wir staunen, wie Abraham, Mose und der Prophet Habakuk übereinstimmend bezeugen, dass der Mensch nicht durch Gesetzeswerke, sondern nur durch

SONNTAG
15. AUGUST

den Glauben gerechtfertigt werden kann. Diese beiden Grundsätze sind nicht miteinander vereinbar (Röm 4,4.5).

Wie begegnete Gott nun dem Problem, dass die Menschen aus dem Volk Israel unter dem Fluch eines gebrochenen Gesetzes standen? Er sandte ihnen Christus, der am Kreuz starb, um alle, die an Ihn glauben, vom Fluch loszukaufen. Durch seinen Tod nahm der Herr Jesus für sie die Strafe auf sich, die das Gesetz von jedem forderte, der es übertrat.

Sein Werk am Kreuz kommt auch den Glaubenden aus den Nationen zugut. Weil der Heiland für sie starb, bekommen sie den Segen der Rechtfertigung. So empfangen Menschen aus Israel und aus den Nationen durch den Glauben den Heiligen Geist. Welche Gnade!

Gott ging mit Abraham einen Bund ein und gab ihm bedingungslose Verheissungen, die niemand antasten kann. Er versprach ihm: «In deinem Nachkommen werden sich segnen alle Nationen der Erde» (1. Mose 22,18). Dieser Nachkomme ist Christus, der im Tausendjährigen Reich zum Segen aller Völker sein wird. Doch diese Verheissung erfüllt sich bereits auf eine geistliche Weise in der Zeit der Gnade: Ungeachtet ihrer Herkunft werden Menschen, die an den Herrn Jesus glauben, von Gott gesegnet.

MONTAG
16. AUGUST

Das Gesetz, das 430 Jahre später eingeführt wurde, konnte den göttlichen Bund mit Abraham nicht aufheben und die Verheissung des Segens nicht beseitigen. Das war unmöglich, denn Gott kann sein Wort nicht rückgängig machen. Wenn wir erkennen, dass der Segen durch die souveräne Gnade Gottes sichergestellt ist, fragen wir uns: Wozu diente dann das Gesetz?

Die Antwort darauf gibt der Apostel in den Versen 19-22: Das Gesetz wurde hinzugefügt, um dem Menschen zu beweisen, dass er ein verlorener Sünder ist und vor dem heiligen Gott nicht zu bestehen vermag. Das Gesetz steht für die Gerechtigkeit ein und macht Folgendes klar: Der Mensch besitzt keine Gerechtigkeit, die vor Gott genügt. Deshalb muss er sterben, wenn es nicht einen anderen Weg gibt, um vor Gott gerechtfertigt zu werden. So ist das Gesetz nicht gegen die Verheissung. Im Gegenteil! Es weist eindeutig nach, dass der Mensch auf die Gnade Gottes angewiesen ist und nur durch den Glauben an Jesus Christus errettet werden kann.

In den Versen 23-25 spricht der Apostel über die Situation der Menschen aus dem Volk Israel. Bevor der Herr Jesus als Erlöser kam, glichen sie unmündigen Kindern, die das Gesetz als Erzieher hatten. Es hielt sie unter strenger Ordnung und sonderte sie von den anderen Völkern ab. Der aufrichtige Israelit musste dabei zur Erkenntnis kommen, dass es auf diesem Weg keine Gerechtigkeit vor Gott geben konnte. So gab es für ihn persönlich die Möglichkeit, durch Glauben gerechtfertigt zu werden. Aber erst als Christus kam, wurde der Glaube als einziger Weg zur ewigen Errettung völlig offenbart.

DIENSTAG
17. AUGUST

Ab Vers 26 spricht Paulus über die gläubigen Galater. Was er ihnen sagt, gilt auch uns. Durch den Glauben an den Herrn Jesus sind wir Söhne Gottes, die nicht unter den Forderungen des Gesetzes stehen, sondern ein Anrecht auf den christlichen Segen haben und für den Himmel errettet sind. Durch die Taufe haben wir einen äusseren Stellungswechsel vollzogen. Wir bekennen uns nun zum Herrn Jesus und möchten durch unser Verhalten den Menschen etwas von Ihm zeigen. Das hat mit unserem Leben auf der Erde zu tun.

Im christlichen Bekenntnis stehen alle Gläubigen in der gleichen Stellung vor Gott und sind aufs Engste miteinander verbunden. Die kulturellen, sozialen und natürlichen Unterschiede spielen im himmlischen Volk Gottes keine Rolle mehr, obwohl sie im täglichen Leben auf der Erde noch von Bedeutung sind. Weil sie alle Christus angehören, sind sie Nachkommen Abrahams und Erben der Verheissung.

Der Apostel stellt jetzt die Stellung der gläubigen Christen, die in der Freiheit der Gnade leben, dem Zustand der gottesfürchtigen Israeliten gegenüber, die unter dem Gesetz standen. Letztere gleichen einem Kind, das ein grosses Erbe antreten wird. Solange es unmündig ist, steht es unter der Aufsicht von Vormündern und Verwaltern, denen es gehorchen muss. In dieser Hinsicht unterscheidet es sich nicht von einem Knecht. So ging es den Menschen, die unter der Herrschaft des Gesetzes standen. Sie waren unter die «Elemente der Welt» geknechtet. Das ist eine Bezeichnung der Gebote vom Sinai, die sich an den natürlichen Menschen richteten.

MITTWOCH
18. AUGUST

Als in der «Fülle der Zeit» völlig erwiesen war, dass der Mensch ein Sünder ist und das Gesetz nicht halten kann, änderte sich alles. In seiner Gnade sandte Gott seinen Sohn auf die Erde. Jesus Christus wurde als Jude geboren und erfüllte alle Gebote Gottes. Doch Er tat noch mehr. Er gab sein Leben, um alle aus dem Volk Israel, die an Ihn glauben, vom Gesetz loszukaufen. Sie sind nun Söhne Gottes, die durch den Heiligen Geist ihre Beziehung zu Gott, dem Vater, geniessen.

Wenn die Vorrechte gläubiger Christen so gross sind, warum wollten dann die Galater in die Sklaverei des Gesetzes zurückkehren? Vor ihrer Bekehrung hatten sie keine Beziehung zu Gott und dienten den Götzen. Durch die Gnade wurden sie frei und lernten Gott als ihren Vater kennen. Wie töricht war es nun von ihnen, sich wieder äusseren religiösen Handlungen zu unterwerfen, die auch ein Ungläubiger ausführen kann.

Nachdem der Apostel die Galater auf ihre Torheit angesprochen hat, appelliert er nun an ihre Liebe. In Vers 12 bittet er sie inständig, so zu leben wie er – nämlich frei vom Gesetz. Obwohl er einst als gebürtiger Jude unter diesem Joch gestanden hatte, war er jetzt wie sie frei davon.

Ab Vers 13 erinnert er die Galater an die Zeit, als er ihnen das

DONNERSTAG
19. AUGUST

Evangelium verkündet hatte. Damals hatten sie ihn wie einen Engel aufgenommen und ihn wegen seiner körperlichen Schwäche nicht verachtet. Zu diesem Zeitpunkt waren sie auch glücklich gewesen, weil sie den Herrn Jesus als Erlöser angenommen und die Wahrheit der Rechtfertigung aus Gnade festgehalten hatten.

Doch von ihrer Freude und ihrem Glück als Christen blieb nicht mehr viel übrig. Warum? Weil sie ihr Ohr den falschen Lehrern liehen und sich dem Gesetz zuwandten. Wir lernen hier, dass eine gesetzliche Einstellung zu einem freudlosen Christenleben führt.

Die Irrlehrer, die so auf das Halten des Gesetzes pochten, setzten den Apostel vor den Gläubigen in Galatien herab, um sich selbst mehr Bedeutung zu verschaffen. So verdorben war ihre Einstellung! Paulus hingegen offenbarte eine ganz andere Gesinnung. Es ging ihm nur um die Ehre des Herrn und das Wohl der Erlösten. Darum lag es ihm am Herzen, den Galatern Christus vorzustellen, damit die herrliche Person des Erlösers wieder vor ihren Glaubensblicken stand.

Dem Apostel war es wichtig, die Herzen der Galater zu erreichen. Aber er wusste nicht, ob er dafür die rechten Worte und den richtigen Ton gefunden hatte.

Der Apostel benutzt einige Fakten aus der Geschichte Abrahams, um durch einen Vergleich den Unterschied zwischen der Knechtschaft unter Gesetz und der Freiheit unter der Gnade aufzuzeigen.

FREITAG
20. AUGUST

Abraham hatte von seiner Magd Hagar einen Sohn, der «nach dem Fleisch» geboren worden war. Genauso war das Gesetz vom Berg Sinai eine Folge des fleischlichen Wunsches der Israeliten: «Alles, was der HERR geredet hat, wollen wir tun!» (2. Mose 19,8). Das Gesetz fordert vom natürlichen Menschen Gehorsam und stellt ihm Segen in Aussicht. Aber es bringt den Menschen in Knechtschaft, weil er die Gebote nicht halten kann. So wie Ismael kein Anrecht auf das Erbe Abrahams hatte, erlangt auf dem Grundsatz des Gesetzes keiner den göttlichen Segen. Gott kann den Menschen so, wie er ist, und nach dem, was er getan hat, nicht annehmen.

Isaak war von der freien Sara «nach dem Geist» geboren worden. Seine Geburt war die Erfüllung des göttlichen Plans, den Er entsprechend der Verheissung in seiner Allmacht ausführte. Die Gläubigen in der christlichen Zeit gleichen Isaak. Sie haben erkannt, dass sie den Erlöser Jesus Christus nötig haben und sind im Glauben zu Ihm gekommen. Durch Ihn sind sie in eine vollkommene Stellung vor Gott gebracht worden. Sie sind nun Kinder der Verheissung und leben in der Freiheit der Gnade.

Wie Ismael Isaak verspottete und verfolgte (1. Mose 21,9), so hassen die religiösen Menschen, die auf dem Grundsatz des Gesetzes leben, die Erlösten, die sich auf die Gnade stützen.

Bei der Bekehrung hat uns Jesus Christus frei gemacht, damit wir in der christlichen Freiheit leben. Darin gilt es nun im Glauben festzustehen, um nicht wieder unter ein Joch der Knechtschaft zu kommen. Wie verkehrt ist es also, wenn wir uns Gebote und Verbote auferlegen, anstatt aus Liebe für den Herrn Jesus zu leben und mithilfe seiner Gnade Gott zu gefallen.

SAMSTAG
21. AUGUST

Wer sich in der Zeit der Gnade beschneiden lässt, um sich dem Gesetz zuzuwenden, leugnet die Tatsache, dass das Erlösungswerk des Herrn Jesus zur Errettung genügt. Der gestorbene und auferstandene Christus nützt einem solchen Menschen nichts.

Ausserdem gibt Paulus zu bedenken, dass die Beschneidung verpflichtet, das ganze Gesetz zu halten. Nur so könnte man den Segen erlangen, den das Gesetz in Aussicht stellt. Doch dazu ist kein Mensch in der Lage. Wie ernst ist es, wenn jemand durch das Halten der Gebote vor Gott gerechtfertigt werden will! Er gibt die Gnade auf, die allein Menschen retten kann.

Ganz anders sieht es für solche aus, die den Herrn Jesus als persönlichen Erlöser angenommen haben. In Ihm besitzen sie eine vollkommene Stellung vor Gott, die durch «Glauben», «Hoffnung» und «Liebe» gekennzeichnet ist (Verse 5.6). Aus *Glauben* sind sie gerecht gesprochen worden (Römer 5,1). Aufgrund dieser stellungsmässigen Gerechtigkeit erwarten sie als *Hoffnung* die Herrlichkeit im Himmel, die der Geist Gottes in ihren Herzen lebendig erhält. Auf dem Weg zum Ziel wirkt die *Liebe* in ihnen: Sie möchten dem Herrn Jesus gehorchen und den Mitchristen behilflich sein.

Die Galater hatten auf falsche Lehrer gehört, die sie vom richtigen Ziel abgelenkt hatten, so dass sie sich im Glaubenslauf aufhalten liessen. Wie gefährlich es für sie war, auf fremde Lehren zu achten, machte Paulus ihnen durch die Wirkung des Sauerteigs deutlich. Die böse Lehre der Rechtfertigung aus Gesetzeswerken durchdrang ihren ganzen Glauben. Sowohl ihre Stellung als auch ihre Praxis war davon betroffen.

SONNTAG
22. AUGUST

Der Apostel vertraute dem Herrn, dass Er die verführten Galater wieder zurechtbringen konnte. Über die Verführer hingegen musste er ein hartes Urteil fällen. Sie waren böse Arbeiter, die das Werk Gottes zerstören wollten.

Das «Ärgernis des Kreuzes» ist die Tatsache, dass es im Evangelium für den Menschen nichts zu rühmen gibt. Er muss vor Gott kapitulieren und die Gnade im Erlöser annehmen. Wer sich jedoch unter Gesetz stellt, schiebt dieses Ärgernis auf die Seite und gibt dem Menschen wieder einen Platz der Ehre.

Als Christen sind wir zu einem Leben der Freiheit berufen worden. Sie führt uns jedoch nicht dazu, eigenwillig und sündig zu leben. Das wäre eine falsche Definition der christlichen Freiheit. Wir sind frei, um einander aus Liebe zu dienen. Wenn sich das neue Leben in der Kraft des Heiligen Geistes entfaltet, suchen wir das Wohl unserer Mitgläubigen. Wir erfüllen dann das Gebot der Nächstenliebe, ohne unter Gesetz zu stehen.

Unter dem gesetzlichen Einfluss verhielten sich die Galater ganz anders. Sie kritisierten einander, griffen sich gegenseitig an und verachteten einer den anderen.

Durch eine gesetzliche Einstellung können wir gegen die Begierden des Fleisches nicht ankommen. Die Lösung lautet anders: «Wandelt im Geist, und ihr werdet die Lust des Fleisches *nicht* vollbringen.» Wenn wir dem Heiligen Geist Raum geben, damit Er in uns wirken und uns den Herrn Jesus gross machen kann, bekommen wir die Kraft, zur Sünde Nein zu sagen. Die Auseinandersetzung zwischen dem Geist und dem Fleisch bleibt aber das ganze Leben lang bestehen. Darum ist es so wichtig, dass wir alles verurteilen und wegtun, was dem Wirken des Heiligen Geistes im Weg steht.

MONTAG
23. AUGUST

Um die Auswirkungen des Geistes und des Fleisches auf unser Leben zu verdeutlichen, stellt der Apostel die *Werke des Fleisches* und die *Frucht des Geistes* einander gegenüber. Nachdem er die traurigen Ergebnisse eines fleischlichen Verhaltens aufgezählt hat, fügt er hinzu, dass Menschen, die in diesen Sünden leben und verharren, verloren gehen. Diese Tatsache sollte uns, die wir durch den Glauben an den Herrn Jesus eine ewige Errettung besitzen, davon abhalten, ein sündiges Leben zu führen.

Die Frucht des Geistes kann im Verhalten jedes Gläubigen sichtbar werden. *Liebe, Freude* und *Frieden* sind Merkmale unserer Beziehung zu Gott. *Langmut, Freundlichkeit, Gütigkeit, Treue* und *Sanftmut* sollen unseren Umgang mit den Mitmenschen kennzeichnen. *Enthaltsamkeit* betrifft in erster Linie uns selbst und bedeutet Selbstbeherrschung. Weil wir das Urteil über das Fleisch anerkannt haben und der Heilige Geist in uns wohnt, sollen wir uns auch entsprechend verhalten.

Der erste Vers steht im Gegensatz zum letzten Vers des vorherigen Kapitels. Anstatt einander herauszufordern oder zu beneiden, gilt es, für das geistliche Wohl unserer Mitchristen besorgt zu sein. Wenn wir sehen, dass ein Gläubiger von einem Fehltritt übereilt worden ist, sollen wir ihm helfen, wieder zurechtzukommen. Drei Voraussetzungen sind dazu nötig: erstens ein Leben in der Kraft des Heiligen Geistes, zweitens eine sanftmütige Einstellung und drittens der Respekt davor, selbst zu fallen.

DIENSTAG
24. AUGUST

In Vers 1 geht es um Sünden, die geordnet werden müssen. In Vers 2 hingegen handelt es sich um Lasten aufgrund schwieriger Umstände, die wir durch Gebet und Anteilnahme mittragen können. Dadurch erfüllen wir das Gesetz des Christus, d. h. wir verhalten uns so, wie Er es getan hat (Matthäus 8,17).

Vers 3 warnt uns vor einer überheblichen Gesinnung. Wenn wir auch anderen da und dort eine Hilfe sein können, wollen wir uns darauf nichts einbilden. Die Meinung, ein besonders guter Christ zu sein, ist reine Selbsttäuschung. Wir haben alle täglich die Gnade Gottes nötig, um zur Ehre Gottes leben zu können.

Weil wir in Gefahr stehen, uns im Blick auf den eigenen geistlichen Zustand zu täuschen, werden wir aufgefordert, unser Leben zu prüfen. Vollbringen wir gesetzliche Werke, die uns Ruhm einbringen sollen? Oder tun wir selbstlose Werke der Liebe für andere nach dem Vorbild des Herrn Jesus? Jeder von uns ist für sein Verhalten und seinen Dienst vor Gott verantwortlich. Diese «Last» kann uns niemand abnehmen.

In Vers 6 werden wir aufgefordert, die Brüder, die einen Dienst der Unterweisung im Wort Gottes ausüben, materiell zu unterstützen. Der Ausdruck «von allem Guten mitteilen» bedeutet, ihnen nicht nur das Allernötigste zu geben.

MITTWOCH
25. AUGUST

Das Saat-Ernte-Prinzip lehrt uns, dass alles, was ein Mensch tut, Auswirkungen hat. Dabei gilt es zwei Punkte zu beachten:

1) Wer Gras sät, wird nicht Weizen ernten. Oder anders ausgedrückt: Von einem fleischlichen Leben ist nicht Segen, sondern Verderben zu erwarten. Für die Ungläubigen bedeutet das in der Endkonsequenz das ewige Gericht.

2) Die Ernte ist immer grösser als die Aussaat, denn ein gesätes Korn bringt Ähren mit vielen Körnern zur Reife. So sind die Folgen eines Lebens, in dem sich die Werke des Fleisches zeigen, viel schwerwiegender, als es am Anfang scheint.

Das Saat-Ernte-Prinzip, das mit der gerechten Regierung Gottes verknüpft ist, enthält für uns Gläubige eine *Warnung* und eine *Ermutigung*.

• Wenn wir nur für uns selbst und für die Erfüllung unserer fleischlichen Wünsche leben, ist unser Leben in Gottes Augen ein Verlust. Er kann uns nicht segnen, sondern muss uns die Folgen unseres Eigenwillens ernten lassen. Das bedeutet jedoch nicht, dass ein Gläubiger verloren gehen kann.

• Wenn wir uns für das Wohl der anderen einsetzen und dabei die Mühe nicht scheuen, werden wir einen Lohn bekommen. Darum wollen wir die Gelegenheiten nutzen, die der Herr uns zum Gutestun gibt.

Die Tatsache, dass der Apostel den Brief nicht diktiert, sondern selbst geschrieben hat, bringt seine grosse Sorge um die verführten Galater zum Ausdruck.

Bevor er den Brief beschliesst, entlarvt er die Motive der Verführer. Weil sie das Ansehen bei den Menschen suchten und der Schmach des Kreuzes Christi entgehen wollten, setzten sie alles daran, um andere Menschen für das Judentum zu gewinnen. Es ging ihnen gar nicht um die Treue zum Gesetz, sondern um die eigene Ehre.

**DONNERSTAG
26. AUGUST**

Im auffallenden Gegensatz dazu steht die echte christliche Stellung, die Paulus in Vers 14 beschreibt. Als gläubige Christen suchen wir nicht die Gunst der Welt. Stattdessen rühmen wir uns des Kreuzes unseres Herrn Jesus Christus, das eine klare Trennung zwischen uns und der Welt bewirkt. Das Erlösungswerk am Kreuz bringt uns Glaubende auch in eine vollkommene Stellung vor Gott. Wir gehören nun zur neuen Schöpfung, in der die jüdische oder heidnische Herkunft keine Bedeutung hat. Nach dieser Richtschnur sollen wir uns nun verhalten, indem wir frei von den jüdischen Elementen und frei von der Sünde leben. Auf diesem Weg erfahren wir den Frieden und die Barmherzigkeit Gottes, die Er auch denen in Israel schenkt, die sich im Glauben an den Herrn Jesus gewandt haben.

Paulus hatte im Kampf für das reine Evangelium viele Leiden erduldet. Die Auswirkungen davon waren an seinem Körper sichtbar und bezeugten seine Treue zur Wahrheit. Zum Schluss wünscht er den Galatern die Gnade des Herrn Jesus, die sie wieder zurechtbringen konnte.

Thema

Die beiden Bücher Samuel beschreiben den Übergang von der Zeit der Richter zur Zeit der Könige. Vorher stand Israel unter der direkten Regierung Gottes, der seinem Volk immer wieder einen Retter schickte, um es aus der Hand seiner Feinde zu befreien. Die Beziehung zwischen dem HERRN und den Israeliten bestand damals durch das Priestertum. Leider setzte im Volk und in der priesterlichen Familie ein moralischer Niedergang ein, der zur Zeit Elis einen traurigen Tiefpunkt erreichte.

Da gab Gott seinem Volk in seiner Gnade Samuel. Er übte die Aufgabe eines Richters und eines Propheten in Israel aus (Apostelgeschichte 3,24; 13,20). Was diesen Mann Gottes besonders auszeichnete, war sein ausdauerndes Gebet für das Volk (1. Samuel 7,9; 12,23).

Im Alter bekam Samuel von Gott den Auftrag, zuerst Saul und dann David zum König über Israel zu salben. Damit begann eine neue Zeit. Das Volk stand nur noch unter der indirekten Regierung Gottes. Das Wohl der Israeliten hing vom Verhalten des Königs ab, dem sie gehorchen mussten. Auch das Priestertum unterstand nun dem Königtum (1. Samuel 2,35). König Saul, der den Wünschen des Volkes entsprach, versagte auf der ganzen Linie. Darum nahm ihm der HERR das Königtum weg und gab es David, dem König nach dem Herzen Gottes.

Einteilung

Kapitel 1 – 7:   Eli und Samuel
Kapitel 8 – 15:   Samuel und Saul
Kapitel 16 – 31:   Saul und David

Der Anfang dieses Bibelbuchs fällt in die Zeit des zweit-
letzten Richters und Hohenpriesters Eli (Kapitel 4,18).
Während der Richterzeit war das Volk Israel immer
mehr vom Gehorsam gegenüber Gott abgewichen.
Schliesslich verwarf es seine direkte Regierung, so
dass es in Richter 21,25 heisst: «In jenen Tagen war
kein König in Israel; jeder tat, was recht war in seinen
Augen.» Doch Gott gab sein Volk nicht auf. Durch Propheten hielt Er die Verbindung zwischen sich und dem
Volk aufrecht. Samuel war der letzte Richter, aber zugleich der erste dieser Propheten
(Apostelgeschichte 13,20).

FREITAG
27. AUGUST

Auch in jener traurigen Zeit
gab es im Volk Israel gottes-
fürchtige Menschen, die in persönlicher Treue lebten. Zu ihnen gehörten der Levit Elkana und seine
Frau Hanna. Leider hatte dieser Mann zwei Frauen.
Obwohl im Alten Testament ein Mann mehrere Frauen
haben konnte, zeigt die Bibel, dass es *in allen Fällen*
von Polygamie Probleme gab. Warum? Weil Gott die
Einehe eingesetzt hat. Die Vielehe ist nicht nach seinen Gedanken.

Elkana ging mit seiner Familie Jahr für Jahr nach Silo,
wo die Stiftshütte stand, um Gott anzubeten und Ihm
Opfer darzubringen. Das entsprach den Anordnungen
des HERRN (2. Mose 34,23). Doch für die kinderlose Hanna
war diese Reise jedes Mal eine traurige Angelegenheit.
Peninna, die zweite Frau Elkanas, benutzte diese Gelegenheit, um Hanna wegen ihrer Kinderlosigkeit schwer
zu verletzen. Sogar das liebevolle Zureden ihres Mannes konnte ihre Not nicht lindern.

Nach dem Essen suchte Hanna die Nähe des HERRN auf, um ihre Not vor Ihm auszuschütten. In ihrer Sehnsucht nach einem eigenen Kind gab sie Gott ein Versprechen. Sollte Er ihr einen Sohn schenken, dann wollte sie diesen ganz dem HERRN weihen (vgl. Vers 11 mit 4. Mose 6,5).

**SAMSTAG
28. AUGUST**

Der Hohepriester, die höchste religiöse Autorität in Israel, sass auf einem Stuhl beim Tempeleingang und beobachtete die betende Frau. Doch ihm fehlte das nötige Unterscheidungsvermögen. Er meinte, Hanna sei eine Betrunkene. Wie müssen die harten Worte des Hohenpriesters diese beschwerte Frau verletzt haben! – Wie hätten wir reagiert, wenn wir derart falsch beurteilt worden wären?

Hanna antwortete ruhig und erklärte Eli, warum sie so lange gebetet hatte: «Aus der Fülle meines Kummers und meiner Kränkung habe ich bisher geredet.»

Nun benutzte Gott diesen Mann, um Hanna zu helfen, obwohl Eli als Vater in seiner eigenen Familie versagt hatte – wie wir später sehen werden – und gleichzeitig andere scharf kritisierte. Ja, der souveräne Gott kann fehlerhafte Menschen, untreue Gläubige und sogar Ungläubige benutzen, um seine Pläne auszuführen. Alles steht Ihm zur Verfügung.

Ohne den wahren Grund von Hannas Kummer zu kennen, konnte der Hohepriester Eli als Werkzeug Gottes sagen: «Der Gott Israels gewähre deine Bitte, die du von ihm erbeten hast!» Nun wurde es ruhig in ihrem Herzen. Sie hatte dem HERRN ihre Not gesagt und durfte sich jetzt vertrauensvoll auf Ihn stützen (Philipper 4,6.7).

Der Name Hanna bedeutet: Begnadigte. Eine besondere Gnade von Gott erfuhr sie, als sie nach ihrer Rückkehr von Silo schwanger wurde und einen Sohn gebar.
Gott hatte ihr Flehen auf wunderbare Weise erhört.

SONNTAG
29. AUGUST

Wir verstehen gut, dass sie ihrem
Sohn den Namen Samuel gab. Er
bedeutet: Von Gott erhört.

Nun reiste Hanna während
einigen Jahren nicht mit ihrem Mann zum jährlichen
Schlachtopfer nach Silo. Sobald der Knabe jedoch alt
genug war, wollte sie ihr Versprechen gegenüber Gott
erfüllen. «Dann will ich ihn bringen, damit er vor dem
HERRN erscheine und dort für immer bleibe.» Ihr gottesfürchtiger Mann unterstützte sie dabei.

Als es soweit war, brachte Hanna ihren Sohn Samuel
mit einem grossen Opfer (drei Stiere, einen 40-Liter-
Sack Mehl und einen Schlauch Wein) in das Haus des
HERRN nach Silo. Aber war die Weihe ihres Sohnes, auf
den sie so sehnlich gewartet hatte und den sie jetzt
Gott zurückgab, nicht ein viel grösseres Opfer? Gott
bedeutete dieser Frau mehr als ihr geliebter Sohn. Das
kommt im nächsten Kapitel in ihrem Gebet sehr schön
zum Ausdruck – Wie sieht es in unserem Leben aus?
Hat der Herr Jesus den höchsten Stellenwert? Kommt
Er in unseren Überlegungen immer zuerst? (Psalm 73,25;
Philipper 1,21).

Hanna erinnerte Eli an ihr damaliges Gebet. Der HERR
hatte ihre Bitte erhört. Nun wollte sie ihren Sohn für die
Zeit seines Lebens dem HERRN «leihen». Der letzte Satz
in Vers 28 zeigt, dass Hanna ihren Sohn schon sehr früh
beten lehrte.

Als Hanna ihren Sohn ins Haus des HERRN nach Silo brachte, um ihn dem HERRN zu geben, tat sie es mit frohem Herzen. Deshalb wird ihr Gebet zu einem Lobgesang. Darin rühmt sie die unumschränkte Gnade Gottes. Sie spricht aber auch von seiner Macht, die sich gegen die Stolzen wendet und die Schwachen und Geringen erhöht.

Montag
30. August

In den Versen 2 und 3 sagt sie, *wer Gott ist:* Er ist heilig und ein Gott des Wissens, der alles nach seinem gerechten Massstab beurteilt.

Die Verse 4-8 weisen auf das hin, *was Er tut.* Der 6. Vers, in dem es um Leben und Tod geht, zeigt deutlich, dass alles von Gott abhängt.

Die Verse 9 und 10 weisen auf die Zukunft hin. Sie sagen voraus, *was Gott tun wird.* Er wird die Füsse seiner Frommen bewahren. Dabei denken wir unwillkürlich an die treuen Juden des zukünftigen Überrests. Sie werden in der Drangsalszeit die Bewahrung Gottes erleben. Gleichzeitig wird Er im Gericht gegen die Gottlosen handeln. «Der HERR wird richten die Enden der Erde und Macht verleihen seinem König und erhöhen das Horn seines Gesalbten.» Dieser König und Gesalbte ist Jesus Christus, der in Macht und Herrlichkeit erscheinen, den gottesfürchtigen Überrest seines Volkes retten und das herrliche Friedensreich aufrichten wird.

Im Gebet Hannas haben wir also eine Voraussage der Wege Gottes und der Grundsätze seiner Regierung im Blick auf Israel. Was sie im Glauben ausspricht, erstreckt sich bis zur Aufrichtung des Tausendjährigen Reichs durch den Herrn Jesus.

In Vers 11 heisst es, dass der Knabe dem HERRN vor Eli, dem Priester, diente. Damit war der noch sehr junge Samuel in die Schule Gottes eingetreten.

Die Verse 12-17 beschreiben den traurigen Zustand des Priestertums in Israel. Die Priester, die einen Dienst vor Gott und in seiner Nähe tun sollten, werden hier «Söhne Belials» genannt. Nach 5. Mose 13,14 sind Söhne

DIENSTAG
31. AUGUST

Belials solche, die andere Menschen von Gott wegführen und zum Bösen verleiten. Genau das taten die Söhne Elis. Sie verachteten die Rechte der Opfernden, indem sie sich an dem bedienten, was die Israeliten zum Opfern brachten (Verse 13.14). Sie versündigten sich auch gegen Gott, indem sie seine Rechte völlig missachteten (Verse 15.16).

Was war die Folge dieses schändlichen Verhaltens der Priester? «Die Leute verachteten die Opfergabe des HERRN.» Sie fragten sich wohl: Warum sollen wir überhaupt noch opfern? So wurde das, was Gott zustand, durch die Bosheit und Selbstsucht der Priester in den Augen der Menschen verächtlich. Wie ernst!

Im Neuen Testament werden ähnliche Situationen beschrieben. Denken wir an die Wehe, die der Herr Jesus über die religiösen Führer unter den Juden aussprechen musste (Matthäus 23,23-33; Markus 12,38-40), oder an das Gleichnis vom bösen Knecht in Matthäus 24,48-51.

Religiöse Führer, die keine Gottesfurcht haben, verhalten sich zu allen Zeiten – auch heute – ähnlich. Sie beanspruchen Rechte über andere und lassen sich von ihnen bedienen. Sie eignen sich Vorrechte an, die nur Gott zustehen.

Wir können annehmen, dass Samuel unter dem Schutz und der Aufsicht des gottesfürchtigen Hohenpriesters stand. Das war sicher eine Bewahrung für ihn. Trotzdem grenzt es an ein Wunder, dass Samuel in einer solchen Umgebung rein blieb und sein Glaube sich gesund entwickelte. Wenn

MITTWOCH
1. SEPTEMBER

wir das feststellen, dürfen wir bestimmt an seine Mutter und ihre Gebete denken. Jahr für Jahr besuchte sie ihn und brachte jeweils entsprechend grössere Kleider mit.

Wie sehr wurden der Glaube und das Gottvertrauen von Hanna belohnt! Der HERR schenkte ihr noch weitere Kinder. Ja, wenn wir bereit sind, dem Herrn etwas zu geben, und uns für seine Sache einsetzen, wird Er uns nichts schuldig bleiben (Hebräer 6,10).

Am Schluss von Vers 21 heisst es: «Der Knabe Samuel wurde gross bei dem HERRN.» Das spricht von einem inneren Wachstum. Gott sah, was im Herzen von Samuel vorging und wie dieser Junge geistlich zunahm.

Wie reagierte Eli auf das sündige Treiben seiner Söhne? Er verurteilte das Böse und redete ernst mit ihnen. Doch das genügte nicht. Das Verkehrte nur mit Worten zu verurteilen, ist zu wenig. Im Neuen Testament werden wir an mehreren Stellen aufgefordert, uns bewusst vom Bösen zu trennen. Genau das hätte Eli tun müssen. Doch er unterliess es. Ohne eine klare Haltung gegen seine Söhne blieben seine Worte wirkungslos. Nun drohte ihnen das Gericht Gottes.

In dieser Zeit sehen wir, wie Samuel innerlich und äusserlich wuchs. Dieses gesunde geistliche Wachstum konnten auch die Menschen erkennen.

Ein Mann Gottes kam zu Eli mit einer ernsten Botschaft des HERRN. Zuerst erinnerte Gott den fehlbaren Priester an die Vorrechte und den Dienst, die die Familie Aarons aus dem Stamm Levi von Ihm empfangen hatten. Dann stellte Er dem Hohenpriester dessen Verfehlungen vor. Obwohl Eli in keiner Weise am bösen Tun seiner Söhne beteiligt war, sagte Gott: «Ihr tretet meine Opfer mit Füssen. Ihr mästet euch von den Opfergaben meines Volkes.» Die Ursache dafür war, dass Eli sich nicht von seinen Söhnen und ihrem gottlosen Tun trennte und es unterliess, für die Heiligkeit Gottes einzutreten. Er ehrte seine Söhne mehr als Gott (Vers 29).

**DONNERSTAG
2. SEPTEMBER**

Ab Vers 31 kündigt Gott das Gericht an. Allen Nachkommen Elis sagte Er einen frühen Tod oder Elend voraus. Beispiele dafür sind: Hophni und Pinehas, die Familie Ahimelechs zur Zeit von König Saul (Kapitel 22,11-19) und Abjathar (1. Könige 2,26.27).

Doch die überbrachte Botschaft Gottes betraf auch die weiter entfernte Zukunft. Zu seiner Zeit würde sich Gott einen treuen Priester erwecken, der vor dem Gesalbten des HERRN stehen würde. Eine erste Erfüllung dieser Aussage finden wir bei Zadok zur Zeit des Königs Salomo. Dieser Priester war ein Nachkomme Eleasars, des Sohnes Aarons. Doch erst im Tausendjährigen Reich, wenn Christus als der wahre Gesalbte des HERRN regieren wird, werden sich diese Worte völlig erfüllen (Hesekiel 44,15.16). Dann werden die Nachkommen Zadoks im irdischen Tempel in Jerusalem ihren Priesterdienst ausüben, während die Nachkommen Elis froh sein müssen, genug zu essen zu haben.

Das Kapitel beginnt mit einer Aussage über Samuel, der wir schon in Kapitel 2,11 begegnet sind. Das bedeutet, dass Samuel nicht nur geistlich gewachsen war (Kapitel 2,26), sondern auch mit Ausharren diente. Diesen jungen Diener konnte Gott in einer Zeit gebrauchen, als die Priester versagten und nicht mehr Gottes Boten an sein Volk sein konnten (vgl. Maleachi 2,7).

FREITAG
3. SEPTEMBER

Trotz des traurigen Zustands im Volk Gottes, der durch die Beschreibung Elis illustriert wird, war die Lampe Gottes noch nicht erloschen. Der HERR hatte sein Volk noch nicht aufgegeben. Er stand im Begriff, sich einem jungen, gottesfürchtigen Leviten zu offenbaren, der sich in Gottes Nähe aufhielt und dort zur Ruhe gekommen war.

Warum verstand Samuel nicht sofort, dass es Gottes Stimme war, die ihn rief? Obwohl er ein Eigentum des HERRN war, kannte er den vertrauten Umgang mit Ihm noch nicht. Das ist ein Lernprozess, der keinem Gläubigen erspart bleibt. Deshalb ist es wichtig, dass wir die Bibel mit Gebet lesen: «Rede, Herr, denn dein Knecht hört.» Dann werden wir merken, wie Er zu uns persönlich spricht. So lernen wir, die Beziehung zum Herrn im Alltag zu pflegen.

Der alte Hohepriester konnte nicht nur schlecht sehen, er war auch träge zu begreifen, dass Gott redete. Doch wie geduldig und langmütig war der HERR! Dreimal rief Er, bis Eli realisierte, wessen Stimme es war. Nun konnte er dem jungen Samuel weiterhelfen. Wenn Gott ihn noch einmal rufen würde, sollte er antworten: «Rede, HERR, denn dein Knecht hört.»

Nun heisst es, dass der HERR *kam* und *hintrat*. Das ist ein Hinweis auf die persönliche Gegenwart Gottes. Ausserdem wiederholte Er den Namen Samuels. Damit war jeder Irrtum ausgeschlossen. Es war Gott, der ihm eine ganz wichtige Mitteilung machte.

SAMSTAG
4. SEPTEMBER

Samuel war vorbehaltlos bereit, auf Gott zu hören und als sein Knecht auch zu gehorchen. Da teilte der HERR diesem jungen, treuen Gläubigen das Gericht über Eli und seine Familie mit. Es war die Strafe dafür, dass der Hohepriester seinen Söhnen nicht entschieden entgegengetreten war. Weil Gott dem Haus Elis geschworen hatte, war das angekündigte Gericht unwiderruflich. Für Eli und seine Söhne war Gottes Zeit abgelaufen. Eli hatte in seiner Autorität als Vater, als Hoherpriester und als Richter versagt.

Am anderen Morgen musste Samuel Eli alles Gehörte mitteilen. Der Priester lehnte sich nicht dagegen auf. Er beugte sich unter Gott. Und Samuel? Nun ist nicht mehr vom «Knaben Samuel» die Rede wie zu Beginn des Kapitels. Die Schwere des Dienstes als Prophet Gottes, der hier begann, hatte ihn reifer gemacht.

Wie schön sind die Schlussverse des Kapitels! Samuel wurde «gross», d. h. geistlich erwachsen, und der HERR bestätigte seinen Dienst, indem Er mit ihm war. Ausserdem gab Er den Worten seines Dieners das nötige Gewicht. Nun hatte Samuel so viel Vertrauen erworben, dass ihn das ganze Volk Israel als Propheten Gottes erkannte. Der HERR fuhr fort, sich Samuel zu offenbaren, so dass der Prophet seinen Gott immer besser kennen lernte.

Der Prophet Samuel wirkte auch als Levit, indem er
das Wort Gottes unter das Volk brachte (5. Mose 33,10;
2. Chronika 17,9). Doch die Fortsetzung des Kapitels
zeigt, dass die Menschen nicht auf das Wort hörten.
Als es zu einem Krieg mit den Philistern kam, fragte
niemand nach Gott und seinem
Willen.

SONNTAG
5. SEPTEMBER

Der HERR liess zu, dass das Heer
der Israeliten den Philistern un-
terlag. Etwa 4000 Mann fielen in der ersten Schlacht.
Die Ältesten von Israel, die vermutlich das Heer anführ-
ten, fragten: «Warum hat der HERR uns heute vor den
Philistern geschlagen?» Doch sie stellten diese Frage
nicht in Beugung und Trauer vor Gott. Sie warteten auch
nicht auf eine Antwort von Ihm. Sie holten einfach die
Bundeslade aus Silo und meinten, dieses Gerät könne
sie retten.

Als die Bundeslade ins Militärlager kam, jauchzten alle
Soldaten. Sie dachten wohl: Jetzt haben wir Gott direkt
bei uns, nun kann uns nichts mehr passieren. Ein grosser
Trugschluss! Der lebendige Gott war zwar in ihrer Mitte,
aber nicht als Retter, sondern als Richter.

Die heidnischen Philister wussten, dass der Gott
Israels mächtig war. Als die Bundeslade im feindlichen
Lager auftauchte, zogen sie den Schluss: «Gott ist ins
Lager gekommen!» Das trieb sie zu besonderem Mut
an. Obwohl sie die Macht des HERRN etwas kannten,
nahmen sie den Kampf mit Israel auf. Gott liess zu, dass
diese Niederlage seines untreuen Volkes noch schwerer
ausfiel als die erste. Die Bundeslade, auf die sich Israel
gestützt hatte, wurde von den Philistern erbeutet.

Ein Soldat aus der geschlagenen Armee Israels lief nach Silo, um die schlimme Nachricht zu überbringen. Der uralte Eli sass auf einem Stuhl am Weg und wartete mit bangem Herzen auf Nachricht. Wir können uns vorstellen, wie schrecklich es für ihn gewesen sein musste, als seine Söhne die Bundeslade nahmen und mit ihr in den Krieg zogen. Doch er hatte früher wenig bis nichts gegen sie und ihr böses Tun unternommen. Nun war er machtlos.

MONTAG
6. SEPTEMBER

Der Bote brachte eine niederschmetternde Nachricht: Israel vor dem Feind geflohen, Hophni und Pinehas tot, die Lade Gottes in der Hand der Philister! Die Erwähnung des Verlusts der Bundeslade war zu viel für den gottesfürchtigen, aber untreuen Eli. Er fiel rücklings vom Stuhl, brach das Genick und war tot. Wie sehr war der Name Gottes durch die Untreue des Volkes verunehrt worden! Die Frau von Pinehas, die damals bei der Geburt ihres Sohnes starb, erkannte die ganze Tragweite des Unglücks (Vers 22).

In Psalm 78,60-64 beschreibt Asaph das Gericht, das Gott hier über sein untreues Volk bringen musste. Er hatte die Stiftshütte in Silo verlassen. Ohne Priester gab es auch keinen Opferdienst mehr. Welche Bedeutung hatte das Zelt der Zusammenkunft noch, wenn die Bundeslade fehlte? Es gab keine Wiederherstellung, denn die Lade kehrte nicht mehr nach Silo zurück. Unter König David wirkte Gott im Blick auf den Tempel etwas Neues (siehe Psalm 78,65-69). Er setzte das Priestertum wieder ein. Doch es war nicht mehr unmittelbar dem HERRN unterstellt, sondern dem König (1. Chronika 15,4.16).

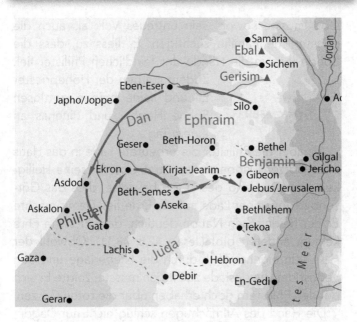

1. Samuel 4,4:   Die Israeliten holen die Bundeslade von Silo nach Eben-Eser.

1. Samuel 5,1:   Die Philister bringen die Bundeslade von Eben-Eser nach Asdod.

1. Samuel 5,8:   Die Philister schaffen die Bundeslade weiter nach Gat.

1. Samuel 5,10: Die Bundeslade wird von Gat nach Ekron gesandt.

1. Samuel 6,12: Die Bundeslade kehrt nach Beth-Semes zurück.

1. Samuel 7,1:   Die Männer von Kirjat-Jearim führen die Bundeslade zu sich hinauf.

2. Samuel 6:   König David lässt die Bundeslade nach Jerusalem bringen.

Gott musste sowohl sein untreues Volk als auch die priesterliche Familie züchtigen. Er liess zu, dass die Bundeslade in die Hände der feindlichen Philister fiel.

DIENSTAG
7. SEPTEMBER

Zudem starben der Hohepriester Eli und seine beiden gottlosen Söhne Hophni und Pinehas an *einem* Tag.

Als aber die Philister die erbeutete Lade in das Haus ihres Götzen Dagon stellten, trat Gott für seine Heiligkeit ein. Die Hand des HERRN bewirkte, dass das Götzenbild vor seiner Lade auf die Erde fiel. Damit machte Er der heidnischen Nation deutlich, dass Er seine Ehre keinem anderen gibt (Jesaja 42,8; 48,11). Obwohl der HERR sein eigenes Volk durch die Niederlage und den Verlust der Bundeslade züchtigen musste, zeigte Er sich bei den Philistern doch erhaben über die toten Götzen.

Die Hand des Allmächtigen schlug nicht nur Dagon, die Gottheit der Philister. Auch die Menschen bekamen sie schwer zu spüren. Sowohl in Asdod als auch in Gat schlug der HERR die Leute mit Beulen. Viele starben an dieser Krankheit.

Als die Bundeslade nach Ekron überführt werden sollte, wehrten sich die Einwohner jener Stadt. Sie fürchteten, dass das Gericht auch sie treffen würde. So wurde die erbeutete Lade des Gottes Israel zu einem nationalen Problem für die Philister. Ihre Führer – die fünf Fürsten der Philister – sahen sich gezwungen, für dieses Problem eine Lösung zu suchen. Es gab nur eins: Wenn sie den Untergang ihres Landes und ihres Volkes vermeiden wollten, mussten sie sich dem wahren Gott beugen und seine Lade zurücksenden.

Sieben Monate dauerte das Gericht, das Gott über die Philister und ihr Land gebracht hatte. Dann wollten sie die Lade des HERRN zurücksenden. Aber wie? Weil diese Heiden keine Beziehung zum wahren Gott hatten, kamen sie nicht auf die Idee, Ihn zu fragen. Deshalb wandten sie sich an ihre Götzenpriester und Wahrsager.

Diese Religionsführer gaben dem Volk eine ehrliche Antwort, denn sie erkannten in allem, was geschehen war, das Eingreifen

MITTWOCH
8. SEPTEMBER

des Gottes Israels. Um Ihn zu beschwichtigen, sollten die Philister die Lade nicht leer zurückschicken. Nach der Idee der Götzenpriester und Wahrsager mussten sie ein Schuldopfer erstatten: fünf goldene Beulen und fünf goldene Mäuse, die an die Plagen Gottes erinnerten. Auf diese Weise sollten sie den Gott Israels ehren.

Sie unterstrichen ihre Worte mit der Erinnerung an die Plagen, die Gott einst über den Pharao und die Ägypter gebracht hatte, weil sie ihr Herz verstockt hatten und das Volk Israel nicht hatten ziehen lassen. Jene Ereignisse lagen 400 Jahre zurück, waren aber beim Nachbarvolk Israels immer noch gut bekannt!

Um sicher zu sein, dass die ganze Angelegenheit kein Zufall war, machten die Ratgeber der Philister noch einen weiteren Vorschlag: Stellt die Lade auf einen neuen Wagen und spannt zwei säugende Kühe davor, die noch nie mit einem Joch einen Wagen gezogen haben. Bringt ihre Kälber in den Stall zurück und lasst die Kühe selbst ihren Weg wählen. Wenn sie sich der Grenze Israels zuwenden, beweist dies, dass Gott das Unglück über die Philister gebracht hat.

Vielleicht haben wir uns gestern gefragt: Wie wird Gott auf den Rat und Vorschlag der Götzenpriester und Wahrsager reagieren? Die Philister wussten nicht viel über den wahren Gott. Doch durch das, was nach der Erbeutung der Bundeslade in ihrem Land geschehen war, wurden ihre Gewissen getroffen. Sie verstockten sich nicht, sondern beugten sich unter die Hand des All-mächtigen. Zu einer solchen Haltung bekennt sich Gott immer. Er gab den Philistern eine klare Antwort: «Die Kühe gingen geradeaus auf dem Weg nach Beth-Semes ... und wichen weder nach rechts noch nach links.»

DONNERSTAG
9. SEPTEMBER

Bei den Philistern hatte Gott durch *Gericht* eingegriffen, damit die Bundeslade wieder nach Israel zurückkam. Jetzt durf-ten die Bewohner von Beth-Semes, die mit der Weizen-ernte beschäftigt waren, in der Rückkehr der Lade etwas von der *Gnade* des HERRN zu seinem Volk erkennen.

Erinnern wir uns an das, was die Bundeslade vorbildet: Der Platz zwischen den Cherubim auf dem Sühndeckel ist der Thron Gottes (4. Mose 7,89, 1. Samuel 4,4). Die Lade selbst, die aus Akazienholz bestand und mit Gold über-zogen war, spricht vom Herrn Jesus, der sowohl Gott als auch wirklicher, sündloser Mensch in einer Person ist. Die Rückkehr der Lade bedeutet demzufolge, dass Gott in Gnade zu seinem Volk zurückgekehrt war. Wir verste-hen, dass die Leute von Beth-Semes sich freuten. Spon-tan spalteten sie das Holz des Wagens, schlachteten die Kühe und opferten diese auf einem grossen Stein als Brandopfer dem HERRN. Auf diese Weise dankten sie Ihm für seine Gnade.

Die fünf Fürsten der Philister sahen über die Grenze hinweg zu, wie die Bundeslade empfangen wurde. Dann kehrten sie nach Ekron zurück (Vers 16). Die Verse 17 und 18 fassen die ganze Geschichte zusammen, um zu zeigen, dass die Sache für die Philister damit abgeschlossen war.

FREITAG
10. SEPTEMBER

Aus Vers 19 lernen wir mehr als eine Lektion. Die Leute von Beth-Semes freuten sich nicht nur. Einige waren auch neugierig und versuchten, in die Lade zu schauen. Sie starben auf der Stelle. Hatten sie vergessen, dass Gott, der in Gnade zurückgekehrt war, ein heiliger Gott ist? Seine Gnade geht nie auf Kosten seiner Heiligkeit. Diese Lektion wollen auch wir beherzigen.

Eine weitere Belehrung liegt in der vorbildhaften Bedeutung der Bundeslade. Sie weist auf den Herrn Jesus hin, der wahrer Gott und wirklicher Mensch in einer Person ist. Diese Tatsache ist und bleibt für uns ein unergründliches Geheimnis, das wir jedoch mit Anbetung bewundern dürfen. In Matthäus 11,27 sagte der Herr selbst: «Niemand erkennt den Sohn als nur der Vater.» Sobald ein Mensch dieses Geheimnis zu ergründen sucht, will er sozusagen in die Lade schauen. Er begeht die gleiche Sünde wie damals die Leute in Beth-Semes.

Die Bewohner von Beth-Semes hatten sich gegen Gott versündigt und waren nun über die ernsten Folgen bestürzt. Aus Furcht vor der Heiligkeit Gottes sandten sie die Lade nach Kirjat-Jearim. Echte Gottesfurcht ist jedoch keine Angst vor dem heiligen Gott, sondern die Furcht, etwas zu tun, was Ihm missfallen könnte.

Nun kam die Lade des Herrn nach Kirjat-Jearim. Sie fand einen Platz im Haus Abinadabs, wo sein Sohn Eleasar sie betreute. In diesem Haus blieb sie, bis König David sie nach Jerusalem holen wollte (2. Samuel 6,3.4). Die Bundeslade kehrte nie mehr nach Silo zurück. Gott stellte den früheren Zustand nicht wieder her.

Jahrelang änderte sich nichts an dieser Situation. Die Lade des Herrn befand sich zwar wieder im Land Israel, aber das Herz des Volkes war noch nicht zum Herrn zurückgekehrt. Erst nach 20 Jahren realisierten die Menschen in Israel, wie weit sie sich von ihrem Gott entfernt hatten. «Das ganze Haus Israel wehklagte dem Herrn nach.»

Samstag
11. September

Das war der göttliche Zeitpunkt für Samuel, um wieder öffentlich aktiv zu werden. Seit Kapitel 4,1 haben wir nichts mehr von ihm gelesen. Nun konnte der Prophet, der in all den vergangenen Jahren dem Herrn treu geblieben war, aufs Neue seinen Dienst unter dem Volk aufnehmen. Er zeigte den Menschen, worin eine echte Umkehr zu Gott bestand. Weil die Herzen jetzt zubereitet waren, befolgten sie sein Wort.

Samuel war nicht nur ein Prophet. Er war auch ein Mittler, der vor Gott in Fürbitte für das Volk eintrat (Psalm 99,6). Die Israeliten, die sich nach Mizpa versammelt hatten, zeigten durch ihr Verhalten die Echtheit ihrer Buße. Das ausgegossene Wasser, das nicht wieder gesammelt werden konnte, zeugte von ihrer Schwachheit und den vielen Jahren, die sie unnütz vertan hatten. Zudem bekannten sie ehrlich: «Wir haben gegen den Herrn gesündigt.»

Es gefällt dem Teufel nicht, wenn Gläubige, die vom Herrn abgekommen sind, zu Ihm zurückfinden. Das sehen wir auch hier. Sobald sich das Volk nach Mizpa versammelte, sein Versagen Gott bekannte und dem HERRN wieder treu sein wollte, regte sich der Feind. Die Philister zogen zu einem neuen Krieg herauf.

SONNTAG
12. SEPTEMBER

In ihrer Angst baten die Menschen Samuel, für sie zum HERRN zu schreien. Er war wieder *ihr* Gott, denn sie hatten zu Ihm zurückgefunden. Nun wurde der Prophet nicht nur als Beter, sondern auch als Priester tätig. Das Brandopfer, das Samuel darbrachte, ist ein Hinweis auf Christus und seine Hingabe an Gott bis in den Tod. Das ist die Basis unserer Annahme bei Gott.

Der HERR erhörte Samuel und griff ein, *bevor* das Volk Israel zu kämpfen begann (Jesaja 65,24). Die Israeliten konnten nur noch einen geschlagenen Feind verfolgen. Auch unser Widersacher, der Teufel, ist ein besiegter Feind (Hebräer 2,14). – Der Stein Eben-Eser erinnerte daran, dass die Hilfe nur vom HERRN kam. Deshalb gehörte aller Dank Ihm allein. «Wer sich rühmt, der rühme sich des Herrn» (1. Korinther 1,31).

Zeit seines Lebens wirkte der Prophet Samuel auch als Richter in Israel. Die Orte seiner jährlichen Rundreise sind bedeutsam. *Bethel* spricht von Gottes souveräner Gnade (1. Mose 28,10-19). *Gilgal,* der Ort der Beschneidung, erinnert an das Selbstgericht (Josua 4,19; 5,2-9). *Mizpa* war der Ort der Buße und der Beugung. In *Rama* wohnte Samuel. Der Altar, den er dort hatte, spricht von seiner persönlichen Beziehung, die er zu Gott pflegte.

Der alte Samuel wollte wohl in guter Absicht seine Nachfolge regeln. Doch mit dem Einsetzen seiner Söhne als

Richter handelte er unabhängig vom HERRN und gegen die göttlichen Grundsätze. Der Herr will nicht, dass jemand, dem Er einen Dienst anvertraut hat, diese Aufgabe einfach einem anderen überträgt. Die Bestimmung seiner Diener überlässt Er nicht dem Gutdünken der Menschen. Wenn wir älter werden und die Kraft zum Dienst nachlässt, dürfen wir unsere Aufgabe in die Hand des Herrn zurücklegen. Dann wird Er für einen geeigneten Nachfolger sorgen, wenn Er es nötig findet.

Das eigenmächtige Handeln Samuels hatte traurige Folgen. Seine Söhne waren nicht so treu wie er. Darum wurden die Ältesten von Israel bei Samuel vorstellig. Sie verlangten einen König, «dass er uns richte, gleich allen Nationen». Anstatt sich über den Verfall des Richterstands in Israel zu demütigen, wollte das Volk sich der Welt anpassen und wie die anderen Nationen einen König haben. Mit dieser Forderung verachteten die Israeliten die Herrschaft Gottes. Der Prophet erkannte diese traurige Konsequenz. Das trieb ihn ins Gebet.

Wie schön ist die Antwort des HERRN! Er tröstete seinen Knecht. Das Volk hatte eigentlich nicht den von Gott eingesetzten Richter, sondern den HERRN selbst verworfen. Obwohl es in Gottes Plan war, einen König über sein Volk zu salben (Kapitel 2,35), liess Er die Israeliten zunächst ihren eigenwilligen Weg gehen. Samuels Aufgabe bestand nur darin, die Menschen vor der Wahl eines eigenen Königs zu warnen.

Samuel erfüllte den göttlichen Auftrag treu. Er stellte dem Volk die egoistische Handlungsweise des gewünschten Königs vor. Dieser würde von den Menschen sehr viel verlangen. Sie würden zu Knechten ihres selbstgewählten Königs werden!

Welch ein Gegensatz zur Regierung des HERRN, der bis jetzt ihr König gewesen war! Hatte Er

DIENSTAG
14. SEPTEMBER

sein Volk jemals unterdrückt? Hatte Er übermässige Forderungen gestellt? Nein, nichts von alledem. Im Neuen Testament fordert der Herr Jesus uns auf: «Nehmt auf euch mein Joch ... denn mein Joch ist sanft, und meine Last ist leicht» (Matthäus 11,29.30). Er ist auch der HERR des Alten Testaments, der schon damals kein schweres Joch auf sein Volk gelegt hat.

Die Verse 10-18 enthalten auch eine Botschaft für uns. Wenn wir uns der Welt anpassen und Hilfe von ihr erwarten, wird es uns genauso ergehen, wie es in diesem Abschnitt steht. Die Welt wird ihre Forderungen stellen, ohne dass wir dafür entschädigt werden. Wollen wir uns wirklich unter ihr drückendes Joch begeben?

Die Menschen aus Israel weigerten sich, auf die Warnungen Samuels zu hören. Sie sprachen: «Nein, sondern ein König soll über uns sein, damit auch wir seien wie alle Nationen.» Noch einmal sprach Samuel mit dem HERRN darüber. Doch dann musste er den Dingen ihren Lauf lassen. Er bekam sogar den göttlichen Auftrag: «Setze einen König über sie ein.» Wie das gehen sollte, wusste er noch nicht. Für den Moment schickte der Richter die Leute nach Hause. Die Zeit Gottes war noch nicht da.

Wer war nun der Mann, mit dem Gott dem Wunsch seines Volkes nach einem König entgegenkommen wollte? Es war Saul, ein Mann aus dem Stamm Benjamin. Er war stark und reich, jung und schön. Zudem überragte er in seiner Körpergrösse alle anderen Israeliten. Er besass alle Eigenschaften zu einem Führer. Im Lauf des Kapitels werden wir auf weitere gute menschliche Charakterzüge stossen. Doch dieser Mann mit seinen hervorragenden natürlichen Eigenschaften hatte keine persönliche Beziehung zu Gott. Er war ungläubig.

Mittwoch
15. September

Die Verse 3-10 beschreiben, wie dieser Mann, den der Prophet bis jetzt nicht kannte, mit ihm in Kontakt kam, damit Samuel ihn zum König über Israel machen konnte. Es war Gott, der hinter allem stand und die Umstände entsprechend lenkte.

Saul, der Sohn von Kis, hörte auf seinen Vater und war bereit, sich mit einem Begleiter auf die Suche nach den verirrten Eselinnen zu machen. Nach längerer, erfolgloser Suche wollte Saul umkehren. Der Knecht jedoch wusste, dass sich Samuel, der Mann Gottes, in der Nähe aufhielt. Er schlug vor, diesen Propheten nach den Eselinnen zu fragen. Der religiöse Saul dachte sofort ans Bezahlen. Aber Gott hilft aus Gnade, ohne etwas dafür zu verlangen!

Als der Knabe erklärte, er besitze noch einen viertel Sekel Silber, war Saul mit dem Vorhaben seines Begleiters einverstanden. «Sie gingen zur Stadt, wo der Mann Gottes war.» Auf diese Weise bewirkte Gott alles, damit Samuel mit dem zukünftigen König zusammentraf und ihn zum Fürsten über Israel salben konnte.

Als Saul und sein Knabe die Nähe der Stadt erreichten, fragten sie die Mädchen, die zum Wasserschöpfen herauskamen, ob der Prophet da sei. Die Antwort fiel positiv aus, so dass sie auf die erwartete Hilfe wegen der verirrten Eselinnen hoffen konnten.

Gott führte es so, dass sie beim Eintritt in die Stadt direkt mit Samuel zusammentrafen. Aber

DONNERSTAG
16. SEPTEMBER

welch ein Unterschied zwischen Saul und Samuel im Blick auf ihre Beziehung zu Gott! Wir lesen nicht, dass Saul auf der Suche nach den verloren gegangenen Eselinnen je zu Gott gebetet hätte. Erst auf den Vorschlag seines Begleiters, den Mann Gottes aufzusuchen und um Auskunft zu bitten, willigte er ein, Gottes Hilfe in Anspruch zu nehmen. Er hatte keine persönliche Beziehung zu Ihm.

Samuel hingegen lebte mit Gott. Als das Volk einen eigenen König forderte, besprach er die Sache mit dem HERRN und brachte seine Not vor Ihn. Gottes Antwort lautete: «Höre auf ihre Stimme und setze einen König über sie ein.» Damit hatte Gott die Sache in die Hand genommen. Nun wartete Samuel auf weitere göttliche Anweisungen. Am Tag, bevor Saul mit Samuel zusammentraf, hatte der HERR dem Propheten angekündigt, Er würde den zukünftigen König zu ihm senden. In dem Augenblick, als Samuel Saul begegnete, bekam der Mann Gottes die Bestätigung des HERRN: «Das ist der Mann.» So hatte Samuel die Wahrheit von Psalm 32,8 erleben können: «Ich will dich unterweisen ... mein Auge auf dich richtend, will ich dir raten.» – Auf diese Weise möchte der Herr Jesus jeden von uns auf seinem Weg leiten.

Im Gegensatz zu Samuel, der wusste, wer vor ihm stand, hatte Saul keine Ahnung, wem er beim Eingang der Stadt begegnete. Samuel fragte Saul nicht, warum er ihn aufsuche, sondern gab ihm sofort einen Auftrag. Zwei Aussagen des Propheten müssen bei Saul wohl Fragen aufgeworfen haben: «Alles, was in deinem Herzen ist, werde ich dir kundtun», und: «Nach wem steht alles Begehren Israels? Nicht nach dir?» Seine Antwort lässt vermuten, dass er gedacht hat: Bin ich der zukünftige König? Jedenfalls offenbart seine Antwort einen edlen menschlichen Charakterzug: Bescheiden und demütig zählt er sich zu den Geringen im Volk.

FREITAG
17. SEPTEMBER

Für Saul und seinen Begleiter wurde das Opferfest mit Samuel ein besonderes Erlebnis. Sie gehörten gar nicht zu den offiziell geladenen Gästen. Nun wurden ihnen Ehrenplätze unter den Geladenen angewiesen! Zudem bekam Saul das beste und grösste Stück des Opfers. Mit diesem gemeinsamen Fest begann eine längere Beziehung zwischen Saul und Samuel, die jedoch traurig endete (Kapitel 15,34 – 16,1).

Saul übernachtete bei Samuel. In aller Frühe standen sie wieder auf und machten sich auf den Weg. Samuel begleitete Saul ein Stück weit. Sobald sie die Stadt verlassen hatten, sollte Saul den Knaben vorausschicken. Der Prophet hatte noch ein persönliches Wort an ihn: «Du aber steh jetzt still, dass ich dich das Wort Gottes hören lasse.»

Wie wichtig ist diese Aussage auch für uns! Wenn Gott uns etwas Persönliches mitzuteilen hat, müssen wir stillstehen und zuhören. Erst dann sollen wir handeln.

Samuel salbt nun Saul zum König über Israel. Doch er benutzt dazu eine zerbrechliche Flasche und nicht ein bruchfestes Horn wie später bei David (Kapitel 16,1.13). Liegt hier nicht bereits ein Hinweis auf das Versagen des Königs, der auf der Grundlage menschlicher Vorzüge regieren wird?

SAMSTAG
18. SEPTEMBER

Die Salbung Sauls wird mit drei Zusagen bestätigt. Beim *Grab Rahels* wird er zwei Männern begegnen, die ihm sagen, dass die Eselinnen gefunden sind. Bei der Terebinthe Tabor wird er drei Männer treffen, die *zu Gott nach Bethel* hinaufgehen. Beim *Hügel Gottes*, wo die Aufstellungen der Philister sind, wird er auf eine Schar Propheten stossen und mit ihnen weissagen.

Alle drei Begegnungen zeigen, auf welcher Grundlage das Königtum Sauls Bestand gehabt hätte. Das *Grab Rahels* erinnert daran, dass der Mensch von Natur aus tot für Gott ist und von neuem geboren werden muss, um für den Herrn brauchbar zu sein. In *Bethel* gab Gott Jakob einst bedingungslose Zusagen (1. Mose 28,13-15.19). Nur wer sich täglich auf die Gnade Gottes stützt, kann ein guter König sein. Die Philister beim *Hügel Gottes* illustrieren den traurigen Zustand des Volkes. Es stand unter der Herrschaft der Feinde. Doch das Weissagen, d. h. das Reden unter der Leitung des Geistes Gottes, bedeutete, dass Gott sein Volk noch nicht aufgegeben hatte. War Saul bereit, sich von Gott als Werkzeug zum Wohl des Volkes gebrauchen zu lassen?

Zuletzt wies Samuel den angehenden König an, nach Gilgal hinabzugehen und dort auf ihn zu warten, um weitere Mitteilungen zu erhalten.

In Vers 9 heisst es: «Da verwandelte Gott sein Herz.» Was sollen wir unter dieser Aussage verstehen? Es war das Wirken Gottes, der dem zukünftigen König entgegenkam und ihm helfen wollte, das Volk richtig zu führen und zu regieren. Leider sehen wir keine Reaktion vonseiten Sauls, aus der man schliessen könnte, dass Glaube in seinem Herzen vorhanden war. Daher war die Verwandlung Sauls keine wirkliche und dauerhafte. Er blieb im Grunde das, was er war: ein religiöser, aber ungläubiger Mann.

SONNTAG
19. SEPTEMBER

Alle Zeichen, die Samuel ihm vorausgesagt hatte, trafen an jenem Tag ein. Die Situation mit der Prophetenschar, in deren Mitte auch Saul weissagte, wird ausführlich beschrieben. Ausserdem fügt der biblische Bericht die Aussage derer hinzu, die Saul von früher kannten. Sie verwunderten sich und fragten: «Was ist denn mit dem Sohn des Kis geschehen? Ist auch Saul unter den Propheten?» Sein Verhalten entsprach weder seiner Vergangenheit noch seinem Wesen, das sich nicht grundlegend geändert hatte. So wurde er zum Sprichwort über solche, die sich als fromm ausgeben und es gar nicht sind.

Sein Onkel hätte gern gewusst, was Samuel mit Saul geredet hatte. Doch der junge Mann verriet ihm die Sache mit dem Königtum nicht. Er war menschlich weise genug, um zu schweigen und zu warten, bis Samuel die Angelegenheit öffentlich bekannt machte. Leider können bei Saul alle guten Charaktereigenschaften nicht darüber hinwegtäuschen, dass er ein Mann ohne Glauben und ohne Gottesfurcht war.

In Kapitel 8,22 hatte Samuel die Männer von Israel, die einen König forderten, vorläufig nach Hause gesandt. Nun war es so weit, dass er das Volk zum HERRN nach Mizpa berufen konnte. Doch bevor Samuel die Stämme herzutreten liess, um aus ihnen einen König zu erwählen, hatte er noch ein ernstes Wort von Gott an die Israeliten. Der HERR erinnerte sie daran, wie Er sie als Volk aus der Sklaverei Ägyptens erlöst und auch später oft aus der Hand der Bedrücker befreit hatte. Nun forderten sie einen König und verwarfen damit Den, der sie aus allen Schwierigkeiten errettet hatte.

MONTAG
20. SEPTEMBER

Im Alten Testament benutzte Gott oft das Los, um seinen Willen kundzutun (Josua 7; Jona 1,7; Sprüche 16,33). So auch hier. Das Los traf Saul, den Sohn von Kis. Wieder zeigte sich sein edler Charakterzug: In seiner natürlichen Demut und Bescheidenheit versteckte er sich. Doch als die Menschen nach dem Hinweis Gottes den gesuchten Mann fanden, überragte er mit seiner körperlichen Grösse alle anderen. Was für einen stattlichen König hatte Gott seinem Volk gegeben! Wir verstehen das Jauchzen der Menschen, die riefen: «Es lebe der König!»

Am Schluss heisst es, dass die Schar, «deren Herz Gott gerührt hatte», mit Saul zog. Die Gottesfürchtigen anerkannten die von Gott eingesetzte Autorität. «Einige Söhne Belials» aber verachteten nicht nur den HERRN, sondern auch seinen König. Und wir? Das Wort Gottes fordert uns auf, die Regierung anzuerkennen und ihr zu gehorchen, auch wenn sie gottlos ist, denn Gott hat sie eingesetzt (Römer 13,1.2).

Jabes-Gilead lag auf der Ostseite des Jordan im Stammesgebiet von Manasse (4. Mose 32,40). Die Ammoniter waren die Nachkommen des einen unehelichen Sohnes von Lot (1. Mose 19,38). Sie gehörten zu den feindlichen Nachbarvölkern Israels. Doch Gott hatte seinem Volk keinen Auftrag gegeben, die Ammoniter zu bekämpfen (5. Mose 2,19). Diese hatten aber auch kein Recht, einfach eine Stadt in Israel anzugreifen.

DIENSTAG
21. SEPTEMBER

Aus Mangel an Gottvertrauen machten die Bewohner von Jabes den Angreifern einen Vorschlag, um die Gefahr abzuwenden. Aber Nahas antwortete darauf mit Verachtung. Wenn wir – anstatt auf Gott zu vertrauen – Zugeständnisse an die Welt machen, um Schwierigkeiten zu vermeiden, wird es uns ähnlich ergehen.

Nun versuchten die bedrängten Bewohner, bei ihren Brüdern Hilfe zu bekommen. Als Saul, der als König über Israel eingesetzt worden war, davon hörte, reagierte er sehr heftig. Es heisst zwar: «Da geriet der Geist Gottes über Saul.» Daraus können wir jedoch nicht schliessen, dass er neues Leben hatte (vergleiche dazu 4. Mose 24,2). Saul war ein Ungläubiger, der in fleischlichem Zorn handelte. Ausserdem missbrauchte er den Namen des gottesfürchtigen Propheten. Ohne ihn zu fragen, rief er die Soldaten in Israel auf, ihm und Samuel zu folgen. Wollte er damit seinen Worten Nachdruck verschaffen?

Auf die massive Drohung hin kam ein beachtliches Heer zusammen. Aber war diese Vorgehensweise für einen König des Volkes Gottes angemessen? Sicher nicht! So handelten die Herrscher der Nationen (Daniel 3,29).

Die Boten aus Jabes-Gilead, die bei ihren Brüdern in Israel Hilfe gesucht hatten, kehrten nicht mit leeren Händen zurück. Sie brachten ihren bedrängten Landsleuten die Mut machende Botschaft: «Morgen, wenn die Sonne heiss scheint, wird euch Rettung werden.» Da freute sich die eingeschlossene Bevölkerung und gab den Belagerern eine entsprechende Antwort.

MITTWOCH
22. SEPTEMBER

Am nächsten Tag errang Saul mit seinem Heer einen grossen Sieg. Dieser war so eindeutig, dass keine zwei Ammoniter zusammenblieben.

Samuel hatte der göttlichen Anweisung gehorcht und Saul zum König über Israel gesalbt. Nun schien sich die Sache mit dem Königtum positiv zu entwickeln. Ausserdem zeigte sich bei Saul aufs Neue eine gute menschliche Charakterseite. Als das Volk jene zur Rechenschaft ziehen wollte, die ihn bei seiner Einsetzung als König verachtet hatten, sprach er grossmütig: «Niemand soll an diesem Tag getötet werden, denn heute hat der HERR Rettung verschafft in Israel!» Er schrieb den Sieg sogar dem HERRN zu.

Der Prophet Samuel unterstützte den positiven Verlauf des Königtums. Er rief das Volk nach Gilgal, um «das Königtum zu erneuern». Dort wurde Saul als König bestätigt. Das Ganze wurde zu einem Freudenfest für alle. Durch das Opfern der Friedensopfer dankten sie dem HERRN. Wie lange wird es mit einem ungläubigen Mann an der Spitze des Volkes Gottes gut gehen?

Obwohl sich Saul in Gilgal befand, kannte er die geistliche Bedeutung dieses Ortes nicht. Nie hatte er sein eigenes Fleisch Gott gemäss verurteilt.

Mit der Bestätigung des Königtums endete die Zeit von Samuel als Richter über Israel. In diesem Kapitel gibt er sein Richteramt ab. Aber seinen Dienst als Prophet in Israel führte er weiter. Das sieht man auch aus der Art und Weise, wie er in diesem Kapitel zum Volk spricht.

**DONNERSTAG
23. SEPTEMBER**

Zuerst hielt Samuel einen kurzen Rückblick und fragte die Menschen, was sie noch gegen ihn vorzubringen hatten. Er war bereit, irgendwelche entstandenen Schäden wiedergutzumachen. Wie schön ist das Zeugnis, das sie ihm ausstellten: «Du hast uns nicht übervorteilt und uns keine Gewalt angetan und hast aus niemandes Hand irgendetwas genommen» (Vers 4).

Als Richter nahm Samuel eine von Gott gegebene Stellung der Autorität ein. Doch es war sein korrektes Verhalten, das seinen Worten und Anordnungen das nötige Gewicht gab. Im himmlischen Volk Gottes gibt es heute keine Amtspersonen mehr, weil keine Autorität wie die Apostel und ihre Bevollmächtigten mehr da ist, die solche einsetzen könnten. Aber es gibt unter den Glaubenden immer noch Brüder, die führen und vorstehen können. Ihre Autorität ist jedoch keine offiziell verliehene, sondern eine erworbene. Sie wird nur durch ein gutes und vorbildliches Verhalten erreicht. Erkennen und achten wir Brüder, die Führungseigenschaften zusammen mit einem gottesfürchtigen Verhalten aufweisen? (1. Thessalonicher 2,10-12; 5,12.13; Hebräer 13,17).

Das Volk bestätigte die Rechtschaffenheit und Unbestechlichkeit Samuels vor Gott. Ob das auch von uns vor dem Herrn bezeugt werden könnte?

In seiner Abschiedsrede als Richter ging Samuel bis zum Anfang der Wege Gottes mit seinem Volk zurück. Er erinnerte an Mose und Aaron, die Israel aus Ägypten herausgeführt und bis zum verheissenen Land gebracht hatten. Es war der HERR, der alles so gelenkt hatte.

Aber als die Israeliten im Land wohnten, vergassen sie ihren Gott. Sie verfielen in den Götzendienst der früheren heidnischen Bewohner, so dass Gott sie immer wieder züchtigen musste. Die Zeit der verschiedenen Richter, die Gott jeweils gegeben hatte, lag noch nicht so weit zurück. Wie oft hatte der HERR auf ihr Schreien geantwortet und sie immer wieder gerettet!

FREITAG
24. SEPTEMBER

Trotz der gnädigen Führung ihres Gottes, der eigentlich ihr König war, hatten die Menschen in Israel einen menschlichen König verlangt. Der HERR hatte ihren dringenden Wunsch erhört und Saul über sie gesetzt. Nun rief der abtretende Richter sowohl das Volk als auch den König auf, Gott zu gehorchen. Schon als Mose dem Volk Israel im 5. Buch Mose alle Gebote und Satzungen des HERRN vorstellte, legte er den Nachdruck auf den Gehorsam. Hingegen würden Ungehorsam und Auflehnung gegen Gott negative Konsequenzen haben.

Bis heute ist der Gehorsam gegenüber Gott und seinem Wort das Entscheidende. Anerkennen wir die Bibel als göttliche Autorität? Unterordnen wir uns dem Wort Gottes und befolgen wir seine Anweisungen? Das Neue Testament zeigt uns, dass wir durch unseren Gehorsam unsere Liebe zum Herrn Jesus beweisen können (Johannes 14,15.21.23). Ist das unser Herzenswunsch?

Samuel unterstrich seine ernsten Worte mit einem Zeichen vom Himmel. Auf sein Gebet hin gab der HERR an jenem Tag Donner und Regen. Dadurch drangen die Worte Samuels bis ins Gewissen der Anwesenden. Sie fürchteten sich, denn es wurde ihnen deutlich, dass sie mit ihrem dringlichen Wunsch nach einem König, wie die Nationen einen hatten, gegen Gott gesündigt hatten. Darum baten sie den Propheten um seine Fürbitte beim HERRN.

SAMSTAG
25. SEPTEMBER

Wie tröstlich waren die Worte Samuels: «Fürchtet euch nicht!» Das Böse war zwar geschehen. Es gab auch kein Zurück mehr. Doch das Volk bekam die Zusicherung: «Der HERR wird um seines grossen Namens willen sein Volk nicht verlassen.» Es durfte und sollte weiter dem HERRN nachfolgen und Ihm dienen. Auch Samuel war bereit, als Prophet für sie zu bitten und sie den «guten und richtigen» Weg zu lehren. Wie gross war die Gnade, die Gott seinem Volk aufs Neue erwies! Nun lag es an ihnen, den Weg in entschiedener Gottesfurcht weiterzugehen.

Der Grundsatz, den wir hier finden, gilt auch für die Christenheit. Wenn wir Menschen versagen, stellt Gott den vorherigen Zustand nicht wieder her, auch wenn wir die Sünde bekennen. Gott hat im Lauf der Zeit immer wieder Erweckungen geschenkt. Aber Er führte nie zum Zustand zurück, der zu Beginn der Apostelgeschichte beschrieben wird. Dieser Grundsatz gilt auch für uns persönlich. Aber der Herr wird Gnade und Kraft geben, um die Folgen unseres Versagens zu tragen. Er wird uns zeigen, wie der Weg weitergehen soll.

Bestellung «tägliches Manna 2022»

Wenn Sie das «tägliche Manna» nicht im Abonnement beziehen, empfehlen wir Ihnen, heute den Band für das Jahr 2022 zu bestellen:

www.taeglichesmanna.ch

www.taeglichesmanna.ch

Tipp: Das «tägliche Manna» eignet sich als
        sinnvolles Geschenk für Freunde,
        Verwandte oder Bekannte.

Beröa-Verlag
Postfach
CH-8038 Zürich
info@beroea.ch

Mit diesem Kapitel beginnt die Beschreibung der Regierungszeit von König Saul. Beim Lesen werden wir schnell erkennen, wie verheerend es ist, wenn ein Mann des Fleisches – ein Ungläubiger – an der Spitze des Volkes Gottes steht und dort das Sagen hat. In der Christenheit, in der wir leben, gibt es leider manche solche Führer.

SONNTAG
26. SEPTEMBER

Saul hatte eine königliche Garde von 3000 Mann, von denen 1000 bei seinem Sohn Jonathan stationiert waren. Im Gegensatz zu seinem Vater war Jonathan ein Glaubensmann. Gott schenkte ihm einen Sieg über die Philister, die sich als Besatzungsmacht in Israel aufhielten. Doch sein Vater benutzte diesen Sieg, den er sich selbst zuschrieb, um einen Krieg gegen die Philister heraufzubeschwören. Dabei sprach er vom Volk Gottes als von den *Hebräern*. Weil er als Ungläubiger kein Empfinden für die Beziehung der Israeliten zum HERRN hatte, gebrauchte er die gleiche Bezeichnung, mit der die Welt von den Israeliten sprach (Kapitel 4,6; 13,19; 14,11). Wie traurig!

Die Feinde reagierten schnell und massiv auf die Empörung des neuen Königs. Mit einem gut bewaffneten, riesigen Heer zogen die Philister gegen Israel in den Kampf. Angesichts dieser Bedrohung versteckten sich die bedrängten Israeliten oder flohen über den Jordan in das Stammesgebiet von Gad und Manasse.

Wie stand es um die Soldaten, die bei Saul in Gilgal waren? Sie folgten ihrem König, der ohne Gottvertrauen die Feinde bekämpfen wollte, mit Zittern nach. Das war die Folge eines Mangels an Glauben.

In Kapitel 10,8 hatte Samuel zu König Saul gesagt: «Geh vor mir nach Gilgal hinab; und siehe, ich werde zu dir hinabkommen ...; sieben Tage sollst du warten.» Diesen Auftrag hatte Saul noch nicht erfüllt. Es scheint, dass er sich wieder daran erinnerte, als er bedroht wurde.

**MONTAG
27. SEPTEMBER**

Saul wartete sieben Tage. Als sich jedoch das Volk von ihm weg zerstreute, war seine fleischliche Geduld am Ende. Es fehlte ihm der Glaube, um zu warten, bis Samuel kam. Als König nahm er die Sache selbst in die Hand, übertrat damit aber die göttlichen Anweisungen. Das Darbringen von Opfern hatte Gott dem Stamm Levi und der priesterlichen Familie vorbehalten. Saul hatte kein Recht, an den Altar zu treten und zu opfern, auch wenn er König war (vgl. 2. Chronika 26,16-20).

Als Saul mit dem Opfern des Brandopfers zu Ende war, kam Samuel. Auf den Ausruf des Propheten «Was hast du getan!» versuchte sich Saul mit Ausreden zu rechtfertigen. Gleichzeitig gab er sich demütig und fromm, ohne eine persönliche Beziehung zu Gott zu haben. Von einem Schuldbekenntnis hören wir nichts.

Mit den Worten der Verse 13 und 14 war das Ende des Königtums von Saul besiegelt. Der König nach den Wünschen des Volkes hatte versagt. Der natürliche Mensch scheitert immer, wenn Gott ihn auf die Probe stellt. Nun wollte Gott einen Mann nach seinem Herzen zum König über sein Volk machen.

Wie schwer muss es Samuel gefallen sein, dem König das göttliche Urteil mitzuteilen! Ohne eine Antwort abzuwarten, verliess er Saul. Wie ernst!

Der Schluss des Kapitels beschreibt den traurigen Zustand des Volkes unter seinem selbstgewählten König. Zu Samuel hatte Gott über den neuen König gesagt: «Er wird mein Volk aus der Hand der Philister retten; denn ich habe mein Volk angesehen, denn sein Schreien ist zu mir gekommen» (Kapitel 9,16). Nun war Saul schon eine Zeit lang König. Aber die Philister beherrschten die Israeliten nach wie vor. Zudem war der König soeben ungehorsam gewesen und hatte gegen die Anweisungen des HERRN gehandelt. Versagen auf der ganzen Linie!

DIENSTAG
28. SEPTEMBER

Die Philister hatten sich zum Krieg gegen Israel gerüstet. Doch es war zu keiner Auseinandersetzung gekommen. Nun zogen sie in drei Vernichtungszügen durchs Land, um Israel noch mehr zu bedrücken. Das arme Volk hatte keine Möglichkeit, sich zu wehren. Die Philister hatten schon längst dafür gesorgt, dass sich die Israeliten nicht bewaffnen konnten. Es gab im Land Israel keine Schmiede mehr. Die Leute waren gezwungen, mit ihren stumpfen Werkzeugen ins feindliche Philistäa zu gehen, um sie dort schärfen zu lassen. Nur der König und sein Sohn Jonathan besassen Waffen. Doch das genügte für Gott, um seinem Volk zu zeigen, dass Er es noch nicht aufgegeben hatte (Kapitel 14).

Dieser Abschnitt hat auch uns etwas zu sagen. Die Philister im Land Israel stellen bildlich die ungläubigen Namenschristen dar, von denen wir umgeben sind. Wie leicht lassen wir uns von ihnen und ihren Ideen beeinflussen, anstatt uns nur auf Gottes Wort zu stützen. So geben wir das Schwert des Geistes aus der Hand.

Im Gegensatz zu seinem Vater war Jonathan ein gläubiger Mann. In Kapitel 13,3 hatte er bereits einen Sieg im Glauben errungen. Damals hatte der Vater den Erfolg seines Sohnes auf eine ungute Art für sich ausgenutzt. Jetzt handelte Jonathan ganz allein im Glauben, ohne seinem Vater etwas davon zu sagen.

Beim ungläubigen, aber religiösen Saul war der Priester mit dem Ephod. Zusammen sind sie ein Bild der religiösen Welt. Jonathan aber und sein Waffenträger handelten in persönlicher Glaubensüberzeugung.

MITTWOCH
29. SEPTEMBER

Bevor die Bibel von der Glaubenstat Jonathans berichtet, werden in den Versen 4 und 5 die enormen Schwierigkeiten beschrieben, die der Glaube zu überwinden hatte. Jonathan liess sich dadurch nicht abhalten. Er wusste: «Für den HERRN gibt es kein Hindernis, durch viele zu retten oder durch wenige.» Zudem sah Jonathan die Feinde, wie Gott sie sah – als Unbeschnittene, die in Israel nichts zu suchen hatten.

Der Plan Jonathans zeugte nicht nur von Mut, sondern auch von Gottvertrauen (Vers 10). Nachdem er und sein Waffenträger sich den Feinden gezeigt und diese entsprechend geantwortet hatten, handelten sie. Die Worte Jonathans beweisen die Selbstlosigkeit seines Glaubens. Er sprach nicht von sich, sondern sagte: «Der HERR hat sie in die Hand Israels gegeben.»

Zuerst gab Gott den beiden Glaubensmännern Mut und Kraft, hinaufzuklettern und die ersten Philister zu schlagen. Dann griff Er selbst direkt ein und versetzte den Feind in einen Schrecken, der so überhand nahm, dass das Land erbebte.

Die Wächter Sauls erkannten die Verwirrung im feindlichen Lager. Nun wollte der König wissen, ob dies durch jemand von seinem Heer ausgelöst worden war. Ja, Jonathan und sein Waffenträger wurden vermisst.

DONNERSTAG
30. SEPTEMBER

Nun hatte der religiöse Saul im Sinn, Gott über das weitere Vorgehen zu fragen. Doch der Mann, der sonst ohne den HERRN lebte, konnte nicht auf die göttliche Antwort warten. Er zog auf eigene Faust mit seinen Soldaten in den Kampf. Weil Gott eine «sehr grosse Verwirrung» bewirkt hatte, bekam das Heer Sauls die Oberhand.

Interessant sind die göttlichen Mitteilungen in den Versen 21 und 22. Zuerst ist die Rede von Menschen aus Israel, die sich ganz mit den Philistern arrangiert hatten. Gott bezeichnet sie als «Hebräer». Durch ihr treuloses Verhalten verdienten sie nicht den Namen «Israeliten». In Jakobus 4,4 heisst es: «Wer nun irgend ein Freund der Welt sein will, erweist sich als Feind Gottes.» Nun bewog der persönliche Glaubenseinsatz von Jonathan diese Abtrünnigen, ihre falsche Stellung aufzugeben und sich wieder zum Volk Gottes zu halten.

In Vers 22 werden jene erwähnt, die sich aus Angst vor den Feinden im Gebirge versteckt hatten. Sie werden als «Männer von Israel» bezeichnet. Bei ihnen sehen wir einen Mangel an Glauben, aber keine Kompromissbereitschaft mit den Feinden des Volkes Gottes. Der Glaube der anderen ermutigte sie, ihre Verstecke zu verlassen und sich denen anzuschliessen, die gegen die Philister kämpften und sie verfolgten. «So rettete der HERR Israel an jenem Tag.»

Der ungläubige Saul handelte nicht als ein weiser König. Sein Egoismus und seine Torheit führten ihn dazu, einen unsinnigen und nachteiligen Befehl zu geben. Er wollte dadurch vermeiden, dass die müden Soldaten sich stärkten und dabei zu wenig entschlossen *seine* Feinde verfolgten. Es ging ihm nur um *seine* Ehre. Wie traurig!

FREITAG
1. OKTOBER

Gott, der Israel an jenem Tag rettete, hatte für Stärkung gesorgt. Als das Volk in den Wald kam, fand es dort einen Strom von Honig. Doch die Soldaten fürchteten den Schwur des Königs und genossen nichts davon – ausser Jonathan, der nichts vom Befehl seines Vaters wusste. Der Honig stärkte ihn «und seine Augen wurden hell». Aber der Unglaube hatte diese stärkende Erfrischung für alle anderen zerstört.

Die Torheit des Unglaubens hatte noch schlimmere Konsequenzen. Jonathan erkannte klar, dass dieser absurde Befehl eine völlige Niederlage der Philister vereitelt hatte. Eine weitere tragische Folge war, dass das ermattete und hungrige Volk derart über die Beute herfiel, dass es das Fleisch mit dem Blut ass. Damit wurde ein Gebot Gottes übertreten, das zu allen Zeiten gültig ist (1. Mose 9,4; 3. Mose 17,10-14; Apostelgeschichte 15,19.20.29). Der religiöse Saul wusste, dass seine Leute dadurch ein Gebot Gottes übertraten und reagierte energisch dagegen: «Ihr habt treulos gehandelt.» Doch wir lesen nichts davon, dass er seine eigene Schuld eingesehen hätte. Sein törichter Befehl war der Auslöser für die Sünde des Volkes gewesen. Mit dem Bau eines Altars konnte er sein Versagen nicht kompensieren.

Noch in der gleichen Nacht wollte Saul die Philister weiterverfolgen. Da schlug der Priester vor, zuerst Gott zu befragen. Saul willigte ein, aber der HERR antwortete ihm nicht. Obwohl er ungläubig war, schloss er daraus, dass eine Sünde vorliegen musste, die der HERR nicht einfach übersehen konnte. Wieder liess der König sich zu einem

SAMSTAG

2. OKTOBER

unüberlegten Wort hinreissen. Wer die Sünde begangen hatte, sollte sterben. Das Volk reagierte mit Schweigen darauf.

Saul hatte Gott um ein vollkommenes Los gebeten, und die Wahrheit kam ans Licht. Jonathan wurde als der Schuldige getroffen! Es scheint, dass Saul in seinem religiösen Eifer bereit gewesen wäre, seinen Sohn zu töten. Nun griff das Volk ein, das vernünftiger dachte als sein König. Es bezeugte: «Er hat mit Gott gehandelt an diesem Tag» – im Gegensatz zu seinem Vater! «So erlöste das Volk Jonathan, dass er nicht starb.»

Die Schlussverse sind eine Zusammenfassung der Regierungszeit Sauls und eine Beschreibung der königlichen Familie. Der König bekam zwar im nächsten Kapitel nochmals eine Chance, seinen Gehorsam zu beweisen. Aber für Gott war die Geschichte dieses Königs bereits abgeschlossen.

Eigentlich musste es zu diesem Zeitpunkt jedem aus Israel klar geworden sein, dass sich der König nach ihrer Wahl nicht nur als eine schwere Hypothek, sondern auch als eine Not für das Volk und eine Unehre für Gott entpuppt hatte. Diese bittere Erfahrung liess Gott sein Volk machen, das Ihn verworfen und einen menschlichen König gefordert hatte.

König Saul bekam nochmals eine Gelegenheit, seinen Gehorsam gegenüber Gott und seinem Wort zu beweisen. Samuel überbrachte ihm den Auftrag des Herrn, Amalek vollständig zu verbannen.
Weder Menschen noch Tiere sollten am Leben bleiben.

Sonntag
3. Oktober

Nach dem Auszug aus Ägypten war das Volk Israel in der Wüste Rephidim von den Amalekitern angegriffen worden. Obwohl Josua damals gegen diese Feinde gekämpft und einen Sieg errungen hatte, sagte Gott, dass Er das Gedächtnis Amaleks völlig austilgen werde (2. Mose 17,14). Was war der Grund für dieses endgültige Gericht? Amalek war ein hinterhältiger Feind. Er schlug die Nachzügler, die Schwachen, die Erschöpften und Müden des Volkes. Wenn der Herr dem Volk Israel im Land Ruhe verschafft haben würde, sollte das Gedächtnis Amaleks unter dem Himmel ausgetilgt werden (5. Mose 25,17-19). Jetzt war dieser Augenblick gekommen und Saul sollte das Gericht ausführen.

Der Anfang sah vielversprechend aus. Saul zog mit einem grossen Heer gegen Amalek. Bevor er dieses Volk schlug, forderte er die Keniter auf, die sich als Freunde Israels erwiesen hatten (Richter 1,16; 4,11), sich aus der Mitte Amaleks zu entfernen. Dann schlug er sie mit der Schärfe des Schwertes. Aber er führte den göttlichen Befehl nicht vollständig aus. In Vers 9 lautet der inspirierte Bericht: «Saul und das Volk verschonten ...» Sowohl der König als auch das Volk waren ungehorsam. So handelt das Fleisch immer. Ein Stück weit vermag es Gott zu gehorchen. Dann aber folgt es seinem eigenen Willen.

Wenn der HERR zu Samuel sagt: «Es reut mich ...», dann bedeutet das nicht, dass Gott sich getäuscht hätte. Als Allwissender kennt Er alles von Anfang an. Wenn das Wort «reuen» für Gott gebraucht wird, zeigt es, wie schlimm es für Ihn ist, wenn seine Geschöpfe eigenwillig gegen Ihn handeln (vgl. 1. Mose 6,6).

MONTAG 4. OKTOBER

Der Prophet Samuel war über die Mitteilung Gottes tief betrübt. Eine ganze Nacht lang betete er intensiv zum HERRN. Doch dann trat er dem ungehorsamen König unerschrocken entgegen. Weil Gott seinen Propheten über alles informiert hatte, liess Samuel sich durch die schönen Worte Sauls nicht blenden. Sofort sprach er das Brüllen und Blöken der verschonten Tiere an.

In seiner Ausrede schob der König die Schuld auf das Volk: «Sie haben ...» Hätte er als Regent nicht die Autorität gehabt, es dem Volk zu verbieten? Hatte er nicht selbst das Beste vom Vieh und den besiegten König Agag verschont? Als Samuel ihm durch das Wort des HERRN ins Gewissen redete, widersprach er arrogant: «Ich habe der Stimme des HERRN gehorcht.» Noch einmal schob er die Schuld auf das Volk.

Welch ein Widerspruch lag in den Worten, sie hätten von der Beute genommen, um Gott zu opfern! Nein, Gott wollte keine Opfer, die aus dem Ungehorsam kamen. Bis heute gilt der Grundsatz: «Gehorchen ist besser als Schlachtopfer.» Widerspenstigkeit und Eigenwille sind in Gottes Augen Gräuelsünden. Wie leicht vergessen wir das!

Mit seinem Ungehorsam gegen Gott und sein Wort besiegelte Saul sein Schicksal als König Israels.

Aufgrund der schicksalsschweren Worte Samuels bekannte König Saul zweimal: «Ich habe gesündigt.» Leider waren seine Worte kein vorbehaltloses, aufrichtiges
Bekenntnis. Das erkennen wir
sowohl aus Vers 24 als auch aus   **DIENSTAG**
Vers 30. Er hatte Ausreden und   **5. OKTOBER**
war trotz seines Versagens nur
auf seine Ehre vor den Menschen besorgt. Deshalb lesen wir auch nichts von göttlicher Vergebung. Saul zählt
zu den Leuten in der Bibel, die wohl bekannt haben:
«Ich habe gesündigt», die aber nur die Folgen ihrer
Sünde bedauerten, ohne die Wurzel ihres Versagens zu
richten und zu verurteilen. Weitere Beispiele sind der
Pharao (2. Mose 9,27; 10,16), Bileam (4. Mose 22,34) und
Judas Iskariot (Matthäus 27,4).

Vers 31 zeigt, wie Samuel Saul als König ehrte, aber
keine gemeinsame Sache mehr mit dem eigenwilligen, ungehorsamen Regenten machte. Wir fragen uns:
Warum betete Saul Gott an, zu dem er gar keine Beziehung hatte? Mit dieser Handlung konnte er keine seiner Verfehlungen rückgängig oder wieder gut machen.
Seine Anbetung war für den HERRN wertlos.

Was Saul versäumt hatte, führte nun Samuel aus: Er
übte das Gericht am Amalekiterkönig aus. Dann trennten sich die Lebenswege des Propheten und des ersten Königs in Israel. Sie sahen einander nicht mehr. Für
Samuel war der Ausgang dieser Geschichte äusserst
traurig, weil dieser Mann des Fleisches so viel Unehre
auf den Namen Gottes gebracht hatte. Es muss für
Samuel ein grosser Schmerz gewesen sein, dass es den
HERRN reute, Saul zum König gemacht zu haben.

Der HERR stand im Begriff, seinem Volk *den* König zu geben, den *Er* sich ausersehen hatte. Dazu gab Er Samuel den Auftrag, einen der Söhne Isais zum König zu salben. Doch der Prophet war damals nicht auf der Höhe seines Glaubens. Zuerst musste Gott ihn auf die übermässige Trauer um Saul ansprechen. Dann fürchtete Samuel um sein Leben, wenn der König erfuhr, dass er einen Nachfolger gesalbt hatte. Aber der HERR war gnädig und barmherzig mit seinem Knecht und half ihm, den Auftrag auszuführen.

**MITTWOCH
6. OKTOBER**

Die führenden Männer von Bethlehem wussten nicht, ob das Kommen des Propheten Frieden bedeutete. Er konnte sie jedoch beruhigen. Er war zu einem Opferfest mit der Familie Isais gekommen. Dabei fiel dem Propheten der Erstgeborene auf. Doch dieser war nicht der von Gott bestimmte König. Wie lehrreich ist die Aussage in Vers 7: «Der HERR sieht nicht auf das, worauf der Mensch sieht; denn der Mensch sieht auf das Äussere, aber der HERR sieht auf das Herz.» Lassen wir uns nicht oft durch das Aussehen eines Menschen oder durch seine Intelligenz, seinen Reichtum usw. beeindrucken?

An den jüngsten Sohn Isais dachte niemand. Er war so unbedeutend, dass das Fest ohne ihn abgehalten worden wäre, wenn Gott nicht eingegriffen hätte. Erst als Samuel fragte: «Sind das die Jünglinge alle?», wurde David vom Feld geholt. Als er kam, sagte der HERR: «Auf, salbe ihn; denn dieser ist es!» David wurde nicht mit einer zerbrechlichen Ölflasche (Kapitel 10,1), sondern aus einem unzerbrechlichen Ölhorn gesalbt. Sein Königtum sollte Bestand haben.

Während der Geist Gottes über den neu gesalbten König David geriet, wich Er von Saul. Stattdessen ängstigte ein böser Geist vom Herrn den verworfenen König. Was bedeutet das? Gott liess nun zu, dass Satan immer mehr Einfluss auf den ungläubigen Saul gewann. Die Diener des Königs merkten, dass es ihm schlecht ging, und versuchten ihm Linderung zu verschaffen.

Donnerstag 7. Oktober

Als Saul einen Lautenspieler bei sich wünschte, nannte einer seiner Diener David als möglichen Mann, der dem König Erleichterung verschaffen könnte. Wie schön ist das Zeugnis, das er in Vers 18 über David abgibt! Er war nicht nur ein guter Musiker, sondern auch ein tapferer Held und ein Kriegsmann. Diese Auszeichnungen hatte er sich durch seinen treuen Hirtendienst erworben (vgl. Kapitel 17,34-36). Doch das Wichtigste war seine Glaubensbeziehung zu Gott: «Der Herr ist mit ihm.»

Auf Befehl des Königs kam der neu gesalbte König an den Hof des amtierenden Regenten. Bis der Gesalbte des Herrn jedoch tatsächlich auf den Thron kam, vergingen viele Jahre, in denen David durch die Verfolgungen Sauls erprobt wurde. In dieser Zeit ist er ein Vorausbild auf den Herrn Jesus, den verworfenen Messias Israels. Und Saul? Er wird nun zu einem prophetischen Hinweis auf den Antichristen.

Vers 23 zeigt, wie Gott hinter allem stand. Er bewirkte, dass der geängstigte König Erleichterung fand, wenn David mit der Laute spielte. Für eine Zeit wich dann der böse Geist von ihm. Satan war in seinem Einfluss auf Saul keineswegs frei.

In diesem Kapitel sehen wir, wie Gott die Umstände so lenkte, dass der wahre Gesalbte des HERRN vom ganzen Volk gesehen wurde. Doch es war nicht David, der sich bemühte, ins Rampenlicht zu gelangen. Es war allein das Wirken Gottes, der dafür sorgte, dass David bekannt wurde. Die Philister begannen eine neue kriegerische Auseinandersetzung mit Israel. Im Terebinthental standen sich die beiden Heere gegenüber. Doch dieses Mal sollte die Entscheidung in einem Zweikampf zwischen einem Philister und einem Mann aus Israel fallen.

FREITAG
8. OKTOBER

Der Zwischenkämpfer aus dem Lager der Philister war der Riese Goliath. Seine Rüstung und seine Bewaffnung werden ausführlich beschrieben. Äusserlich gesehen hatten es die israelitischen Soldaten mit einem unbesiegbaren Feind zu tun. Höhnend forderte Goliath seine Gegner heraus: «Gebt mir einen Mann, dass wir miteinander kämpfen!» Die Reaktion Sauls und seiner Soldaten war verständlich: «Sie erschraken und fürchteten sich sehr.»

Ohne dass er daran dachte, forderte Goliath mit seinen Worten den lebendigen Gott selbst heraus. Es ging jetzt um folgende Frage: Hatte der HERR ein Volk auf der Erde, zu dem Er sich bekannte und das Er als sein Volk anerkannte, oder nicht? Der Philister stützte sich nur auf das Sichtbare. Äusserlich war tatsächlich nicht viel davon zu erkennen, dass Israel das Volk Gottes war. Unter der Regierung Sauls hatte sich der bedauernswerte Zustand Israels seit der Richterzeit kaum zum Besseren verändert. Wie viel hatte dieses Volk vom göttlichen Segen verloren!

Als König Saul in den Krieg zog, kehrte sein Lautenspieler nach Hause zurück und hütete wie früher das Kleinvieh seines Vaters. Die drei ältesten Söhne Isais hingegen waren mit dem Heer Sauls in den Kampf gezogen. Sie erlebten während 40 Tagen hautnah, wie Goliath die Soldaten Israels verhöhnte. Mit jedem Tag wuchs sein Selbstvertrauen, während bei den Israeliten das Entsetzen täglich zunahm.

SAMSTAG
9. OKTOBER

Nun sandte Vater Isai seinen Jüngsten ins Heerlager, um Nachricht von seinen Söhnen zu erhalten und ihnen etwas zu essen zu bringen. David ist hier ein schönes Bild von Christus, dem wahren Knecht des HERRN.

Nachdem er seine Herde einem Hüter überlassen hatte, machte er sich frühmorgens auf den Weg. Er kam zu seinen Brüdern und fragte sie nach ihrem Wohlergehen. Gleichzeitig wurde er Zeuge des Auftritts Goliaths und der panischen Angst der Israeliten. Das beschäftigte den jungen gottesfürchtigen David zutiefst. Er erkannte, dass es hier um eine Auseinandersetzung zwischen dem Philister und Gott ging. Die Verhöhnung des HERRN war ihm unerträglich. Deshalb fragte er nochmals nach. Doch sein ältester Bruder beurteilte sein Gottvertrauen als Vermessenheit und Bosheit des Herzens.

Wir denken unwillkürlich an Joseph, der von seinen Brüdern ebenfalls nicht verstanden, ja, sogar gehasst wurde. Aber sehen wir hier nicht auch etwas vom Verhalten der Menschen gegenüber dem Heiland? «Er kam in das Seine, und die Seinen nahmen ihn nicht an» (Johannes 1,11).

Die Nachricht, dass jemand es mit dem Philister aufnehmen wollte, verbreitete sich schnell. Als der König es
hörte, liess er David zu sich führen.

Der junge Hirte zeigte keine Angst vor dem Riesen.
Ausserdem ermutigte er die anderen, sich auch auf Gott
zu stützen. Im Vertrauen auf den HERRN war er bereit,
mit dem Philister zu kämpfen. Der ungläubige Saul, der
keine Ahnung von Gottvertrauen hatte, meinte: Das
kannst du nicht! In aller Demut erzählte David nun von
seinen früheren Erfahrungen mit Gott. Er hatte in schwierigen Situationen die Rettung des
HERRN erlebt. Er war überzeugt,
dass Gott ihn auch aus der Hand
des Philisters retten werde.

SONNTAG
10. OKTOBER

Die Erlebnisse Davids als Hirte lassen uns an den
Dienst des Herrn Jesus in seinem Leben hier denken.
Keines seiner Schafe, die der Vater Ihm gegeben hatte,
war verloren gegangen. Er hatte den Starken gebunden, um «Zerschlagene in Freiheit hinzusenden», und
sich schützend vor seine Jünger gestellt (Markus 3,27;
Lukas 4,18; Johannes 18,8). Aber Er musste ans Kreuz
gehen, um den Feind zunichtezumachen (Hebräer 2,14).

Nun war Saul bereit, David ziehen zu lassen. Aber
wenigstens seine eigene Rüstung wollte er ihm geben.
So möchte der natürliche Mensch durch eigene Anstrengung etwas zur Errettung beitragen. Doch das geht nicht.

Schliesslich ging David mit seinem Stab, fünf glat-
ten Steinen in der Tasche und seiner Schleuder in der
Hand dem Philister entgegen. Das waren die Waffen,
mit denen er im Vertrauen auf den HERRN umzugehen
wusste. Unsere Waffe ist die Bibel (Epheser 6,17).

Nun kam der Philister David immer näher. Er schaute mit Verachtung auf den jungen Mann, der ihm ohne vergleichbare Rüstung, aber mit unerschütterlichem Gottvertrauen entgegentrat. Goliath unterstrich seine Verhöhnung mit entsprechenden Worten und fluchte David bei den Göttern der Philister.

Daraufhin gab David eine ruhige, aber bestimmte Antwort. Goliath trat seinem Gegner mit

Montag
11. Oktober

den materiellen Waffen entgegen, deren Handhabung er sicher gut beherrschte. David aber begegnete dem Feind im Namen des Herrn der Heerscharen. Er wollte nicht für sich kämpfen, sondern für die Ehre seines Gottes einstehen, den Goliath verhöhnt hatte.

Wir staunen über die Glaubensüberzeugung Davids. Er wusste, dass der Herr ihm Gelingen schenken und er diesen Feind besiegen würde. Das waren keine hochmütigen Worte. Seine Aussagen gründeten sich auf die Glaubenserfahrungen, die er früher mehrfach mit dem Herrn gemacht hatte. Er wusste, was sein Gott in der Stunde der Not und der Gefahr für ihn war. Zudem sollte in dieser Auseinandersetzung offenbar werden, was für einen allmächtigen Gott das Volk Israel hatte.

Jonathan, der früher eine Glaubenstat vollbracht hatte, besass nicht die gleiche Überzeugung. Er sagte: «Vielleicht wird der Herr für uns wirken» (Kapitel 14,6). Dennoch durfte er die göttliche Hilfe erleben. Er konnte sich damals nicht auf solche Erfahrungen stützen, wie David sie gemacht hatte. David ist hier das Vorausbild auf Christus, denn er handelte als Vertreter Gottes vor dem Feind.

Nun ging alles sehr schnell. Während der Philister
näher kam, lief David dem Riesen entgegen. Ein Griff
in die Tasche und ein gezielter Schuss mit der Schleuder. Der Stein traf Goliath derart hart am Kopf, dass er
in seine Stirn eindrang, «und er fiel auf sein Angesicht
zur Erde». Wie kurz ist der biblische Kommentar! «So
war David mit der Schleuder und mit dem Stein stärker
als der Philister.»

**DIENSTAG
12. OKTOBER**

David tötete den Riesen mit
dessen eigenem Schwert. So hat
der Herr Jesus «durch den Tod
den zunichtegemacht, der die Macht des Todes hat, das
ist den Teufel» (Hebräer 2,14).

Jetzt war der Ausgang des Kriegs entschieden. Die
Philister flohen, als sie sahen, dass ihr Held tot war. Die
Männer von Israel konnten nur noch die Verfolgung
aufnehmen. Sie errangen einen Sieg, der dem Glauben
Davids entsprach (Vers 47). Die Aussage, dass David
den Kopf des Philisters nach Jerusalem brachte, lässt
uns daran denken, dass wir es mit einem geschlagenen
Feind zu tun haben. Auch wenn wir uns vor den Listen
des Teufels in Acht nehmen müssen, begegnen wir doch
einem Feind, den Christus am Kreuz besiegt hat.

Die Schlussverse zeigen, wie es keine Verbindung
zwischen Saul und David, seinem Lautenspieler, gab.
Saul kannte den nicht, der Goliath besiegt hatte. So
hat die Welt den Herrn Jesus nicht erkannt, der sich in
ihr aufhielt. Obwohl Er vielen geholfen hatte, indem Er
heilte, tröstete und aufrichtete, erkannten sie Ihn nicht
als den Erretter. Er war *in* der Welt, aber *nicht von* ihr
(Johannes 17,14).

Wir haben Jonathan bereits früher als jemand kennen
gelernt, der im Vertrauen auf den HERRN einen Glau-
benssieg errungen hat (Kapitel 14). Jetzt sehen wir ihn
als einen, der die Szene im Tere-
binthental miterlebt hat.

MITTWOCH
13. OKTOBER

Jonathan sah in David einen
Mann, der einen grösseren Glau-
ben hatte als er. Zu diesem fühlte er sich hingezogen.
Neidlos bewunderte er nicht nur die Glaubensenergie
Davids, sondern er liebte ihn und schloss einen Bund
mit ihm. Als Beweis dafür übergab der Prinz dem Hirten
sein Oberkleid, seinen Waffenrock, sein Schwert, seinen
Bogen und seinen Gürtel.

David weist in seinem Sieg über Goliath auf unseren Heiland hin. Am Kreuz hat Er Satan besiegt, unter
dessen Knechtschaft wir standen. Handeln wir als Glaubende nun auch wie Jonathan? Bedeutet der Herr Jesus
ebenfalls alles für unser Herz? Stellen wir Ihm das zur
Verfügung, was wir haben: unsere Kraft, unsere Fähigkeiten, unser Geld? Durch unseren Gehorsam können
wir Ihm unsere Liebe beweisen (Johannes 14,21.23).

Von nun an behielt Saul David bei sich am Hof und
übertrug ihm wichtige Aufgaben. Der gottesfürchtige
und demütige Hirte aus Bethlehem, der zwar am Hof des
Königs unerfahren war, gewann durch sein Verhalten das
Wohlwollen des ganzen Volkes und der Diener Sauls.

Ausgelöst durch den Gesang der Frauen bei der Rückkehr der Armee wurde Saul neidisch auf David. Diese
Eifersucht im Herzen steigerte sich zum Grimm. Es
scheint, dass der König in David den Mann sah, den Gott
zu seinem Nachfolger bestimmt hatte (Kapitel 15,28).

In diesen Versen stellt uns der Heilige Geist zwei ganz unterschiedliche Charaktere vor: Während der *ungläubige* Saul in seinem Neid mit bösen Absichten versucht David aus dem Weg zu schaffen, erfährt der *gottesfürchtige* David die offensichtliche Bewahrung des HERRN.

DONNERSTAG

14. OKTOBER

Der böse Geist, den Gott schon früher über Saul hatte kommen lassen, geriet erneut über ihn. David war wieder bereit, mit seinem Lautenspiel dem geplagten König Erleichterung zu verschaffen. Aber das brachte ihn in Lebensgefahr. Zweimal konnte er dem tödlichen Speerwurf ausweichen. Weil Saul merkte, dass ein Stärkerer mit David war, wollte er ihn nicht mehr in seiner Nähe haben. Er machte ihn zu einem Kommandanten über 1000 Mann und ermunterte ihn, die Kämpfe des HERRN zu kämpfen. Er hoffte, dass der junge Hirte, der keine militärische Ausbildung genossen hatte, im Krieg ums Leben kommen würde. Mit dem Angebot, sein Schwiegersohn zu werden, trieb er David an, es mit den kampferprobten Philistern aufzunehmen. Wie schlimm muss es im Herzen Sauls ausgesehen haben!

Obwohl David den ungerechtfertigten Hass des Königs zu spüren bekam, lesen wir nichts von einer entsprechenden Gegenhaltung. Er verhielt sich weiter als ein williger Knecht und Untertan des Königs und erfuhr dabei, wie der HERR mit ihm war und ihm half. Er gewann die Zuneigung des ganzen Volkes. Gleichzeitig blieb er bescheiden. Auf das Angebot des Königs antwortete er demütig: «Wer bin ich, und was ist mein Leben?» Ob wir auch so gehandelt hätten?

David hatte wohl die Kämpfe des HERRN geführt, doch Saul brach sein Wort und gab seine Tochter Merab einem anderen Mann. Michal hingegen, die andere Tochter Sauls, liebte David. Nun plante der König ein weiteres Mal, ihn durch die Philister umzubringen. David trug dem König nichts nach, sondern antwortete auf das Angebot, Sauls Schwiegersohn zu werden: «Ich bin doch ein armer und geringer Mann.» Schliesslich brachte er das Doppelte von dem, was der König anstelle einer Heiratsgabe forderte. So wurde Michal die Frau Davids.

FREITAG
15. OKTOBER

Saul musste einsehen, dass er gegen den Mann, mit dem der HERR war, nichts ausrichten konnte. Deshalb fürchtete er sich vor seinem «Rivalen». So blieb der Hass gegen David bestehen, und zwar für immer.

Während David die ungerechtfertigte Feindschaft des Königs zu ertragen hatte, gab Gott ihm besonderes Gelingen, so dass sein Name sehr geachtet wurde.

Viermal lesen wir in diesem Kapitel, dass David geliebt wurde (Verse 1.3.16.28): Jonathan liebte ihn mit einer echten und dauerhaften Liebe. Er betrachtete ihn als einen Mann des Glaubens und später als den von Gott bestimmten König Israels. Er sah in ihm den Mann nach dem Herzen Gottes. Deshalb liebte er ihn. Auch ganz Israel liebte David, weil er die Erzfeinde des Volkes – die Philister – mit Erfolg bekämpfte. Michal, die Tochter Sauls, liebte ihn mit einer menschlichen, natürlichen Liebe. Aber was den Glauben und die Gottesfurcht betraf, gab es keine Herzensverbindung zwischen ihr und David. Sie hatte sogar einen Hausgötzen (Kapitel 19,13).

Bis zu diesem Zeitpunkt hatte Saul seine Abneigung und seinen Hass gegen David nicht offiziell ausgesprochen. Doch jetzt redete er mit seinem Sohn und seinen Beamten offen darüber, dass er David töten wolle. Was für ein Schmerz für Jonathan, der sich doch mit David eng verbunden hatte!

SAMSTAG
16. OKTOBER

Was konnte er für seinen Freund tun? Als Erstes warnte er ihn und wies ihn an, sich zu verstecken. Als Zweites wollte er mit seinem Vater reden und sehen, wie ernst diese Todesdrohung war.

Es ist überaus schön zu sehen, wie Jonathan sich für seinen Freund einsetzte und seinen Vater vom Guten, das bei David gefunden wurde, zu überzeugen suchte. Hatte der HERR ihn nicht zur Rettung seines Volkes benutzen können? Mehrfach stellte Jonathan seinem Vater vor, dass es eine grosse Sünde wäre, den unschuldigen David zu töten. Er meinte es gut. Doch seine Blutsverwandtschaft mit dem König täuschte ihn über den wirklichen Zustand Sauls.

Äusserlich gesehen führte das Gespräch des Sohnes mit seinem Vater zu einem guten Ergebnis. Saul schwor sogar, David nicht zu töten. Doch wir sehen nicht, dass er über seine bösen Gedanken und Absichten gegen David Busse getan hätte. Auf das Zureden seines Sohnes hin fasste er einen guten Vorsatz. Mehr nicht. Saul blieb ein ungläubiger Mann und damit ein Knecht der Sünde (Johannes 8,34). David selbst trug dem König nichts nach, sondern war wieder vor ihm wie früher. Gleichzeitig führte er die Kämpfe des HERRN gegen die Philister erfolgreich weiter.

Wie schnell brach Saul seinen Schwur! Als der böse Geist von dem HERRN aufs Neue über ihn kam, war auch der alte, tödliche Hass wieder da. Doch der Speer verfehlte ein weiteres Mal sein Ziel.

So konnte David fliehen. Aber Saul liess nicht locker und verfolgte ihn nach wie vor.

SONNTAG
17. OKTOBER

Nun wurde es Michal klar, dass der Bruch zwischen ihrem Vater und ihrem Mann, den sie liebte, endgültig war. Auch David sah ein, dass die sofortige Flucht der einzige Ausweg war, um den Nachstellungen Sauls zu entkommen – und sie gelang. In jener Notsituation dichtete er Psalm 59, in dem er zu Gott betete: «Setze mich in Sicherheit vor denen, die sich gegen mich erheben!» (Vers 2).

Das ganze Verhalten Michals zeigt, dass sie eine echte, natürliche Liebe zu David hatte. Aber ihre Liebe war nicht mit Gottesfurcht gepaart. Aus Vers 13 erfahren wir sogar, dass sie einen Teraphim (= Hausgötzen) hatte und dieser im Haus Davids geduldet wurde. In ihren menschlichen Gefühlen der Zuneigung zu David handelte sie jedoch so, dass ihr Mann genügend Zeit zur Flucht hatte. Obwohl ihre Handlungsweise menschlich verständlich war, konnte Gott ihr Tun sicher nicht gutheissen. Zuerst betrog sie ihren Vater und dann zog sie sich mit einer Lüge über David aus der Affäre. Im Herzen Michals gab es leider keinen Glauben. Welch ein Gegensatz zu ihrem Bruder Jonathan! Im nächsten Kapitel werden wir sehen, wie er seinen Freund David unter Lebensgefahr vor seinem Vater verteidigt (Kapitel 20,32.33).

Auf seiner Flucht vor Saul besuchte David den Propheten Samuel, der ihn zum König gesalbt hatte. Da fand er ein Herz, dem er alles, was er erlebt hatte, erzählen konnte. Wir wissen nicht, wie Samuel darauf reagierte. Aber für den Moment wohnte der Flüchtling beim Propheten.

MONTAG
18. OKTOBER

Doch es dauerte nicht lang, bis Saul erfuhr, wo sich David aufhielt. Skrupellos schickte er seine Verfolger zu Samuel, der ihn selbst zum König gesalbt hatte. In Najot bei Rama sollten sie David verhaften. Doch Gott griff durch die Macht seines Geistes ein. Die Boten Sauls konnten David nicht gefangen nehmen. Stattdessen wurden sie so vom Geist Gottes ergriffen, dass sie ebenfalls weissagten. Drei Abteilungen, die Saul nacheinander sandte, um David festzunehmen, erreichten ihr Ziel nicht. Der mächtige Geist Gottes hinderte sie daran. Als König Saul persönlich nach Najot kam, geriet er ebenfalls unter den Einfluss des Geistes Gottes. Die Tatsache, dass dieser ungläubige Mann weissagte, verwunderte die Allgemeinheit sehr. So wurde er zum Sprichwort für etwas Unerklärliches (vgl. dazu Kapitel 10,12).

Mit diesem Sprichwort fragten die Leute eigentlich: Ist mit Saul tatsächlich eine grundlegende Änderung vorgegangen? Nein, Saul hatte sich gar nicht geändert. Der Geist Gottes kam über ihn, um deutlich zu machen, dass er sich einem Stärkeren beugen musste. Aber eine wirkliche Veränderung geschieht bei einem Menschen nur, wenn er vor Gott über seine Sünden Buße tut und an den Erlöser glaubt. ●

Obwohl Saul in Najot unter den Einfluss des Geistes Gottes gekommen war, fühlte sich David nicht sicher. Er floh erneut und kam zu seinem Freund Jonathan. Was habe ich getan? Warum verfolgt mich dein Vater, um mich zu töten? So lauteten die bangen Fragen im Herzen von David. Jonathan dagegen beurteilte die Lage nicht so ernst. Ausserdem meinte er, in seiner Stellung als Sohn des Königs sei er in der Lage, seinem Freund zu helfen. Doch David sah die Sache klarer: «Nur ein Schritt ist zwischen mir und dem Tod!»

DIENSTAG
19. OKTOBER

Um Sicherheit über die aktuelle Lage zu bekommen, schlug David vor, am Fest des Neumonds einen Test zu machen. Er wollte an der Feier nicht teilnehmen und dann sehen, wie Saul auf seine Abwesenheit reagieren würde. Leider nahm er dabei eine Unwahrheit zu Hilfe, anstatt sich ganz auf die Gnade des HERRN zu stützen.

Es gab nur Einen, der in jeder Situation und zu jeder Zeit die Wahrheit sagte und doch in Gnade handelte: unser Herr Jesus Christus, der Mensch gewordene Sohn Gottes. Von Ihm heisst es: «Das Wort wurde Fleisch und wohnte unter uns ... voller Gnade und Wahrheit.» Und: «Die Gnade und die Wahrheit ist durch Jesus Christus geworden» (Johannes 1,14.17).

Jonathan war bereit, auf diese Weise seinem Freund zu helfen. Er bezeugte David nochmals seine Treue und wollte ihm bestimmt mitteilen, wenn sein Vater Böses gegen ihn schmiedete. Damit niemand etwas von ihrer Abmachung erfuhr, gingen sie zusammen aufs Feld, wo sie ungestört und allein waren.

An einem Ort, wo sie vor Lauschern sicher waren, sprachen die beiden Freunde miteinander. Sie taten es vor dem HERRN, dem Gott Israels. Langsam wurde es Jonathan bewusst, wie ernst die Lage war. Wenn sein Vater David wirklich töten wollte, war er bereit, seinen Freund ziehen zu lassen. Doch wir fragen uns: Hätte er nicht klarer gegen Saul und für David Stellung nehmen sollen? Aufgrund einer gewissen Vorahnung bat er David, er möge ihm und seinen Nachkommen Güte erweisen, wenn er einmal König sei. Schliesslich schloss er einen Bund mit David und liess ihn bei seiner Liebe zu ihm schwören, um die Sache festzumachen.

**MITTWOCH
20. OKTOBER**

Jonathan war bereit, seinem Freund zu helfen, auch wenn er sich dabei gegen seinen Vater und dessen Absichten stellen musste. Sie entwarfen einen Plan, wie er David über den wahren Sachverhalt informieren konnte, ohne dass irgendjemand Verdacht schöpfte. Sie mussten sehr vorsichtig vorgehen, um die Sicherheit Davids nicht aufs Spiel zu setzen. Das Abschiessen von Pfeilen auf irgendein Ziel war eine unverfängliche Sache, hinter der niemand einen tieferen Grund ahnen konnte.

Wir sehen hier zwei gottesfürchtige Freunde, die ihre Lebenssituation vor dem HERRN besprachen. Es war der Glaube an den grossen Gott, zu dem jeder von ihnen eine persönliche Beziehung hatte, der sie so eng miteinander verband. So lauteten die letzten Worte Jonathans, bevor sie für den Augenblick auseinandergingen: «Siehe, der HERR ist zwischen mir und dir in Ewigkeit!»

Als am ersten Tag des Neumond-Festes der Platz Davids leer blieb, sagte Saul noch nichts. Gottes Wort hält sogar fest, was er sich dabei für Gedanken machte. Als David jedoch auch am zweiten Tag nicht erschien, stellte der König seinen Sohn zur Rede. Jonathan wollte seinen Freund weder blossstellen noch verraten. Er tat es leider nicht in vollem Gottvertrauen, sondern bediente sich der Unwahrheit, die sie vorher miteinander besprochen hatten.

Nun brach die ganze aufgestaute, aber ungerechtfertigte Wut hervor, die Saul gegenüber

DONNERSTAG
21. OKTOBER

David hatte. Die Worte, die er dabei seinem Sohn ins Gesicht schleuderte, müssen diesen tief verletzt haben. Er machte Jonathan den Vorwurf, seine Freundesbeziehung zu David sei eine Schande für ihn und seine Mutter. Zudem erklärte er ihm mit aller Deutlichkeit, dass er nicht König werden könne, solange David lebe. «Nun sende hin und lass ihn zu mir holen, denn er ist ein Kind des Todes!»

Noch einmal versuchte Jonathan seinen Vater von der Unschuld Davids zu überzeugen. Als Antwort darauf warf der wütende König den Speer in Richtung seines Sohnes, wie er es früher bei David getan hatte. Jetzt wusste Jonathan deutlich genug, wie ernst es um seinen Freund stand. Saul war entschlossen, ihn zu töten.

Ohne weitere Worte, doch in glühendem Zorn stand Jonathan auf und verliess die königliche Tafel. Wie schön sind die Worte am Schluss von Vers 34! Er dachte nicht an sich, sondern an seinen Freund. Er war betrübt über die Schmähworte seines Vaters gegenüber David.

Am Morgen des dritten Festtages ging Jonathan mit Pfeil und Bogen an den verabredeten Ort. Dort schoss er die Pfeile ab. Dann rief er seinem Knaben, der sie wieder einsammeln musste, die Worte der verschlüsselten

FREITAG

22. OKTOBER

Botschaft zu. Nun wusste David, der sich in der Nähe versteckt hatte, dass er fliehen musste.

Nachdem der Diener mit den Waffen in die Stadt zurückgekehrt war, trafen sich die beiden Freunde. Sie hatten einander nicht mehr viel zu sagen. Jonathan bemerkte einfach: «Es sei, wie wir beide im Namen des HERRN geschworen haben.» Sie waren nur noch überaus traurig, weil sie sich trennen mussten. Was folgte, steht in Kapitel 21,1: David ging als Verfolgter weg, Jonathan aber kehrte in die Stadt zurück. – Beim gläubigen Jonathan fallen uns zwei Punkte auf:

1) Als ihn sein Vater an den drohenden Verlust seiner Rechte als Kronprinz erinnerte, ging er nicht darauf ein. Aus Liebe zu David war er bereit, zurückzustehen. Er anerkannte ihn als den von Gott bestimmten König Israels. Durch seine Worte und sein Verhalten stellte er sich klar auf die Seite Davids, der von seinem Vater verfolgt wurde.

2) Sein Glaube war jedoch nicht so stark, dass er sich von seinem ungläubigen Vater trennte und das Los mit David teilte. Weshalb er zu seinem Vater zurückging, sagt uns Gott nicht. Aber in Kapitel 31 werden uns die Folgen der fehlenden Trennung vom Bösen mitgeteilt: Im Krieg kam Jonathan zusammen mit seinem Vater und seinen beiden Brüdern am gleichen Tag ums Leben.

Die nächsten Kapitel berichten, wie David ständig auf der Flucht vor König Saul war. Der Verfolgte weist dabei in mancher Hinsicht auf den Herrn Jesus hin, der als der wahre König seines Volkes abgelehnt, verachtet und verfolgt wurde. Die jüdischen Führer ruhten nicht, bis sie Ihn zum Tod verurteilt und den «König der Juden» gekreuzigt hatten. Im Gegensatz zu Christus, der sich in seiner Verwerfung immer vollkommen verhielt, sehen wir bei David auch Schwäche und Versagen.

SAMSTAG
23. OKTOBER

Als Erstes erreichte David Nod, wo die Priester lebten. Der Hohepriester kam ihm ängstlich entgegen. Er wusste nicht, was das Kommen Davids bedeutete. Der Flüchtling erzählte Ahimelech eine unwahre Geschichte. Darin ist David kein Hinweis auf Den, der die Wahrheit war und immer die Wahrheit redete.

Auf das, was damals in Nod passierte, nahm der Herr Jesus später Bezug (Matthäus 12,1-8; Markus 2,23-28; Lukas 6,1-5). Als die Pharisäer seine Jünger wegen des Nichteinhaltens des Sabbats angriffen, erinnerte Er sie an diese Begebenheit. Wenn der von Gott bestimmte König und damit Gott selbst verworfen wurde, war es sinnlos, das göttliche Gesetz festhalten zu wollen. Gott stand im Begriff, dieses religiöse System aufzuheben, durch das Israel seinen Messias nicht erkannt hatte. Daher sprach der Herr Jesus von sich als dem Sohn des Menschen, der Herr des Sabbats ist.

David erhielt die Schaubrote, die nur die Priester essen durften. Doch in dieser Situation wurde es zu gewöhnlichem Brot. Zudem bekam er das Schwert Goliaths.

Nun floh David zum Philisterkönig Achis, um in Gat Schutz zu suchen. Wieder ist er kein Hinweis auf Christus, denn der Herr Jesus wich niemals auch nur im Geringsten vom göttlichen Weg ab. In Gat wurde David als Besieger des Riesen Goliath erkannt. Damit kam er auch im Ausland in Lebensgefahr. Nun verstellte er sich und gebärdete sich wie ein Wahnsinniger, um sich einer möglichen Verhaftung durch Achis zu entziehen.

SONNTAG
24. OKTOBER

Aber wie sah es dabei in seinem Herzen aus? Von den Psalmen 34 und 56 wissen wir aus ihrer Überschrift, dass David sie in jener Zeit gedichtet hat. Sie zeigen, wie ihn die schwere Zeit, in die er aus eigener Schuld gekommen war, innerlich wieder zu seinem Gott zurückbrachte. Psalm 56 scheint er *vor* Psalm 34 geschrieben zu haben.

In Psalm 56 sehen wir, wie er Gott um Gnade anrief, als die Menschen ihn bedrängten. Mit den Worten: «An dem Tag, da ich mich fürchte, vertraue ich auf dich» (Vers 4), stützte er sich auf Gott. Er durfte erfahren, dass der HERR trotz allem für ihn war. Deshalb konnten ihm die Menschen nichts antun (Verse 10-12). Er erlebte Gottes Rettung.

In Psalm 34 lesen wir, wie er Gott von Herzen dankte und Ihn rühmte, weil Er ihn aus allen Beängstigungen errettet hatte (Verse 2-5). Seine Erfahrungen mit Gott bewogen ihn, andere zu ermuntern, zum HERRN Zuflucht zu nehmen. Aber er vergass nicht mehr, was er in Gat erlebt hatte. Die tiefe Demütigung vor Gott hatte bei ihm zu einem zerbrochenen Herzen und einem zerschlagenen Geist geführt (Vers 19).

David kam aus dem Land der Philister nach Israel zurück und versteckte sich in der Höhle Adullam. Hier suchte ihn seine Familie auf. So wird David zum Vorausbild auf den verworfenen Christus als dem Anziehungspunkt für seine Brüder. Weil David befürchtete, Saul könnte seine Eltern seinetwegen unter Druck setzen, brachte er sie beim König von Moab in Sicherheit.

**MONTAG
25. OKTOBER**

David wurde auch zum Anziehungspunkt vieler, die bedrängt und verschuldet waren. Darin weist er auf den Herrn Jesus hin, der in der Zeit seiner Verwerfung als Messias die Menschen einlud: «Kommt her zu mir, alle ihr Mühseligen und Beladenen, und *ich* werde euch Ruhe geben» (Matthäus 11,28). Bis heute darf jeder, der Probleme hat und wegen seiner Sünden in Not ist, zum Heiland kommen, um bei Ihm Frieden zu finden.

Auch der Prophet Gad, der Träger des Wortes Gottes, suchte David auf, der zwar zum König gesalbt war, aber verfolgt wurde. Er riet ihm ins Land Juda zu gehen.

Bei Saul aber schien sich der tödliche Hass gegen David ins Masslose zu steigern. Aus seinen harten Worten gegenüber seinen Knechten merkt man, dass der König meinte, alle hätten sich gegen ihn verschworen. Tatsache aber war, dass Gott ihn wegen seines Ungehorsams verworfen hatte und das Königtum dem Mann nach seinem Herzen geben wollte. Saul war jedoch nicht bereit, sich unter dieses Urteil zu beugen, sondern verfolgte den wahren Gesalbten des HERRN. Ein Ausländer – Doeg, der Edomiter – der die Szene in Nod miterlebt hatte, wurde zum Verräter Davids und der Priester.

In seinem Hass gegen David liess Saul die ganze priesterliche Familie verhaften und zu sich bringen. Die Antwort des Hohenpriesters auf die massive Anklage des Königs zeigt, was für einen guten Ruf David unter dem Volk hatte. «Wer unter allen deinen Knechten ist wie David?» Im Weiteren machte Ahimelech klar, dass er nichts getan hatte, was gegen den König gewesen wäre. Es konnte ihm und seiner Familie nichts zur Last gelegt werden.

**DIENSTAG
26. OKTOBER**

Alle Erklärungen und Verteidigungen Ahimelechs nützten nichts. Der König sprach das Todesurteil über die gesamte Priesterschaft aus. Was für eine böse Entscheidung! Sie konnte nur aus einem völlig verfinsterten Herzen kommen. Die Untergebenen des Königs weigerten sich, diese Gräueltat zu vollbringen. Schliesslich führte der treulose Edomiter die Ermordung der Priester und die Vernichtung der Stadt Nod durch. Saul, der einst die Amalekiter verschont hatte, liess die Priester des HERRN gnadenlos töten!

Abjathar, ein Sohn Ahimelechs, konnte dem Massaker entfliehen und kam zu David. Der arme David fühlte sich am Tod der Priester schuldig, weil er damals Doeg gesehen und geahnt hatte, dass dieser zum Verräter werden könnte. Den geflohenen Priester aber tröstete er mit den Worten: «Bleibe bei mir, fürchte dich nicht ... bei mir bist du wohl bewahrt!»

Gott sorgte für David. Nun befanden sich sowohl der Prophet als auch der Priester bei ihm. – Von zwei weiteren Psalmen Davids wissen wir, dass er sie in jener Zeit gedichtet hat: Psalm 142 und Psalm 52.

Wir wissen nicht, wer David berichtete, dass die Philister gegen Kehila kämpften. Sicher waren es Menschen, die ihr Vertrauen in den regierenden König verloren hatten. Deshalb wandten sie sich an den von Gott bestimmten, aber verfolgten König. So wirkte Gott bereits in Israel, um das Herz des Volkes David zuzuwenden.

MITTWOCH
27. OKTOBER

Bevor David etwas unternahm, befragte er Gott. Wie schön ist seine Abhängigkeit! Als der HERR ihn anwies: «Zieh hin und schlage die Philister und rette Kehila», liess er sich durch die Bedenken seiner Leute nicht mehr unsicher machen oder umstimmen. Aber im Vertrauen zu seinem Gott fragte er Ihn noch einmal und zog dann in den Kampf, der mit einem Sieg für David endete.

Unterdessen wurde Saul berichtet, wo David sich aufhielt. War der Verfolgte doch zu unvorsichtig vorgegangen? Nein, auf keinen Fall! Der ungläubige Saul konnte den Namen Gottes im Mund führen und meinen, er hätte sein Ziel – die Tötung Davids – erreicht. Aber der HERR hielt seine schützende Hand über David.

Es scheint, dass Abjathar unterdessen mit einem Ephod in seiner Hand zu David kam. Dieses Ephod muss ein Hilfsmittel gewesen sein, wodurch der Priester Gott befragen konnte (vgl. Kapitel 14,3; Hosea 3,4). Als David von den bösen Plänen Sauls hörte, wandte er sich erneut an Gott. In aller Demut fragte er den HERRN, wie er sich in dieser schwierigen Situation zu verhalten habe. Nach der eindeutigen göttlichen Antwort über das Verhalten der Bewohner von Kehila blieb David nur die Flucht.

Wegen den Nachstellungen Sauls blieb David nichts
anderes übrig, als sich in einem möglichst unwegsamen
Gelände aufzuhalten: in der Wüste, auf dem Gebirge
oder im Wald – ein mühsames, entbehrungsreiches
Leben! Aber Gott hielt seine gute Hand über ihm. Er
sorgte dafür, dass Saul ihn nicht
fangen konnte (Vers 14).

**DONNERSTAG
28. OKTOBER**

Damals schenkte Gott dem verfolgten David eine Ermunterung
durch seinen gläubigen Freund Jonathan. Dieser stärkte die Hand Davids in Gott. Er versicherte ihm, dass
sein Vater Saul ihn nicht finden werde. «*Du* wirst König
werden über Israel.» Soweit stimmten seine prophetischen Worte. Als er sich jedoch als den zukünftigen
Zweiten im Königreich sah, war er nicht mehr auf der
Linie Gottes. Der HERR hatte deutlich gemacht, dass Er
mit dem König nach dem Fleisch gebrochen hatte. Deshalb hätte sich der gläubige Jonathan von seinem Vater trennen und sich *ganz* zum verworfenen König nach
dem Herzen Gottes bekennen müssen. Er tat es nicht.
Er blieb nicht bei David im Wald, sondern ging in sein
Haus (Vers 18).

Die Siphiter meinten, Saul einen Gefallen zu tun, wenn
sie David verrieten. Als Dank dafür sprach der ungläubige Saul den Segen das HERRN über sie aus! Durch den
Verrat der Siphiter wurde es für David sehr kritisch. Die
Situation spitzte sich zu, als er und seine Männer von
Saul und seinen Soldaten umzingelt wurden. Doch Gott
griff durch den Einfall der Philister ein, so dass Saul sich
diesen Feinden stellen und von der Verfolgung David
absehen musste. Siehe dazu die Psalmen 54 und 63.

Sobald Saul von der Verfolgung der Philister zurückgekehrt war, stellte er seinem Schwiegersohn erneut nach.
Der Umstand, dass Gott zugunsten Davids eingegriffen
hatte, berührte ihn in keiner Weise. Sein Herz war völlig
verhärtet. Mit 3000 auserlesenen
Soldaten hoffte er, David endlich
zu fangen.

**Freitag
29. Oktober**

Während sich der Verfolgte
mit seinen Männern in einer Höhle versteckte, war
Saul auf seiner Suche nach David im vorderen Teil der
gleichen Höhle ganz allein – ohne irgendeine Leibwa-
che! Die Soldaten Davids meinten, dies sei nun die von
Gott geschenkte Gelegenheit, sich endgültig an diesem Feind zu rächen. Welch eine Glaubensprüfung für
David! Mit Gottes Hilfe bestand er sie: Niemand durfte
sich gegen Saul erheben, denn David betrachtete ihn
immer noch als den Gesalbten des Herrn. Er wollte auf
keinen Fall eigenmächtig Gott vorgreifen und persönlich Hand an den König legen. Die göttliche Sicht dieser
Situation half ihm, den Vorschlag seiner Leute entschieden abzulehnen.

Er schnitt nur heimlich einen Zipfel von Sauls Ober-
gewand ab. Schon bei dieser Tat schlug ihm sein Herz.
Welch ein zartes Gewissen hatte dieser treue Gläubige! Ob dein und mein Gewissen auch so empfindlich
reagiert? Je mehr wir es in den alltäglichen Belangen an
den Aussagen des Wortes Gottes schärfen, umso emp-
findsamer wird es reagieren.

Als Anführer hinderte David seine Männer daran, sich
an König Saul zu vergreifen. Er liess ihn unbehelligt wei-
terziehen, folgte ihm aber von weitem nach (Vers 9).

Nachdem Saul weitergezogen war, rief David hinter ihm
her. Wir sind erstaunt, wie ehrerbietig sich der unschuldig Verfolgte verhielt. Mit einer Frage versuchte er, den

SAMSTAG
30. OKTOBER

König zur Besinnung zu bringen:
«Warum hörst du auf die Worte
der Menschen, die sagen: Siehe,
David sucht dein Unglück?» Der
Zipfel des königlichen Oberkleides in seiner Hand war
der Beweis, dass er Saul hätte töten können, es aber
nicht getan hatte.

Es war nun klar erwiesen, dass David keinerlei böse
Absichten gegen den König hegte. Aber David hatte
noch mehr zu sagen. Er stellte dem König mit aller
Deutlichkeit vor, dass er die ganze Angelegenheit in die
Hand des HERRN legte. Darin ist David ein schönes Vorausbild auf unseren Herrn, von dem es in 1. Petrus 2,23
heisst: «Der, gescholten, nicht wiederschalt, leidend,
nicht drohte, sondern sich dem übergab, der gerecht
richtet.»

Im Weiteren sehen wir bei David echte Demut. Was
sagte er von sich selbst? Er bezeichnete sich als einen
toten Hund und einen Floh. Der Apostel Paulus war sich
ebenfalls bewusst, dass Gott das «Unedle der Welt und
das Verachtete» auserwählt hat. Als Arbeiter des Herrn
wollte er genauso wenig etwas sein, sondern alle Ehre
Gott geben (1. Korinther 1,28; 3,7). Weil David erkannte,
dass er in sich selbst nichts war, stützte er sich ganz auf
seinen Gott, der seine Rechtssache in die Hand nehmen
würde (Vers 16).

Wie weit diese ernsten und guten Worte das harte
Herz Sauls erreichten, erfahren wir morgen.

Die Worte Davids blieben nicht ganz wirkungslos. Als
er ausgeredet hatte, fragte Saul: «Ist das deine Stimme,
mein Sohn David?» Dann begann er zu weinen. Die
Gefühle des Königs waren aufgewühlt. Er realisierte,
wie nahe er dem Tod gewesen war. Angesichts all des
Guten, das David ihm erwiesen hatte, wurde ihm auch
seine eigene Bosheit ein Stück
weit bewusst. Er musste zuge-
ben, dass der Mensch normaler-
weise nicht so grosszügig und

SONNTAG
31. OKTOBER

gnädig handelt, wie David es getan hatte. Saul hätte
David umgebracht, wenn er ihn gefunden hätte. Doch
jetzt wünschte er ihm den Segen des HERRN.

Das Bekenntnis von Saul in Vers 21 sagt einiges aus.
Er wusste genau, dass David König werden und dessen
Regierung Bestand haben würde. Dieses Wissen machte
aber seinen Hass und die daraus hervorkommende
Verfolgung Davids umso schwerwiegender. Aufgrund
dieser klaren Aussage bat der König, David möge ihm
schwören, gegenüber seinen Nachkommen keine Vergeltung zu üben und sie nicht auszurotten. «Und David
schwor Saul.» So handelt die Gnade.

Mit der Verfolgung Davids hatte Saul eigentlich
gegen Gott gekämpft und musste nun seine Niederlage
eingestehen. Jetzt fürchtete er sich vor den Konsequenzen. Doch die Vergeltung kam nicht von dem, der ihm
gegenüber Gnade walten liess. Es war der HERR, der
schliesslich den richtete, der nie bereit war, Buße zu tun
und sich vor Gott zu beugen. Ohne wirkliche Änderung
im Herzen und Leben Sauls trennten sich die Wege der
beiden Männer.

Der Tod Samuels markiert das Ende einer Zeitperiode in den Wegen Gottes mit Israel. Samuel war der letzte Richter. Im Blick auf Jesus Christus, den Sohn Gottes, den Gott einmal als König auf die Erde senden würde, lag es im göttlichen Ratschluss, seinem irdischen Volk einen König zu geben. Doch die Menschen in Israel griffen diesem Plan Gottes vor und forderten einen König «gleich allen Nationen». Deshalb gab der HERR ihnen zuerst Saul, den König nach dem Fleisch. Dieser versagte jedoch völlig, wie wir bis jetzt gesehen haben.

**MONTAG
1. NOVEMBER**

Nun nahte der Zeitpunkt für die offizielle Einsetzung des Königs nach den Gedanken Gottes.

Zu David – der von Gott zum König bestimmt war, aber immer noch von Saul verfolgt wurde – hatten sich in der Zwischenzeit 600 Männer versammelt (Vers 13). Für sie zu sorgen, war eine grosse Herausforderung. Wir verstehen, dass er beim reichen Nabal anklopfte und um praktische Unterstützung bat. Er wünschte dem Herdenbesitzer Frieden und fragte demütig um etwas Verpflegung. «Gib doch deinen Knechten und deinem Sohn David, was deine Hand findet!» Weil er und seine Männer die Herden Nabals beschützt hatten, schien seine Bitte gerechtfertigt.

Die Antwort Nabals, der in seinen Handlungen als hart und boshaft bezeichnet wird, fiel entsprechend seinem Charakter aus: arrogant, beleidigend, verneinend. Diese Worte verletzten David nicht nur. Gott benutzte sie auch als eine Glaubensprüfung für ihn. Wie würde er reagieren? Im Vertrauen auf den HERRN wie gegenüber Saul oder fleischlich?

Es hatte David viel Überwindung und Gnade gekostet, um von Nabal etwas zu Essen zu erbitten. Und nun diese abschlägige Antwort! Das war eine Demütigung für ihn. Obwohl er sich zur Zeit auf der Flucht befand, war David doch der Gesalbte des Herrn. Vor diesem Hintergrund verstehen wir, dass er zornig wurde, die Sache selbst in die Hand nehmen und sich rächen wollte. Kennen wir solche Reaktionen nicht auch aus unserem Leben? Dennoch stand David im Begriff, dem Herrn vorzugreifen und eine grosse Sünde zu begehen. Er hatte die Glaubensprü-
fung nicht bestanden.

**Dienstag
2. November**

Glücklicherweise griff Gott ein, und zwar durch eine einsichtsvolle, weise Frau. Einer, der die grobe Behandlung der Delegation Davids mitbekommen hatte, informierte Abigail, die Frau Nabals. Dabei unterstrich er die Hilfe, die sie von David und seinen Leuten erfahren hatten. Nun handelte Abigail sehr schnell. Sie musste sich beeilen, wenn sie David begegnen wollte, *bevor* er von seinem Schwert Gebrauch machte. Mit einer grossen Ladung Nahrungsmittel, verteilt auf verschiedene Esel, ritt sie ihm entgegen. Unvermittelt stiess sie mit dem zusammen, der auf dem Weg war, sich an ihrem Mann zu rächen.

Interessant sind die Verse 21 und 22, in denen uns der Geist Gottes mitteilt, welche Gedanken David bei diesem Vorhaben beschäftigten. Er wollte das Böse, das ihm für seine Güte vergolten worden war, selbst bestrafen. Welch ein Gegensatz zu Psalm 35! Dort beschreibt David in Vers 12 genau diese Erfahrung, bittet aber Gott in Vers 24, sich seiner Rechtssache anzunehmen.

Wie viel können wir vom Verhalten Abigails lernen! In Ehrerbietung fiel sie vor David auf ihr Gesicht und beugte sich tief. Dann nahm sie, obwohl sie völlig unschuldig war, das Vergehen ihres Mannes auf sich (Verse 24.28), um das Herz Davids zu erreichen. Sie hätte auch ihre Unschuld beteuern können. Aber nein, sie sprach vom bösen Charakter ihres Mannes und beschönigte nichts. Sie fügte jedoch hinzu: Greif nicht selbst zum Schwert, sondern überlass ihn Gott und seinem Urteil.

MITTWOCH
3. NOVEMBER

Diese Frau in Israel hatte erkannt, dass David der von Gott bestimmte König war und dass der regierende Herrscher ihn ungerechtfertigt verfolgte. Sie wusste: Der HERR wird dafür sorgen, dass David einmal auf den Thron kommen und Fürst über Israel werden wird. Wenn er jetzt Gott zuvorkam, würde diese Selbstjustiz ihm später zum Herzensvorwurf werden.

David, der mit düsteren Rachegedanken unterwegs war, hörte auf die Worte dieser einsichtsvollen Frau. Er pries den HERRN, der ihn auf diese Weise vor einer Sünde bewahrt hatte. Gleichzeitig dankte er Abigail, dass sie ihn vor einer Blutschuld zurückgehalten hatte.

Auch ihre mitgebrachten Lebensmittel nahm er mit Dankbarkeit von ihrer Hand an. Dann entliess er sie in Frieden. Wie gut, dass er auf die Warnung dieser Frau gehört hatte! Von Abigail lernen wir, wie wir andere Gläubige, die in Gefahr stehen zu sündigen, auf eine einsichtsvolle Weise warnen können. Wir wollen aber auch von David lernen, eine gut gemeinte Korrektur mit Dank anzunehmen.

Als Abigail zurückkam, hatte ihr Mann ein derart grosses Bankett veranstaltet, dass die Bibel es mit einem «Königsmahl» vergleicht. Davids demütige Bitte hatte Nabal mit groben Worten abgewiesen. Er selbst aber feierte mit seinen Leuten über die Massen. In diesem Zustand konnte Abigail nicht mit ihm reden. Erst am nächsten Tag, als er seinen Rausch ausgeschlafen hatte, berichtete sie ihm, wie

Donnerstag
4. November

nahe er dem Tod gewesen war und was sie unternommen hatte. Der Schock war so gross, dass Nabal kein Wort mehr sagen konnte. Zehn Tage später starb er, weil Gott selbst ihn gerichtet hatte. Wie ernst!

Als David vom Tod Nabals erfuhr, dankte er Gott dafür, dass Er den «Rechtsstreit seiner Schmach» übernommen und Nabal bestraft hatte. Er dankte Ihm auch für die Bewahrung vor einem Racheakt. Dann warb er um Abigail, die als Witwe nun frei war – «und sie wurde seine Frau».

Abigail stand schnell auf und folgte sofort den Boten Davids, um seine Frau zu werden. Dadurch liess sie ihrem Bekenntnis (Verse 28-30) Taten folgen. Als reiche Gutsherrin war sie bereit, das unstete und gefahrvolle Leben mit David zu teilen. Sie, die bisher befohlen hatte, wollte Dienerin sein, um die Füsse der Knechte Davids zu waschen. Welch eine Herzensdemut! Was gab ihr die Kraft, dies alles auf sich zu nehmen? Der Gedanke an die Zukunft, wenn ihr Mann König sein würde! – Möchten auch wir als entschiedene Nachfolger des verachteten Jesus von Nazareth leben, um bald seine Herrlichkeit mit Ihm zu teilen!

Wieder waren es die Siphiter, die David an Saul verrieten (vgl. Kapitel 23,19). Hatten sie noch nicht gemerkt, dass Gott den regierenden König verworfen hatte und seine gute Hand über David hielt? Mit ihrem Verhalten stellten sie sich gegen Gott selbst.

**FREITAG
5. NOVEMBER**

Saul versuchte noch einmal mit 3000 Elitesoldaten David zu fangen. Doch der Verfolgte war äusserst wachsam. Durch die ausgesandten Kundschafter verfolgte er die Bewegungen Sauls. Ohne dass der Verfolger eine Ahnung hatte, wusste David über das Lager des Königs und seiner Soldaten Bescheid.

Um Saul nochmals einen Beweis seiner Unschuld zu liefern, wollte David mit einem Helden ins feindliche Lager eindringen. Sein Neffe Abisai war bereit, ihn auf dieser äusserst gefährlichen Mission zu begleiten. Unerkannt konnten die beiden in der Nacht bis zum schlafenden Saul vordringen.

Wieder wurde der Glaube Davids auf die Probe gestellt. Abisai wollte den König auf der Stelle töten, denn er sagte: «Heute hat Gott deinen Feind in deine Hand geliefert.» Doch der Anführer antwortete: «Töte ihn nicht!» David war in der Gnade gewachsen. Bei einer früheren Gelegenheit wollte *er selbst* die Hand nicht an den Gesalbten des HERRN legen. Jetzt liess er auch nicht zu, dass *ein anderer* dies tat. Als Beweis dafür, in welcher Lebensgefahr der König gestanden hatte, nahm er den Speer und den Wasserkrug Sauls mit.

Der letzte Satz von Vers 12 zeigt, wie Gott hinter der Szene zugunsten Davids wirkte. «Ein tiefer Schlaf von dem HERRN war auf sie gefallen.»

In einem genügend grossen Abstand zu den Häschern rief David dem Heerführer Abner eine Botschaft zu. Dieser musste hören, wie völlig er in seiner Funktion als Leibwächter des Königs versagt hatte. Einer war ins Lager geschlichen, der den König hätte töten können. Der fehlende Speer des Königs und der verschwundene Wasser-krug bewiesen es.

SAMSTAG
6. NOVEMBER

Saul erkannte die Stimme Da-vids. Noch einmal versuchte der Verfolgte dem König seine Unschuld zu beweisen. Er hatte auch ernste Wor-te für solche, die Saul in der Verfolgung Davids unter-stützten: «Sie seien verflucht vor dem HERRN!» War das nicht zu hart ausgedrückt? Nein, denn durch die ständi-ge Verfolgung vertrieben sie David aus dem Erbteil des HERRN. Sollte er zu den Götzendienern gehen? David war in grosser Not.

Saul bekannte: «Ich habe gesündigt!» Es war ein leeres Bekenntnis, denn wir sehen keine Buße und keine Beu-gung vor Gott. In der Bibel finden wir einige Beispiele von Menschen, die unter dem Druck der Umstände oberflächlich bekannten: «Ich habe gesündigt» (2. Mose 9,27; 10,16; 4. Mose 22,34; Josua 7,20; 1. Samuel 15,24; 26,21; Matthäus 27,4). Doch nur von David und dem verlorenen Sohn lesen wir, dass sie mit den gleichen Worten wirklich vor Gott Buße getan und ihre Sünden aufrichtig bekannt haben (2. Samuel 12,13; 24,10; Psalm 51,6; Lukas 15,21).

David traute Saul nicht. Er liess den Speer und den Krug holen. Mit den Worten: «Der HERR wird jedem seine Gerechtigkeit und seine Treue vergelten», zog er seines Weges, während Saul zurückkehrte.

Wie unzuverlässig und wankelmütig ist doch der Mensch, auch der Gläubige! In Kapitel 26 sahen wir David auf der Höhe des Glaubens. Trotz der Verfolgung durch Saul stützte er sich im Vertrauen auf den HERRN (Vers 24). Aber in Kapitel 27 hatte David seinen Gott aus dem Blickfeld verloren. Er schaute

SONNTAG
7. NOVEMBER

auf die Umstände. Ermüdet vom Druck der ständigen Nachstellungen sagte er sich: «Mir ist nichts besser, als dass ich schnell in das Land der Philister entkomme.» Ohne die Sache mit dem HERRN zu besprechen, machte er sich mit seinem Gefolge auf den Weg und ging zu Achis, dem König von Gat.

Dieser erste verkehrte Schritt führte zu weiteren Sünden. Auf seine Bitte erhielt David im Land der Feinde einen Ort zum Wohnen. Nun liess er sich bei denen nieder, gegen die er früher oft gekämpft hatte! Doch seine ganze Lebensführung wurde zu einem einzigen Betrug. Wie traurig, wenn ein Gläubiger durch seine Verbindung mit der Welt geistlich so tief sinkt!

Der Heilige Geist teilt uns sogar mit, wie lange dieses Leben dauerte, in dem David Achis ständig täuschte: ein Jahr und vier Monate! Der König von Gat glaubte den Lügen Davids und meinte, dieser hätte die Fronten gewechselt.

Wir wollen nicht mit dem Finger auf David zeigen, sondern beim Lesen dieses ernsten und traurigen Kapitels uns selbst im Licht Gottes prüfen. Sind wir nicht auch schon Kompromisse mit der Welt eingegangen, um ihrem Druck und ihrer Schmach zu entgehen? Waren wir dabei nicht ebenso unehrlich wie David?

Diese Zeitschrift erscheint alle zwei Monate. Sie möchte uns Christen helfen, am Wort Gottes festzuhalten. In der Bibel werden wir zweimal dazu aufgerufen:

«Halte fest das Bild gesunder Worte» (2. Timotheus 1,14).

«Halte fest, was du hast» (Offenbarung 3,11).

Die längeren und kürzeren Artikel in dieser Zeitschrift behandeln viele biblische Themen:

- die verschiedenen Herrlichkeiten des Herrn Jesus als wahrer Mensch und wahrer Gott,

- die Grundsätze über die Versammlung Gottes und über das Zusammenkommen der Gläubigen,

- das tägliche Christenleben in der Nachfolge des Herrn Jesus,

- die Zukunft der Welt und der Gläubigen.

Bestellen Sie unter **www.beroea.ch/halte-fest** das Jahresabonnement 2022.

In diesem Abonnement ist auch der Online-Zugang unter **www.haltefest.ch** zu allen Artikeln der Zeitschrift «halte fest» seit 1958 inbegriffen.

Die Philister begannen einen neuen Krieg gegen Israel. David wurde in diese Auseinandersetzung verwickelt, weil er sich bei den Feinden des Volkes Gottes aufhielt. Während seines langen Aufenthalts im Ausland hatte sich der arme David weit von seinem Gott entfernt. Darum hatte er, obwohl er zum König über Israel gesalbt war, kein Empfinden mehr für das Volk Gottes. Er war bereit, mit Achis in den Krieg zu ziehen und gegen seine Brüder zu kämpfen. Wie traurig!

**MONTAG
8. NOVEMBER**

Als die Philister gegen Israel zogen, musste auch Saul seine Soldaten mobilisieren. Das gegnerische Heer war vermutlich grösser und stärker als das seine. Deshalb fürchtete sich der König und sein Herz zitterte. In seiner Not wandte er sich an Gott, erhielt aber keinerlei Antwort. Die Zeit der Gnade war für Saul abgelaufen. Hatte er nicht viele Gelegenheiten zur Umkehr ungenutzt verstreichen lassen (Jeremia 46,17)?

Was tat Saul in seiner Verzweiflung? Er suchte Rat bei Satan. Früher hatte er in seinem religiösen Eifer die Totenbeschwörer und Wahrsager aus dem Land weggeschafft. Jetzt war es schwierig, jemand zu finden, der ihm auf diese Weise die Zukunft voraussagte. Seine Diener wussten von einer Frau, die einen Totenbeschwörer-Geist hatte. Sie lebte in En-Dor, im Stammesgebiet von Manasse (Josua 17,11). Obwohl Saul sich verkleidete und verstellte, schöpfte die Wahrsagerin Verdacht. Erst als Saul bei dem HERRN schwor und ihr versicherte, man würde sie nicht verraten, war sie bereit, ihre dunkle Praxis auszuüben. Saul wünschte den verstorbenen Samuel zu sprechen.

Warum schrie die Wahrsagerin plötzlich mit lauter Stimme? Es erschien nicht der Dämon, mit dem sie ihre Wahrsagerei betrieb, sondern Samuel selbst. Gott hatte eingegriffen und Samuel gesandt. Die Frau war betrogen worden. Es war Saul selbst, der vor ihr stand. Der arme Mann

DIENSTAG
9. NOVEMBER

beruhigte sie: «Fürchte dich nicht!» Auf die Frage Samuels erzählte der König seine grosse innere Not. Er bat, ihm zu sagen, was er als König tun sollte. Nun erklärte ihm der gestorbene Prophet noch einmal, warum der HERR von ihm gewichen war. Saul hatte es einfach nicht wahrhaben wollen und deshalb David mit tödlichem Hass verfolgt. Nun war die Zeit Sauls abgelaufen. Nicht nur er würde am nächsten Tag sterben, auch sein ganzes Heer ging einer schweren Niederlage entgegen.

Nun fiel Saul der Länge nach zu Boden. Er hatte keine Kraft mehr – nicht nur, weil er schon lange nichts mehr gegessen hatte, sondern weil seine Angst aufs Höchste gestiegen war. Das ist die schreckliche Schilderung, die die Bibel vom Ende eines Menschen gibt, der nie bereit war, sich vor Gott zu demütigen. Statt dem HERRN zu gehorchen, hatte Saul sich Ihm widersetzt und eigenwillig gelebt.

Auf das Zureden der Wahrsagerin und seiner Knechte hin stand Saul auf und ass, was die Frau ihm und seinen Begleitern vorsetzte. Dann machten sie sich in jener Nacht auf, um zum Heer zurückzukehren. Saul war auf dem Weg, der in die ewige Nacht der Gottesferne führte. Einen ähnlichen Weg ging später auch Judas Iskariot (Johannes 13,26.30; Matthäus 27,5).

Unterdessen trafen die Philister Kriegsvorbereitungen für den Kampf gegen Israel. Bei einem Truppenvorbeimarsch sahen die fünf Fürsten der Philister auch David mit seinen Männern. Sie stellten Achis zur Rede: «Was sollen diese Hebräer?» Obwohl Achis sich für David einsetzte, musste er sich dem Zorn der Fürsten beugen und David zurückschicken. Die Philister hatten nicht vergessen, dass David ihnen einst durch den Sieg über Goliath eine der grössten Niederlagen zugefügt hatte.

MITTWOCH
10. NOVEMBER

Obwohl die Fürsten der Philister Bedenken hatten, vertraute Achis David immer noch. Mit wohlwollenden Worten, über die man sich nur wundern kann, sandte er ihn zurück.

Wie sah es wohl im Herzen Davids aus? War er nicht in schwere innere Nöte geraten, als er gemerkt hatte, dass er mit den Philistern gegen sein eigenes Volk kämpfen sollte? Das Wort Gottes schweigt darüber. Hingegen offenbart das, was er in Vers 8 sagt, den miserablen geistlichen Zustand, in dem er sich befand. Er beklagte sich bei Achis darüber, dass er nicht «gegen die Feinde meines Herrn» kämpfen durfte! So weit war David von seinem Gott abgeirrt.

Es ist kaum zu glauben, dass ein Gläubiger in einen so schlechten Zustand kommen kann. Wie schlimm muss es um ihn stehen, wenn er es bedauert, nicht gegen seine eigenen Brüder, gegen das Volk Gottes kämpfen zu können. Aber die Bibel ist ein Spiegel. Sie zeigt uns, wozu unser natürliches Herz fähig ist. Wir wollen uns diesem Urteil nicht entziehen, sondern den Herrn um Bewahrung bitten.

In seiner unendlichen Gnade hatte der Herr David davor bewahrt, gegen sein eigenes Volk zu kämpfen. Doch das hatte ihn noch nicht zur Einsicht und zur Buße über sein Versagen gebracht. Gott musste noch stärker eingreifen, und Er tat es.

Als David und seine Männer nach Ziklag zurückkamen, fanden sie nur Zerstörung und grosse Verluste vor. Die Stadt war erobert und verbrannt worden. Alle Menschen und der ganze Besitz waren weggeführt worden. Dieser schwere Schicksalsschlag war für alle – für David und für seine Männer – zu viel. Sie brachen zusammen und weinten, «bis keine Kraft mehr in ihnen war zu weinen». David erlitt nicht nur einen seelischen Zusammenbruch, sondern kam auch in grosse Bedrängnis, weil seine erbitterten Leute ihn steinigen wollten. So viel war nötig, um David zu seinem Gott zurückzubringen. Die grosse Not bewirkte eine totale innere Umkehr bei David, so dass er sich wieder an den Herrn wandte und sich in Ihm stärkte. Wie barmherzig ist doch unser Gott! Er lässt die abgeirrten Seinen nicht einfach gehen, sondern führt sie zu sich zurück.

Nachdem David persönlich wieder mit Gott im Reinen war, konnte er auch um Wegweisung bitten. Die Antwort Gottes war ermutigend: «Jage der Schar nach, denn du wirst sie gewiss erreichen und wirst gewiss erretten.» Sofort machte sich David mit seinen Männern auf den Weg, um den Feinden nachzujagen. Am Bach Besor liess er einen Drittel der Leute – alle Ermatteten – zurück und eilte mit den anderen weiter.

Nun lenkte Gott die weiteren Umstände. So fanden die Männer Davids einen halbtoten Ägypter auf dem Feld und brachten ihn zu ihrem Anführer. Nachdem sie ihm zu trinken und zu essen gegeben hatten, kam er wieder zu vollem Bewusstsein. Nun konnte er die Fragen Davids beantworten.

**Freitag
12. November**

Dieser ägyptische Mann lässt uns an Menschen denken, die in der Welt «unter die Räder gekommen sind». Wie dieser Mann von seinem Herrn behandelt wurde, so verhält sich die Welt, hinter der Satan steht. Wenn ein Mensch «krank» wird und deshalb seinem Herrn nichts mehr nützt, überlässt man ihn einfach seinem Schicksal. Wie viele werden heute von der Allgemeinheit abgeschrieben und in ihrem Elend links liegen gelassen. Doch der Herr Jesus – im Bild von David – will solchen Menschen helfen, denn Er hat auch für sie das Lösegeld zu ihrer Errettung bezahlt. Er ist auch für sie am Kreuz gestorben. Der genesene Mann hatte nur eine Bitte: Liefere mich nicht meinem früheren Herrn aus! Ja, ein erretteter Mensch ist endgültig aus der Macht Satans befreit und kann nie mehr verloren gehen.

Nun führte der Ägypter die Männer Davids zu den Feinden hinab, die ihren Siegeszug ausgelassen feierten. Es gelang David, die Amalekiter mit einem Überraschungsangriff vernichtend zu schlagen. Nur 400 junge Männer konnten fliehen. Gott schenkte es David, dass er alles retten konnte: Frauen, Kinder und den Besitz. «Es fehlte ihnen nichts.» Zudem machten sie eine reiche Beute. Wie gross war die Gnade des Herrn!

Auf der Rückkehr kamen sie zum Bach Besor, wo die 200 erschöpften Männer bei den Geräten geblieben waren.

Nun zeigte sich die egoistische Einstellung derer, die keinen Glauben und kein Empfinden für die Gnade Gottes hatten. Sie wollten

Samstag
13. November

den Zurückgebliebenen nur Frauen und Kinder zurückgeben. Von der Beute sollten sie nichts bekommen.

Glücklicherweise war der Anführer David anderer Meinung. In seinem Herzen und in seinem Verhalten war es zu einer echten Wiederherstellung gekommen. In allem, was er seit der Rückkehr nach Ziklag erlebt hatte, erkannte er die grosse Gnade Gottes. Darum dachte er nicht mehr an sich und seinen Vorteil. Ihm lagen nun die anderen am Herzen, denen er ebenfalls Gnade erweisen wollte. So hatte die Gnade Gottes nicht nur einen grossen Sieg *für* David errungen, sondern einen noch grösseren *in* ihm.

Die am Bach Besor Zurückgebliebenen hatten auch eine Aufgabe erfüllt. Darum bestimmte der angehende König, dass die Beute gleichmässig verteilt werden sollte. Diese Bestimmung, die David zur Satzung und zum Recht in Israel machte, gilt im Prinzip auch heute für die unterschiedlichen Dienste, die im Werk des Herrn getan werden (Johannes 4,36-38).

Die Gnade im Herzen Davids ging noch weiter. Bei seiner Rückkehr nach Ziklag sandte er den Ältesten von Juda und seinen Freunden an all den Orten, wo er als Verfolgter umhergezogen war, einen Teil der Beute: «Siehe, da habt ihr ein Geschenk (oder einen Segen) von der Beute der Feinde des Herrn.»

Unterdessen hatte der Krieg zwischen den Philistern und den Israeliten begonnen. Wie der HERR es vorausgesagt hatte, zeichnete sich eine Niederlage Israels ab. Die Philister hatten diesmal besonders den König und seine Söhne im Visier. Die drei Söhne Sauls waren bereits gefallen. Nun erreichten die Bogenschützen auch ihn. Als Saul merkte, dass er fallen würde, bat er seinen Waffenträger, ihn umzubringen. Warum diese Bitte? Er wollte nicht, dass «diese Unbeschnittenen kommen und mich durchbohren und mich misshandeln». Saul blieb bis zuletzt ein religiöser, aber ungläubiger Mensch. Sein Waffenträger fürchtete sich, so etwas Böses zu tun, und weigerte sich. Da tötete Saul sich selbst. So endete dieses Leben ohne Gott mit einer grossen Sünde.

SONNTAG
14. NOVEMBER

Die Bibel berichtet uns von mehreren ungläubigen Menschen, die in der Verzweiflung ihrem irdischen Leben ein Ende setzten (z. B. Ahitophel in 2. Samuel 17,23; Judas Iskariot in Matthäus 27,5). Mit einer solchen Verzweiflungstat kann sich jedoch kein Mensch dem göttlichen Richter entziehen. Einmal werden *alle* Menschen, die im Unglauben gestorben sind, vor dem grossen weissen Thron des Weltenrichters erscheinen müssen, um für ihre Sünden ewig bestraft zu werden (Offenbarung 20,11-15).

Als die Niederlage Israels durch den Fall des Königs und seiner Söhne deutlich wurde, flohen viele Israeliten aus ihren Städten. Nach dem Zusammenbruch der gesamten königlichen Führung fühlten sie sich nicht mehr sicher. Die siegreichen Philister besetzten diese verlassenen Städte.

Am nächsten Tag fanden die Philister die toten Körper von König Saul und von seinen drei Söhnen auf dem Gebirge Gilboa. So kam der gottesfürchtige Jonathan am gleichen Tag ums Leben wie sein ungläubiger Vater, von dem er sich nie entschieden getrennt hatte. Ein trauriges Ende im Blick auf die Erde!

MONTAG
15. NOVEMBER

Die Philister enthaupteten den gefallenen König und sandten die Siegesbotschaft in ihr Land und in die Häuser ihrer Götter. Meinten sie tatsächlich, dass diese toten Götzenbilder ihnen zum Sieg verholfen hätten? Schliesslich hängten sie die Leichname der besiegten Königsfamilie an die Stadtmauer von Beth-Schean, um sie öffentlich zur Schau zu stellen.

Es gab in Israel eine Stadt, deren Bewohner früher die Hilfe Sauls erfahren hatten: Jabes-Gilead. Diese Begebenheit haben wir in 1. Samuel 11 gelesen. Aus Dankbarkeit und Ehrerbietung gegenüber Saul machten sich alle tapferen Männer dieser Stadt in der Nacht auf den Weg nach Beth-Schean. Sie nahmen die Leichname herab, brachten sie nach Jabes-Gilead, verbrannten sie und begruben die Gebeine dort. Als Ausdruck ihrer Trauer über den Tod des Königs, der ihnen einst geholfen hatte, fasteten sie sieben Tage.

Dieses Bibelbuch, das mit dem Versagen und dem Tod des Priesters und Richters Eli begann, schliesst mit dem Versagen und dem Ende des Königs nach dem Fleisch. Doch wir haben bereits David, den König nach dem Herzen Gottes, kennen gelernt. Das zweite Buch Samuel berichtet über die Regierung dieses Königs, der von Gott geliebt war.

In diesem Psalmbuch geht es prophetisch um Israel in seiner Stellung als Volk Gottes, wie es in der Zukunft zu Ihm umkehren und seine Güte erfahren wird.

Es gibt im dritten Buch nur einen einzigen Psalm von David. Die anderen sind von Asaph, von den Söhnen Korahs und von Ethan, dem Esrachiter, verfasst worden.

- In seinem bewegten Leben machte *David* viele Erfahrungen mit seinem Gott und mit feindlichen Menschen. Er lernte auch sich selbst kennen. Manches Erlebnis war der Anlass, unter der Leitung des Geistes Gottes einen Psalm zu dichten.

- *Asaph* gehörte zum Stamm Levi. Er und seine Nachkommen waren Sänger – zur Zeit Davids bei der Bundeslade und unter der Regierung Salomos im Tempel. In 2. Chronika 29,30 wird Asaph auch Seher oder Prophet genannt. So besass er sowohl die natürliche Fähigkeit als auch die geistliche Voraussetzung, Psalmen zu verfassen.

- Die *Söhne Korahs* starben nicht, als ihr Vater wegen seiner Empörung gegen Mose und Aaron von der Erde verschlungen wurde, weil sie sich rechtzeitig von ihm trennten (4. Mose 16,24; 26,11). Sie gehörten zum Stamm Levi und zur Familie Kehats. Ihre Nachkommen waren Torhüter des Tempels (1. Chronika 26,1). In Psalm 84,11 drücken die Söhne Korahs aus, was ihnen wichtig war und was sie kennzeichnete: «Ich will lieber an der Schwelle stehen im Haus meines Gottes, als wohnen in den Zelten der Gottlosen.»

- Über *Ethan* teilt uns die Bibel nur mit, dass er ein weiser Mann war, aber nicht an die Weisheit Salomos heranreichte (1. Könige 5,11).

Dieser Psalm behandelt eine Frage, die sich nicht auf eine bestimmte Heilszeit beschränkt: Warum geht es den gottlosen Menschen oft gut, während die Gottesfürchtigen mit so vielen Problemen zu kämpfen haben? Bei Gott bekommt Asaph eine Antwort: Die Ungläubigen, die in ihrem Leben erfolgreich sein mögen, gehen dem göttlichen Gericht entgegen. Die Gläubigen aber, die jetzt in den Schwierigkeiten die erziehende Hand Gottes erfahren, haben eine herrliche Zukunft vor sich.

Eine erste Hilfe zu dieser bedeutungsvollen Frage finden wir in Vers 1. Auf allen Wegen, die Gott mit den Seinen geht, meint

DIENSTAG
16. NOVEMBER

Er es immer gut mit ihnen. Das ist sicher und fest (Römer 8,28). Auf uns selbst hingegen ist kein Verlass. Wenn wir den Herrn aus dem Blickfeld verlieren und uns vom äusseren Erfolg der Ungläubigen beeindrucken lassen, braucht es nur wenig, bis wir vom Glaubensweg abirren (Vers 2).

In den Versen 3-12 werden Menschen beschrieben, die ohne Gott leben und äusserliches Gelingen haben. Sie sind oft reich und geniessen das Leben in vollen Zügen. Hochmütig schreiben sie sich den Erfolg selbst zu. Sie verhöhnen die Gläubigen, erheben sich gegen Gott und geniessen das Ansehen in der Welt. Sorglos leben sie in den Tag hinein und denken nicht an die Ewigkeit.

Im Gegensatz zu ihnen möchten die Gottesfürchtigen ein reines Leben führen. Die Folge davon ist nicht eine angenehme Situation, sondern Gottes Erziehung durch schwierige Umstände. Lohnt sich das wirklich? Ja, denn jeder Weg muss aus Gottes Sicht und vom Ende her beurteilt werden (Verse 17).

Auf die Frage, warum die Ungläubigen oft gut leben und die Gläubigen manche Mühe haben, finden wir selbst keine Antwort. Machen wir es wie Asaph und gehen wir mit diesem Problem zu Gott! In seiner Gegenwart lernen wir erstens *die Welt,* zweitens *uns selbst* und drittens *Gott* kennen.

MITTWOCH
17. NOVEMBER

- Verse 17-20: Das Ende der gottlosen Menschen ist schrecklich. Schon in diesem Leben erfahren sie oft die traurigen Folgen ihrer Sünden. Doch was wird es erst für sie sein, wenn sie vor dem göttlichen Richter stehen und zu ewiger Strafe verurteilt werden?

- Verse 21 und 22: In Gottes Gegenwart erkennen wir auch, dass es dumm ist, die Ungläubigen zu beneiden. Darum gilt es, allen Neid und jede Bitterkeit im Herzen abzulegen (1. Petrus 2,1).

- Verse 23-28: Als Gläubige sind wir stets bei Gott und wissen uns von Ihm angenommen. Er hat uns bei der rechten Hand erfasst, um uns auf dem Weg durch eine gottlose Welt zu bewahren. In seiner Abhängigkeit möchte Er uns Schritt für Schritt leiten. Wir können sicher sein, dass Er uns ans Ziel bringt. Christus wird in Macht und Herrlichkeit erscheinen, um sein Reich aufzurichten. Dann wird sichtbar werden, dass es sich gelohnt hat, für Gott zu leben.

Dieser grosse und gnädige Gott, der so treu für uns sorgt, möchte der Mittelpunkt unseres Lebens werden, damit wir ohne Ihn keine Freude auf der Erde suchen. Es gibt in unserem Leben nichts Besseres, als Gemeinschaft mit Gott zu haben, unser Vertrauen auf Ihn zu setzen und seine Güte zu bezeugen (Vers 28).

Dieser Psalm trägt einen prophetischen Charakter. Der gläubige Überrest aus Israel erkennt in der Bedrängnis durch die Feinde, wie Gott sein irdisches Volk züchtigt und erzieht. In dieser Not ruft er zu Gott um Hilfe und erinnert Ihn dabei an seine Beziehung zu Israel: Er hat dieses Volk aus Ägypten erlöst und auf dem Berg Zion in der Mitte Israels gewohnt. Ist das nicht Grund genug, um es aus der Hand seiner Bedränger zu befreien?

DONNERSTAG
18. NOVEMBER

In den Versen 3-8 beschreibt der Überrest, was ihm besondere Not bereitet: Der Tempel ist entheiligt und ein Ort geworden, wo der Mensch ein Zeichen setzt, um sich selbst zu verherrlichen. Das erfüllt sich, wenn sich der Antichrist in den Tempel setzt und sich selbst darstellt, dass er Gott sei (2. Thessalonicher 2,4).

Wir sehen hier deutlich, dass das Haus Gottes auf der Erde das primäre Angriffsziel des Feindes ist. Der Teufel versucht mit allen Mitteln die Offenbarung und Anbetung Gottes in diesem Haus zu verhindern. Darum wollen wir wachsam sein, damit es dem Feind nicht gelingt, in der Versammlung Gottes – seinem geistlichen Haus – noch mehr Schaden anzurichten.

In der zukünftigen Drangsalszeit fehlt es an Propheten, die das Volk ermutigen und unterweisen. So können die Gläubigen nur noch mit Gottes Hilfe rechnen. Sie rufen zu Ihm und wissen, dass Er sein Volk nicht verlässt, auch wenn äusserlich alles danach aussieht, als ob der Feind triumphiert. Sie vertrauen der mächtigen Hand Gottes, die eingreifen und alles zum Guten wenden wird. Lasst uns diesen Glauben nachahmen!

Der Glaube des zukünftigen Überrests stützt sich auf die Treue Gottes zu seinem Volk in der Vergangenheit. Er erinnert sich an die Befreiung Israels aus Ägypten.

FREITAG
19. NOVEMBER

In einer ausweglosen Situation griff Gott mit Macht ein und zerteilte das Schilfmeer, so dass sein Volk auf dem Trockenen hindurchziehen und dem heranstürmenden Feind entkommen konnte. Während die Israeliten das rettende Ufer erreichten, ertranken die Ägypter in den zurückkehrenden Wassermassen. Auch in der Wüste handelte Gott zugunsten seines Volkes und gab ihm Wasser aus dem Felsen zu trinken. Schliesslich stoppte Er das Wasser des Jordan, um Israel ins Land Kanaan einziehen zu lassen.

In den Versen 16 und 17 denken die Gläubigen aus Israel an die Macht und Güte Gottes in der Schöpfung. Er hat die Tages- und Jahreszeiten festgelegt, um den Menschen eine bestimmte Ordnung und eine gewisse Abwechslung im Leben zu geben.

Wenn die Glaubenden ab Vers 18 den HERRN um Hilfe anrufen, machen sie ihre Not zu einer Sache Gottes. Sie erinnern Ihn daran, dass Er sich durch bedingungslose Verheissungen mit seinem Volk verbunden hat. Durch die Entweihung und Zerstörung des Heiligtums hat der Feind den HERRN verhöhnt und verachtet. Nun erfordert es seine Ehre, dass Er seinen Rechtsstreit führt und die Bedränger seines Volkes bestraft.

Die Tatsache, dass der Herr heute mit den Seinen verbunden ist und zu ihnen steht, erkennen wir in seinen Worten an den Verfolger der Versammlung: «Saul, Saul, was verfolgst du mich?» (Apostelgeschichte 9,4).

In Psalm 74,10 haben die Gläubigen aus Israel gefragt: «Bis wann?» Sie bekommen in Psalm 75 eine Antwort von Christus: «Wenn ich die bestimmte Zeit erreichen werde, will ich in Geradheit richten.» Darum können sie Gott preisen, der im Begriff steht, durch seinen Christus ins Weltgeschehen einzugreifen und das Böse zu bestrafen.

SAMSTAG
20. NOVEMBER

Kurz vor der Erscheinung des Herrn wird sich die Welt in einer grenzenlosen Verwirrung befinden, weil alle göttlichen Grundsätze umgestürzt sein werden. Wenn Er kommt, wird Er die Erde durch Gerichte reinigen und die Ordnung wiederherstellen.

Ab Vers 5 werden die Stolzen und Übermütigen in Israel gewarnt, weil Gott den Hochmütigen widersteht. Zuerst wird Er den Assyrer aus dem Norden als Zuchtrute für sein Volk benutzen. Dann werden die stolzen Juden weder von Osten noch von Westen noch von Süden Hilfe erwarten können. Auch der gläubige Überrest kann von Menschen keine Rettung erwarten. Aber er hält im Glauben fest: «Meine Hilfe kommt von dem HERRN» (Psalm 121,2).

Wenn Christus erscheint, wird Er jede Rebellion gegen Gott und jeden Hochmut bestrafen. Er wird der Richter sein, der die stolzen Gottlosen erniedrigt und die bedrängten Glaubenden erhöht. Darauf weisen auch Hanna und Maria in ihrem Lobgesang hin (1. Samuel 2,6-8; Lukas 1,51.52). Das Gericht der Gottlosen und die Rettung der Gottesfürchtigen werden den Glaubenden Anlass geben, die Herrlichkeit Gottes vor der Welt zu bezeugen und vor Ihm zu rühmen.

Dieser Psalm beschreibt das göttliche Gericht, das Christus an den Königen ausüben wird, die mit ihren Heeren zum Kampf gegen Jerusalem heraufziehen werden (Micha 4,11-13; Sacharja 12,2; 14,3). Als Folge davon wird Gott in seiner Grösse bekannt sein.

Der Wohnort Gottes in der Mitte des Volkes Israel ist Jerusalem auf dem Berg Zion. Diesen Ort wird Er gegen seine Feinde verteidigen, um aufgrund seiner Gnade bei seinem Volk zu wohnen. Durch ein gerechtes Gericht wird es in Israel Frieden geben.

SONNTAG
21. NOVEMBER

Die starken Helden unter den Nationen, die Jerusalem angreifen werden, um die Stadt zu zerstören und deren Bewohner zu vernichten, werden selbst eine Beute des Todes werden. Der Gott Jakobs, der dem Patriarchen seine Hilfe und Bewahrung versprochen hat (1. Mose 28,15), wird auch den zukünftigen Überrest in Israel durch das Gericht an den Feinden aus der Bedrängnis befreien.

Dieses Strafgericht wird die Heiligkeit Gottes und seinen Zorn gegen das Böse offenbaren, so dass die Frage aufkommt: Wer kann vor Ihm bestehen? Als Glaubende können wir nur vor Gott stehen, weil Er uns in Christus angenommen und uns die Sünden vergeben hat (Epheser 1,6.7).

Der Zorn der Menschen in ihrer Auflehnung gegen Gott und sein Volk wird nur dazu dienen, dass Er verherrlicht wird (Vers 11). Wenn Er die Gottlosen richtet, werden seine Erhabenheit und seine Gerechtigkeit offenbar. Darum sollen alle seine Autorität anerkennen und Ihn verehren (Vers 12).

Dieser Psalm beschreibt, was im Herzen des gläubigen
Überrests aus Israel vorgeht, wenn er in seiner Not zu
Gott ruft und vorderhand keine Antwort bekommt.
Zuerst wird er unruhig und fragt sich, ob Gott nicht mehr
gnädig ist (Verse 5-10). Dann erinnert er sich an das, was
der HERR früher für sein Volk getan hat. Dadurch wird
sein Vertrauen auf Gott gestärkt, auch wenn er seine
Wege nicht versteht (Verse 11-21). Wir machen ähnliche
Erfahrungen. Deshalb können wir
manches aus diesem Psalm für
uns lernen.

MONTAG
22. NOVEMBER

In den Versen 2 und 3 werden
wir aufgefordert, in den Schwierigkeiten Gott um Hilfe
anzurufen. Er hört auf uns. Oft ist es nötig, mit Ausdauer
zu beten, denn Er antwortet nicht immer sogleich. Wenn
wir jedoch eine falsche Sicht von den Wegen Gottes mit
uns haben, weil unsere Wünsche nicht mit ihnen über-
einstimmen, finden wir im Gebet keinen Trost. Nur ein
Herz, das sich unter den Willen Gottes beugt, kann seinen Frieden geniessen (Philipper 4,7).

Die Verse 5-7 zeigen, wie uns die Gedanken beunruhigen, wenn wir keine Lösung für unser Problem sehen
und vergessen, unsere Sorgen ganz auf Gott zu werfen.
Daraus können Zweifel an seiner Güte entstehen, die ab
Vers 8 in sechs Fragen zum Ausdruck kommen.

Es sind Fragen des zukünftigen Überrests, der das
Erlösungswerk des Herrn Jesus noch nicht kennt und
sich deshalb seiner Annahme bei Gott nicht sicher ist.
Wir wissen aus der Bibel, dass der Herr sein irdisches
Volk in der Drangsalszeit zwar züchtigen, aber niemals
aufgeben wird (Psalm 103,8-10; Klagelieder 3,31.32).

In Vers 11 tritt eine Wende ein. Der Glaubende merkt, dass er eine falsche Einstellung über Gott und seine Wege mit den Menschen hat. Er denkt jetzt über die Geschichte Israels nach. Bei der Erlösung aus Ägypten hat der HERR durch herrliche Taten gezeigt, dass Er für sein Volk ist. Wir Christen erkennen in der Gabe seines Sohnes, dass Gott für uns ist (Römer 8,31).

DIENSTAG
23. NOVEMBER

Diese Erkenntnis hilft dem Gottesfürchtigen, zum Weg Gottes ein Ja zu haben, auch wenn er ihn nicht versteht. Im Weg, den Gott mit den Seinen geht, offenbart Er seine eigene Natur – seine Heiligkeit, seine Gerechtigkeit, seine Güte und seine Treue. Wer zu Ihm ins Heiligtum geht, erkennt etwas davon und fragt voll Bewunderung: «Wer ist ein grosser Gott wie Gott?»

Der Gläubige hält fest, dass Gott allmächtig ist und ihn aus jeder auswegslosen Situation retten kann. Das hat der HERR in der Befreiung des Volkes Israel aus Ägypten deutlich gezeigt. Niemand konnte Ihm widerstehen, als Er sein Volk mit erhobenem Arm aus dem Land der Knechtschaft und durch das Schilfmeer führte. Genauso wird Gott mit Macht zur Befreiung des zukünftigen Überrests eingreifen. Wir Christen wissen, dass der Herr uns vor dem Bösen bewahren und ans Ziel bringen wird (2. Thessalonicher 3,3; 1. Petrus 1,5).

Der Weg Gottes mit den Glaubenden, der durch grosse Schwierigkeiten und tiefe Nöte führen kann, ist oft unbegreiflich für uns (Vers 20; Jesaja 55,8.9). Trotzdem wollen wir uns nicht dagegen auflehnen, sondern der Führung unseres Hirten vertrauen (Vers 21).

Dieser Psalm zeigt anhand der Geschichte Israels, dass es auf der Grundlage des Gesetzes und der Regierung Gottes keinen Segen für dieses Volk gibt. Nur aufgrund seiner Gnade kann Er seine segensreichen Pläne mit Israel erfüllen. – Auch heute ist die Gnade Gottes das einzige Mittel, um Menschen zu erretten und zu segnen.

MITTWOCH
24. NOVEMBER

Die Verse 1-8 bilden eine Einleitung. Zuerst wird das Volk aufgefordert, auf das zu hören, was der HERR ihm durch seinen Propheten Asaph mitteilt. – Auch wir wollen sein Wort zu Herzen nehmen, wenn Er durch den prophetischen Dienst zu uns spricht.

Dann erfolgt ein Appell an die jüngere Generation, das *Werk Gottes* zu erkennen, das Er getan hat, und die *Worte Gottes* aufzunehmen, die Er gesprochen hat:

- Für Israel ist es ein Rückblick auf die Taten des HERRN zur Befreiung aus Ägypten und auf die Bekanntmachung des Gesetzes am Sinai.
- Wir Christen denken an das Werk am Kreuz und an die Errettung bei der Bekehrung. Zudem möchten wir am ganzen geschriebenen Wort Gottes festhalten.

Die Verse 7 und 8 zeigen die Auswirkungen davon: Wer die Werke und Worte Gottes kennt und im Glauben festhält, vertraut Ihm und unterordnet sich Ihm.

In den Versen 9-11 wird das Versagen des Volkes Israel vorgestellt, das durch Ephraim und seine Nachkommen repräsentiert wird. Im *Unglauben* liessen sie von der Eroberung ihres Erbteils ab. Im *Ungehorsam* brachen sie den Bund vom Sinai und hielten die Gebote nicht. In der *Untreue* vergassen sie die Wunderwerke Gottes zu ihrer Befreiung.

Im Kontrast zum Versagen Israels (Verse 9-11) stellt Asaph ein vierfältiges Wirken Gottes zugunsten seines Volkes vor (Verse 12-16):

a) *Gericht an den Feinden:* Mit zehn Plagen bewirkte der HERR, dass der Pharao Israel ziehen liess.

**DONNERSTAG
25. NOVEMBER**

b) *Befreiung aus der Sklaverei:* Gott spaltete das Schilfmeer, damit sein Volk endgültig aus Ägypten fliehen konnte.

c) *Führung:* Der HERR leitete Israel mittels der Wolken- und Feuersäule durch eine weglose Wüste.

d) *Erfrischung:* Gott gab seinem Volk aus dem Felsen Wasser zu trinken, so dass es keinen Durst litt.

Auch wir haben Gottes Gnade erfahren. Er hat uns aus der Sklaverei Satans befreit, auf dem Weg des Glaubens geführt und durch sein Wort ermutigt.

Trotz der erfahrenen Güte in der Rettung aus Ägypten und in der Fürsorge auf der Wüstenwanderung sündigten und rebellierten die Israeliten gegen Gott. Sie handelten bewusst gegen seinen Willen und lehnten sich vorsätzlich gegen seine Autorität auf (Vers 17). Sie forderten Gott durch ihren Unglauben heraus und stellten seine Macht mit lästernden Worten infrage (Verse 18-20).

Wie verhalten wir uns? Danken wir dem Herrn für unsere Errettung und für seine Hilfe im täglichen Leben? Oder lehnen wir uns bei jeder Schwierigkeit gegen Ihn auf, weil es nicht so läuft, wie wir wollen?

Als Folge ihres Unglaubens, ihrer Auflehnung und ihrer Sünden erfuhren die Israeliten Gottes gerechte Regierung. Er liess ein Feuer im Lager brennen, das einige von ihnen tötete (4. Mose 11,1-3).

Wenn Asaph die Fürsorge Gottes beschreibt, bezieht er sich immer noch auf 4. Mose 11. Hatten die Israeliten damals vergessen, wie Gott ihnen jeden Tag Brot vom Himmel hatte regnen lassen? Hatten sie vergessen, dass das Manna sie auf dem Weg durch die Wüste gestärkt hatte? Diese vollkommene Nahrung kam vom HERRN, der sein Volk liebte. – Heute versorgt Gott uns aus seinem Wort mit geistlicher Nahrung. Er stellt uns den Herrn Jesus als das Brot vom Himmel vor (Johannes 6,32). Die Beschäftigung mit Ihm stärkt und nährt unseren Glauben.

FREITAG

26. NOVEMBER

Gott gab den Israeliten auch Fleisch zu essen. Durch einen Wind trieb Er Wachteln vom Meer herbei und ging so auf ihr Verlangen ein. Beim Einsammeln und Essen dieser Vögel offenbarten sie eine solche Gier, dass Gott mit Gericht eingreifen musste. – Wir lernen daraus, dass es nicht zu unserem Nutzen ist, wenn der Herr unsere egoistischen Wünsche erfüllt.

Trotz der göttlichen Erziehung fuhren die Israeliten fort zu sündigen. In Kades-Barnea glaubten sie nicht, dass Gott die Bewohner des Landes vor ihnen vertreiben konnte. Deshalb musste das Volk in die Wüste zurückkehren und dort 40 Jahre bleiben, bis ausser Kaleb und Josua alle Erwachsenen gestorben waren.

Wenn Gott die Israeliten bestrafte, gab es ein kurzes Aufmerken und eine äussere Umkehr zu Ihm. Aber in ihren Herzen glaubten sie nicht an Ihn. Wie ganz anders sah es im Herzen Gottes aus. In seinem Erbarmen war Er immer wieder bereit, ihre Sünden zu vergeben und ihre Schwachheiten zu ertragen.

Weder die Gerechtigkeit noch die Barmherzigkeit Gottes, die die Israeliten in seinen Regierungswegen erfuhren, führte bei ihnen zu einer echten Umkehr. Anstatt den HERRN zu lieben und seine Gebote zu halten, betrübten sie Ihn durch ihre Sünden und kränkten Ihn durch ihren Unglauben. Vergessen waren alle seine Wundertaten in Ägypten. Wie widerspenstig, böse und undankbar ist doch das menschliche Herz!

SAMSTAG

27. NOVEMBER

In den Versen 44-51 zählt Asaph die Zeichen und Wunder auf, mit denen Gott seine Allmacht vor dem Pharao bezeugte und die Ägypter plagte, damit sie sein Volk ziehen liessen. Sieben Plagen werden erwähnt, die dritte, sechste und neunte fehlen, weil diese ohne Vorankündigung eintrafen. Alle Plagen waren ein Gericht an den Ägyptern,

- weil sie das Volk Israel bedrückten und nicht freilassen wollten,
- um aufgrund der Verstockung Pharaos die Herrlichkeit Gottes im Gericht zu offenbaren,
- weil der HERR zu seinem versklavten Volk stand und es erretten wollte.

Die Verse 52-55 beschreiben, wie Gott zu Gunsten seines Volkes handelte: Als *Retter* liess Er die Israeliten wegziehen (2. Mose 15,2). Wie ein *Hirte* versorgte Er sie in der Wüste (Nehemia 9,21). Er war ihr *Führer,* der sie auf dem richtigen Weg leitete (2. Mose 13,21). Als HERR brachte Er sein Volk zu sich an den Berg Sinai (2. Mose 19,4). Er war der *Oberste* des Heeres des HERRN, der die Feinde Israels vertrieb (Josua 5,13). Als *Geber* verteilte Er dem Volk das Land zum Besitz (Josua 14,1).

Obwohl Gott die Israeliten in ein Land brachte, das von Milch und Honig fliesst, veränderten sich ihre Einstellung und ihr Verhalten nicht. In der Zeit der Richter wandten sie sich immer wieder vom HERRN ab und dienten Götzen, so dass Er mit Erziehungsmassnahmen eingreifen musste. Den Höhepunkt davon finden wir in 1. Samuel 4, als Gott die Bundeslade den Feinden Israels überliess. Weil Er heilig und gerecht ist, konnte Er sich mit der Unmoral und dem Götzendienst in Israel nicht eins machen. Stattdessen liess Er zu, dass die Bundeslade von den Philistern erbeutet wurde. Welche Demütigung war das für Israel! So kam es zu einem totalen Tiefpunkt, der das Versagen des Volkes unter der gerechten und barmherzigen Regierung Gottes bewies.

SONNTAG
28. NOVEMBER

Nun begann Gott auf dem Grundsatz der Gnade für sein Volk zu wirken. Er schlug die Philister mit Plagen und bewirkte eine geistliche Wiederherstellung in Israel. Er knüpfte nicht bei Joseph und Ephraim an, sondern wählte in seiner Gnade und Souveränität den Stamm Juda und den Berg Zion:

- David, der auf Jesus Christus hinweist, sollte König über Israel werden. Er stammte aus dem Stamm Juda.
- In Jerusalem auf dem Berg Zion war der Ort, wo der HERR in der Mitte seines Volkes wohnen wollte.

David war als *Knecht* Gottes bereit, Ihm zu gehorchen. Wie ein *Hirte* kümmerte er sich um das Wohl des Volkes. Aufrichtigkeit im Herzen und Geschicklichkeit in den Händen kennzeichneten seine Regierung. Vollkommen trifft dies alles auf den Herrn Jesus zu. In Ihm triumphiert die Gnade Gottes über das Versagen des Menschen.

Dieser Psalm drückt die Empfindungen der gläubigen Juden in der Zukunft aus, nachdem der Assyrer mit seiner Armee ins Land Israel eingefallen ist und Jerusalem erobert hat. Sie trauern darüber, dass der Tempel verunreinigt worden ist und manche von ihnen im Kampf gefallen sind. Sie leiden auch unter dem Spott der Nachbarvölker über diese Niederlage.

MONTAG
29. NOVEMBER

Diese Gottesfürchtigen erkennen im Angriff der Nationen die göttliche Erziehung. Darum fragen sie: «Bis wann, HERR? Willst du immerfort zürnen?» Sie glauben und hoffen, dass Er bald einschreiten wird, um den Feldzug der Feinde seines Volkes zu rächen.

Auch wir wollen uns unter die mächtige Hand Gottes beugen, wenn Er schwierige Situationen im Leben benutzt, um uns zu erziehen. Lasst uns Ihm vertrauen, dass Er uns nicht über Vermögen prüft (1. Korinther 10,13)!

Der gläubige Überrest weiss um die Sünden seines Volkes in der Vergangenheit: Es hat den Bund gebrochen und den Messias gekreuzigt. Er ist sich bewusst, dass Israel nur das Gericht verdient hat und deshalb alles vom Erbarmen Gottes abhängt. Es gibt nur einen Grund, weshalb der HERR seinem Volk helfen und vergeben soll: «um der Herrlichkeit deines Namens willen» (Vers 9). Es geht um die Ehre Gottes vor den Menschen, für die Er in der Rettung seines Volkes eintreten wird.

Die treuen Juden sind so sehr bedrängt, dass sie sich «Kinder des Todes» nennen. Dennoch vertrauen sie Gott und denken schon an die Zeit nach ihrer Befreiung. Dann werden sie Ihn loben und ihren Nachkommen erzählen, wie Er sie aus grösster Not errettet hat.

Dieser Psalm behandelt die äussere Geschichte Israels. Es ist eigene Wege gegangen und so unter die erziehende Hand Gottes gekommen. Doch es bleibt sein Volk und bittet nun um die Rückkehr zum göttlichen Segen.

DIENSTAG
30. NOVEMBER

In der Zukunft werden die Gläubigen aus Israel so zu Gott beten, wie es im gelesenen Abschnitt ausgedrückt wird. Sie rufen Ihn als den Hirten Israels an, der sich um sein Volk kümmert. Dabei anerkennen sie seine Autorität und seine Heiligkeit.

- In Vers 3 bitten sie, dass Gott seine Macht zu ihren Gunsten entfaltet und zu ihrer Rettung eingreift. Dabei beziehen sie sich auf das Zelt der Zusammenkunft und die Bundeslade, die vor den Stämmen Ephraim, Benjamin und Manasse durch die Wüste getragen wurden (4. Mose 10,17.21-24).

- In Vers 4 beten sie um Gottes Hilfe in ihrer Rückkehr zu Ihm. Wenn eine echte Buße und Umkehr in Israel erfolgt ist, kann der HERR wieder mit Wohlwollen auf sein Volk blicken und es aus der Bedrängnis retten.

- In den Versen 5 und 6 empfinden sie, wie die Hand Gottes schwer auf ihnen liegt. Doch sie wissen, dass die Zeit der Tränen einmal zu Ende geht. Gott hat sie genau abgemessen, so dass sie nicht über Vermögen geprüft werden (1. Korinther 10,13).

- In Vers 7 erkennen sie, wie Gott die Angriffe und den Spott der Nachbarvölker zu ihrer Erziehung gebraucht. Er will sie dadurch demütigen und innerlich so weit bringen, dass sie nur noch auf Ihn vertrauen und die Rettung nur noch von Ihm erwarten.

Das Volk Israel wird mit einem Weinstock verglichen, den Gott aus Ägypten nahm und ins Land Kanaan verpflanzte. Er vertrieb daraus die Nationen, damit sein Volk dort wohnen konnte. Unter der Regierung Davids und Salomos blühte Israel auf und hatte Frieden im Land. Es wurde stark und dehnte sich aus. Die Nachbarvölker mussten es nun respektieren.

MITTWOCH
1. DEZEMBER

Als Volk Gottes hatte Israel den Auftrag, wie ein Weinstock Frucht zur Freude des HERRN zu bringen. Doch es verehrte Ihn nicht, sondern diente den Götzen. Als Folge davon griff Gott mit Erziehungsmassnahmen ein. Er riss die Mauer nieder, so dass die Nationen ins Land eindrangen und sein Volk in alle Welt zerstreut wurde. Diese Situation hat sich bis heute nicht verändert.

Die Bitte, dass Gott sich über Israel erbarmt und sich wieder um diesen Weinstock kümmert, wird sich erst in der Zukunft erfüllen. In der Zwischenzeit ist der Herr Jesus der wahre Weinstock und seine Jünger sind die Reben, in denen Er Frucht für Gott hervorbringen möchte. Wer die Glaubensbeziehung zu Ihm pflegt und so in Ihm bleibt, bringt viel Frucht (Johannes 15,1-5).

Auch im Blick auf Israel hangt alles vom Herrn Jesus ab. Er ist der «Mann deiner Rechten», der jetzt zur Rechten Gottes alle Macht hat. Bald wird Er auf der Erde erscheinen, um die göttlichen Pläne mit seinem irdischen Volk auszuführen. Er wird Israel in eine lebendige Beziehung zum HERRN zurückführen. An diesem Platz des Segens werden die Gläubigen in Israel auf dem Grundsatz der Gnade Frucht für Gott bringen.

Der Psalmdichter preist Gott für die zukünftige Wiederherstellung des ganzen zwölfstämmigen Volkes Israel.
Der «Neumond» weist auf den Moment hin, an dem
Gott nach der Entrückung der Gläubigen im irdischen
Volk neu zu wirken beginnt, um es zur Buße und Umkehr
zu führen. Der «Vollmond» spricht vom Eintreten Israels in den vollen Segen Gottes, nachdem das Werk der
Wiederherstellung beendet wor-
den ist.

**DONNERSTAG
2. DEZEMBER**

In Ägypten hat die nationale
Geschichte dieses Volkes begon-
nen, als Gott es aus der Sklaverei befreite. Darauf folgte
die Wüstenwanderung, wo der HERR sein Volk durch
Schwierigkeiten auf die Probe stellte. – Unser Glaubensleben hat mit der Errettung bei unserer Bekehrung
angefangen. Nun erfahren wir in den Situationen des
Lebens, wie der Herr uns prüft und erzieht, damit wir
unser ganzes Vertrauen auf Ihn setzen.

Leider gehorchte Israel seinem Gott nicht. Anstatt
seine Gebote zu halten, verehrte es fremde Götter. Nun
wird diesem Volk nochmals der einzige Weg des Segens
gezeigt: Wenn es den Mund weit auftut, um das Wort
Gottes ins Herz aufzunehmen und im Leben zu verwirklichen, wird es Gelingen haben. Doch Israel hat sein Herz
verstockt. Darum steht es bis heute unter der erziehenden Hand Gottes. Erst wenn ein gläubiger Überrest sich
vor dem HERRN demütigt und zu Ihm umkehrt, wird Israel
den göttlichen Segen wieder geniessen können. – Auch
für uns Christen gilt der wichtige Grundsatz, dass wir
den Segen Gottes nur geniessen können, wenn wir Ihm
gehorchen.

In diesem Psalm wendet sich Gott an die Richter und Vorsteher seines Volkes. Er hat sie mit Autorität ausgestattet und ihnen sein Wort als Richtschnur gegeben. Nun sind sie Ihm verantwortlich, wie sie dieser Aufgabe nachkommen und Israel vorstehen.

Das göttliche Urteil ist ernst: Er muss ihnen Ungerechtigkeit und Parteilichkeit vorwerfen. Anstatt Gott im Volk zu vertreten und nach der Wahrheit zu richten, fällen sie ungerechte Urteile, um die Gunst der Menschen zu bekommen.

FREITAG
3. DEZEMBER

Es ist die Aufgabe der Richter, die Armen und die Benachteiligten zu schützen. Wenn sie ihnen zum Recht verhelfen, sollen sie sowohl gerecht als auch barmherzig sein. Gott kennt das menschliche Herz und weiss, wie unfair und grausam es ist. Darum legt Er in der Bibel immer wieder Wert darauf, dass das Recht der Witwen und Waisen nicht verletzt wird.

Wenn die Richter in ihrem Urteilsspruch nicht nach Gott fragen und sich nicht an sein Wort halten, muss Er sie in Vers 5 als Unwissende bezeichnen, die im Dunkeln umhertappen. In Vers 6 erinnerte Er sie mit zwei Namen nochmals an ihre Verantwortung:

- Die Richter sind «Götter», d. h. sie besitzen eine von Gott verliehene Autorität.
- Sie werden «Söhne des Höchsten» genannt, weil sie die Aufgabe haben, Gott im Volk zu vertreten.

Gott wird einmal alle ungerechten Richter bestrafen und absetzen. In seinem Sohn wird Er die Herrschaft auf der Erde übernehmen. Christus wird die Menschen gerecht richten und die ganze Welt zur Ehre Gottes verwalten.

In diesem Psalm rufen die Gläubigen aus Israel zu Gott, weil sie von den umliegenden Nationen bedrängt werden. Sie bitten um Befreiung von diesen feindlichen Völkern, damit die Welt erkennt, dass der HERR der Höchste ist.

Seit es das Volk Israel gibt, haben feindliche Mächte mit List

SAMSTAG
4. DEZEMBER

und Gewalt versucht, es zu vertilgen. Aber Gott hat es bis heute verhindert. In der Zukunft werden die Völker, die in den Versen 7-9 aufgezählt sind, sich miteinander verbinden und einen letzten, grossen Angriff gegen Israel starten. Zuerst werden sie Erfolg haben. Sie werden ins Land eindringen und Jerusalem erobern. Doch dann wird Christus dem gläubigen Überrest zu Hilfe kommen und seine Feinde vernichtend schlagen.

Mit Bezugnahme auf drei Kämpfe zur Richterzeit wird in den Versen 10-12 auf diesen Sieg über die feindlichen Völker hingewiesen. Die Hilfe Gottes in der Vergangenheit wird die Gläubigen aus Israel in der Zukunft anspornen, Ihn um sein mächtiges Eingreifen zugunsten seines Volkes zu bitten.

In Vers 13 nennen sie einen wichtigen Grund für das Eingreifen Gottes und sein Gericht an den Feinden Israels. Die Offensive gegen das Land Israel und die Stadt Jerusalem ist ein Angriff auf den Ort, wo Gott in der Mitte seines Volkes wohnt.

Wenn Gott mit Gericht einschreiten wird, werden die feindlichen Völker gedemütigt werden und die Menschen erkennen, dass der HERR der Höchste ist. Alle, die sich vor Ihm beugen und Ihn suchen, werden in den Segen des Tausendjährigen Reichs eingehen.

Dieser Psalm beginnt mit dem Verlangen des Gläubigen nach dem Haus des HERRN. Für die Israeliten ist es das Sehnen, zum Tempel in Jerusalem zu gehen. Als Christen warten wir mit Sehnsucht auf den Herrn Jesus, der uns ins Haus des Vaters heimholen wird (Joh 14,1-3). In der Zwischenzeit wünschen wir, immer wieder im Namen des Herrn versammelt zu sein, um in seiner Gegenwart einen Vorgeschmack vom ewigen Zuhause zu geniessen.

SONNTAG
5. DEZEMBER

Der gläubige Israelit kam mit einem Opfer zum Haus des HERRN, wo es auf dem Brandopferaltar dargebracht wurde. Dort hatte er in den Vorhöfen Gemeinschaft mit dem lebendigen Gott. Wir Christen treten aufgrund einer vollkommenen Erlösung durch den Opfertod des Herrn Jesus in die unmittelbare Gegenwart Gottes, um Ihn zu loben und anzubeten (Heb 10,19-22).

In der Kraft, die der Herr uns gibt, sind wir zum ewigen Zuhause unterwegs. Unser Weg führt manchmal durchs Tränental. Doch in der Not erfahren wir, wie Gott uns in seiner Liebe aufrechthält und segnet. Das ermutigt uns, zu Ihm zu beten und Ihm unsere Sorgen zu bringen.

Der Gesalbte ist Jesus Christus, auf den Gott immer mit Wohlgefallen blickt. Um seinetwillen schützt und segnet Gott die Glaubenden. Wenn die Gemeinschaft mit Ihm unser Herz mit Freude und Segen erfüllt, kommen wir zur Überzeugung, dass ein Tag in der Gegenwart des Herrn besser ist als 1000 andere Tage.

Gott enthält uns nichts Gutes vor. Für jeden Schritt auf dem Heimweg gibt Er uns seine *Gnade*. Am Ziel erwartet uns seine *Herrlichkeit*. Das ist Grund genug, unser Vertrauen auf Ihn zu setzen.

Die Verse 2-4 beschreiben im Voraus das Ergebnis des Wirkens Gottes zugunsten seines Volkes. Er wird Israel aus der Hand aller Bedränger befreien und ihm alle Sünden vergeben. Es wird also in der Zukunft eine äussere Rettung und eine innere Wiederherstellung des irdischen Volkes Gottes geben. – Gott kann auch im Leben eines Menschen etwas Schweres zulassen, um ihn zur Umkehr und zum Bekenntnis seiner Sünden zu führen. Dann vergibt Er ihm und zeigt ihm, dass Er für ihn ist.

In den Versen 5-10 befinden sich die Gläubigen aus Israel noch mitten in der Not der zukünftigen Drangsalszeit. Ihre grosse Bitte

MONTAG
6. DEZEMBER

ist, dass sie innerlich zu Gott zurückgeführt werden, um in seiner Gunst zu stehen und sich an seinem Segen zu freuen. Sie wünschen von Herzen, auf Gottes Stimme zu hören und in der Gemeinschaft mit Ihm seinen Frieden zu geniessen. – Als Christen stehen wir Gott noch viel näher. Wir kennen Ihn als unseren Vater. Doch es stellt sich uns die Frage, ob wir auch das sehnliche Verlangen haben, in einer ungetrübten Beziehung mit Ihm zu leben.

Die Verse 11-14 stellen die Grundsätze Gottes vor, auf denen Er die Gläubigen segnet. Er begegnet ihnen in Güte und schenkt ihnen Frieden, ohne die Wahrheit und die Gerechtigkeit aufzugeben. Das ist möglich, weil Christus am Kreuz das Gericht des gerechten und heiligen Gottes erduldet hat, damit alle, die an Ihn glauben, aus Gnade errettet werden und Frieden mit Gott haben. Im zukünftigen Reich des Herrn Jesus wird diese göttliche Harmonie von Gerechtigkeit und Frieden für alle sichtbar werden.

In diesem Psalm betet David demütig und vertrauensvoll zu seinem Gott. Er hat viele Anliegen auf dem Herzen, die auch wir kennen:

- Seine erste Bitte ist, dass der HERR sein Gebet erhöre, weil er elend ist und Gottes Hilfe nötig hat.
- Dann bittet er um die Bewahrung seiner Seele, damit er sich innerlich nicht von Gott distanziert.
- Eine weitere Bitte ist die Rettung aus den Gefahren auf dem Glaubensweg, den David als Knecht Gottes im Vertrauen auf Ihn gehen möchte.

DIENSTAG
7. DEZEMBER

Alle diese Anliegen machen deutlich, wie wir jeden Tag auf die Gnade Gottes angewiesen sind. Wenn wir uns innerlich zu Ihm erheben und seine Gemeinschaft suchen, schenkt Er uns Freude ins Herz. Und wenn wir eine Sünde begangen haben, ist Er bereit, uns auf ein Bekenntnis hin zu vergeben. Der Herr ist wirklich gross an Güte für alle, die Ihn anrufen. Das spornt uns zum Beten an.

In Psalm 50,15 macht Gott eine Zusage: «Rufe mich an am Tag der Bedrängnis: Ich will dich erretten, und du wirst mich verherrlichen!» Vermutlich bezieht sich David in Vers 7 auf dieses Versprechen, wenn er Gott um Hilfe anruft. Auch wir dürfen uns beim Beten an die göttlichen Verheissungen erinnern.

Die Verse 8-10 führen noch einen Grund für das Gebet an: Niemand kann mit dem lebendigen Gott verglichen werden. Er ist über alles erhaben und tut grosse Wunder. Das wird im Tausendjährigen Reich für alle sichtbar werden, wenn Er mit dem Volk Israel und der ersten Schöpfung zum Ziel gekommen sein wird. Dann werden Ihn alle Menschen anbeten und verherrlichen.

In Vers 11 blickt der Gläubige zuerst auf sein *Leben* und bittet Gott um seine Führung. Er möchte von Ihm belehrt werden, damit er den rechten Weg erkennen und gehen kann. Dann schaut er auf sein *Herz* und fleht um die richtige innere Ausrichtung. Wenn das Herz für den Herrn schlägt, folgen Ihm auch die Füsse.

MITTWOCH
8. DEZEMBER

In den Versen 12 und 13 lobt David seinen Gott für das, *was Er in seinem Leben getan hat.* Der Herr hat ihn aus mancher notvollen und lebensbedrohlichen Lage errettet. So gross ist seine Güte. – Wir haben auch viel Grund, unserem Gott für das zu danken, was Er an uns getan hat. Er hat uns in seiner Güte und in seinem Erbarmen vor dem ewigen Tod errettet.

In Vers 15 rühmt David den Herrn für das, *was Er in sich selbst ist:* ein barmherziger und gnädiger Gott, der langsam zum Zorn und gross an Güte und Wahrheit ist. – Als Christen kennen wir unseren Gott und Vater, wie Er sich in seinem Sohn offenbart hat. Wir verehren Ihn als einen Gott des Lichts und einen Gott der Liebe.

Am Ende des Psalms finden wir auch prophetische Gedanken: Nachdem die Gottesfürchtigen aus Israel ihre Feinde (Vers 14) und ihren Gott (Vers 15) beschrieben haben, rufen sie den HERRN um Hilfe an. Sie bitten Ihn, sich in Gnade ihnen zuzuwenden und ihnen durch die Rettung aus der Hand der Hasser ein Zeichen zu geben, dass Er es gut mit ihnen meint. So zeigt dieser Psalm den grossen Kampf zwischen Satan, der durch mächtige Bedränger den Überrest aus Israel vernichten will, und Gott, der durch Christus diese Gläubigen retten wird.

In diesem Psalm geht es um die Stadt Jerusalem in ihrer Vorzugsstellung im Tausendjährigen Reich. Weil sie der Ort ist, wo Gott in der Mitte seines Volkes wohnen wird, können wir manches auf das Zusammenkommen als Versammlung anwenden, wo der Herr seine Gegenwart verheissen hat.

DONNERSTAG
9. DEZEMBER

Jerusalem ist die Stadt Gottes. Darum wird sie in der Zukunft sowohl seine *Heiligkeit* als auch seine *Gnade* (Zion) offenbaren. – Beides gilt auch für den Ort, wo zwei oder drei im Namen des Herrn versammelt sind. Weil Gott heilig ist, muss dort das Böse verurteilt werden. Aber es herrscht zugleich der Grundsatz der Gnade.

In Vers 4 werden bekannte Städte und Länder im Nahen Osten aufgezählt. Sie haben berühmte Menschen hervorgebracht, die in der Welt zu Ehre und Macht gekommen sind. Doch diese Städte und Persönlichkeiten verblassen, wenn Jerusalem in den Vordergrund gerückt wird. In dieser Stadt werden Menschen wohnen, die die Neugeburt erlebt haben und reich an Glauben sind. Das macht sie herrlich und wertvoll in den Augen Gottes. – Sehen wir die Erlösten, die zur Versammlung Gottes gehören und sich im Namen des Herrn versammeln, auch aus dieser Sicht?

Die gläubigen Israeliten werden im Tausendjährigen Reich eine Vorzugsstellung einnehmen. Dafür wird Gott sorgen, wenn Er im Friedensreich allen Völkern einen Platz zuweist. Der zukünftige Segen unter der Regierung des Herrn Jesus wird seine Quelle in Zion haben: Alles wird sich auf die Gnade Gottes gründen und zu seinem Lob ausschlagen.

Dieser Psalm drückt die Gefühle des gläubigen Überrests aus, wenn er erkennt, dass er das Gesetz gebrochen und deswegen den göttlichen Zorn auf sich gezogen hat. Er sieht den Tod als eine Folge seiner Übertretung vor sich und weiss, dass er wegen seiner Schuld Gott gegen sich hat.

Christus ist am Ende seines Lebens in diese Leiden eingetreten. Er war bereit, ein Fluch für alle zu werden, die das Gesetz gebrochen hatten. Er nahm die Strafe zu ihrem Frieden auf sich und litt wegen fremder Schuld unter dem gerechten Zorn Gottes.

**FREITAG
10. DEZEMBER**

Die Verse 2 und 3 lassen uns an Gethsemane denken, wo der Herr Jesus mit starkem Schreien und mit Tränen zu seinem Gott und Vater gerufen hat (Hebräer 5,7). Doch der Kelch des göttlichen Zorns konnte nicht an Ihm vorübergehen. Er musste ihn trinken.

In den Versen 4-6 geht es um die Leiden des Todes am Kreuz. Die Seele des Heilands war tatsächlich satt von Leiden. Er sah den Tod als Lohn der Sünde vor sich und musste ihn für andere erdulden. Als Er am Kreuz starb, wurde Er von Gott wie einer behandelt, der den Tod verdient hat, obwohl Er selbst wegen seiner Sündlosigkeit nicht hätte sterben müssen. Aber es war wegen unseren Sünden nötig.

Die Verse 7 und 8 beschreiben die Empfindungen des Herrn Jesus in den drei Stunden der Finsternis, als Er von Gott für fremde Schuld bestraft wurde. Er erfuhr an seinem Leib den Zorn Gottes gegen die Sünde. Die Wogen und Wellen des göttlichen Strafgerichts drückten Ihn nieder. Wie furchtbar war das für Ihn!

Der Herr Jesus war am Kreuz ganz allein. Seine Bekannten standen von fern (Lukas 23,49). Keiner konnte Ihm beistehen, als Er die göttliche Strafe für fremde Schuld ertrug. In dieser Not hielt Er vertrauensvoll an seinem Gott fest.

**Samstag
11. Dezember**

Die Fragen in den Versen 11-13 sind in zweierlei Hinsicht zu verstehen:

a) Mit dem Tod des Messias ging für das Volk Israel vorläufig alles zu Ende. Jede Hoffnung war geschwunden, weil ein toter Christus die Verheissungen nicht erfüllen konnte.

b) Der gläubige Überrest aus Israel sieht wegen eigener Schuld den Tod vor sich. Weil er die Auferstehung nicht kennt, ist alles hoffnungslos für ihn. Er fragt sich: Wie kann er im Totenreich die Hilfe Gottes erfahren?

Vers 15 lenkt unsere Gedanken auf das, was der Herr Jesus am Ende der drei finsteren Stunden gebetet hat: «Mein Gott, mein Gott, warum hast du mich verlassen?» (Matthäus 27,46). Als Einziger konnte Er mit Recht diese Frage stellen, denn Er war ohne Sünde.

Christus war der Mann der Schmerzen. Von Jugend an litt Er in einer sündigen Welt und im Wissen, was Ihn am Kreuz erwartete. Seine tiefsten Leiden erduldete Er in den Stunden, als Er von Gott verlassen wurde. Er kam ins *Feuer* und ins *Wasser* des Gerichts. Die Zorngluten eines heiligen Gottes gingen über den Heiland hin. Die tiefen Wasserfluten der gerechten Strafe für die Sünden, die auf Ihm lagen, umringten Ihn. Er erduldete dies für alle, die an Ihn glauben, damit sie nicht ins Gericht kommen.

In Psalm 88 ist sich der gläubige Überrest seiner grossen Schuld vor Gott bewusst und sieht sich unter dem Zorn Gottes. Doch er wird erkennen, dass Christus die Strafe zu seinem Frieden getragen hat (Jesaja 53,5). Darum kann er in Psalm 89 die göttlichen Verheissungen an David für sich in Anspruch neh-men und sich auf die Gnade des HERRN stützen.

SONNTAG
12. DEZEMBER

Die Verse 2 und 3 beschreiben die *Güte* und *Treue* Gottes: Er meint es gut mit den Menschen, besonders mit den Gläubigen. Zudem bleibt Er seinem Wort treu und erfüllt alle seine Verheissungen. Daran wollen wir in jeder Lebenslage festhalten.

In den Versen 4 und 5 geht es um den Bund der Gnade mit David: Gott hat ihm versprochen, dass seine Nachkommen nicht ausgerottet werden und dass sein Thron ewig bestehen wird. In Christus, der als Sohn Davids 1000 Jahre in Jerusalem König sein wird, wird sich diese Verheissung erfüllen. Wir glauben, dass Gott diese Zusage wahr machen wird, weil wir mit seiner Güte und Treue zugunsten seines irdischen Volkes rechnen.

Die Bewohner des Himmels werden Gott preisen, wenn sie die Wunder seiner Gnade auf der Erde sehen werden, wie Er durch seinen Auserwählten – Christus – mit dem Volk Israel zum Ziel kommen wird. Ja, unser Gott ist wirklich mächtig und treu. Es gibt niemand, der mit Ihm zu vergleichen wäre. Er sagt selbst: «Es ist sonst kein Gott ausser mir; ein gerechter und rettender Gott ist keiner ausser mir!» (Jesaja 45,21). Und: «Wem wollt ihr mich vergleichen und gleichstellen und mich ähnlich machen, dass wir gleich seien?» (Jesaja 46,5).

Die Verse 10 und 11 erinnern an die Allmacht Gottes beim Auszug der Israeliten aus Ägypten. Er hielt seinen starken Arm über der Gewalt des Meeres, damit sein Volk auf dem Trockenen hindurchziehen konnte. Rahab ist der sinnbildliche Name für Ägypten und bedeutet «Ungestüm» oder «Toben». Diesen aufgebrachten Feind liess der HERR in den zurückkehrenden Fluten umkommen.

In der Erschaffung von Himmel und Erde hat Gott seine Grösse und seine Weisheit offenbart. Die hohen Berge bezeugen seine Majestät. Er ist stärker als alle feindlichen Mächte auf der Erde. Niemand kann Ihn daran hindern, seine Pläne mit dem Volk Israel auszuführen.

MONTAG
13. DEZEMBER

In seinen Regierungswegen mit den Menschen ist Er gerecht, gütig und wahr. Er lässt sie ernten, was sie gesät haben, und erweist ihnen zugleich seine Gnade. Immer handelt Er nach seinem Wort. Das Volk, das unter der Herrschaft Gottes steht, hat es wirklich gut. Damit ist ohne Frage Israel gemeint, wenn es im Tausendjährigen Reich im Licht des HERRN leben und sich an seinem Namen freuen wird. Dieses Volk wird in der besonderen Gunst Gottes stehen und deshalb unter den Nationen eine Vorrangstellung einnehmen. Welch ein Segen für Israel, den HERRN als schützenden Schild und als herrlichen König zu haben!

Wir können die Verse 16-19 auch geistlich auf uns übertragen. Als Jünger des Herrn stehen wir unter seiner Autorität. Wenn wir Ihm gehorchen und im Licht seiner Gegenwart leben, erfahren wir, wie gütig Er ist. Er schenkt uns echte Freude, gibt uns neue Kraft und bietet uns vollkommenen Schutz. Wie gut haben wir es!

Wir finden hier einige Verheissungen Gottes an David, die auch auf Christus zutreffen:

- Gott hat Ihn zum König bestimmt, darum wird Er auch den Thron besteigen (Vers 21).
- Gott verleiht seinem Christus Macht, so dass kein Feind gegen Ihn bestehen kann (Verse 22.23).
- Gott sorgt dafür, dass alle Widersacher des Herrn bestraft und beseitigt werden (Vers 24).
- Gott wird Christus erhöhen und Ihm die Herrschaft über die ganze Erde geben (Verse 25.26).

DIENSTAG
14. DEZEMBER

Als der Erstgeborene wird der Herr Jesus im zukünftigen Friedensreich den erhabensten Platz einnehmen. Er wird der Höchste sein, wie es sein Name in Offenbarung 19,16 ebenfalls zum Ausdruck bringt: König der Könige und Herr der Herren. Dann wird sich der Bund der Gnade mit David ganz erfüllen. Darauf wird sich der gläubige Überrest stützen, denn aller Segen wird für ihn von der Treue und Güte Gottes abhängen.

Ab Vers 30 wird deutlich, wie Gott trotz des Versagens der Nachkommen Davids mit seinen Plänen zum Ziel kommen wird. Einerseits musste Er erziehend eingreifen, wenn die Könige in Jerusalem seine Gebote nicht hielten. Das wird im ersten und zweiten Buch der Könige deutlich gezeigt. Anderseits zog Gott seine Gnade nie zurück und hielt, was Er David versprochen hatte. Das sehen wir besonders im zweiten Buch der Chronika. Die Linie der Nachkommenschaft Davids wurde nicht unterbrochen, sondern bis auf Christus fortgesetzt. Er wird der Herrscher sein, der 1000 Jahre mit grosser Macht und Herrlichkeit regieren wird.

In Wirklichkeit sind die Situation und der Zustand in Israel ganz anders, als sie aufgrund der göttlichen Verheissung sein sollten und auch einmal sein werden. Das beschreiben uns die Verse 39-46. Die Untreue des Volkes und seiner Könige hatte zur Folge, dass sie ins Exil kamen. Nur ein kleiner Teil kehrte zur Zeit Serubbabels und Esras ins Land zurück. Als Christus zu seinem Volk kam, nahm es Ihn nicht an. Anstatt als König auf den Thron zu kommen, wurde Er in der «Hälfte seiner Tage» gekreuzigt (Psalm 102,25). Die Konsequenz davon war, dass Jerusalem zerstört wurde und die Juden in alle Welt vertrieben wurden.

MITTWOCH
15. DEZEMBER

Obwohl seit einigen Jahrzehnten viele Israeli in ihr Land zurückgekehrt sind, werden sie immer noch von feindlichen Völkern bedroht. Diese Bedrängnis wird in der zukünftigen Drangsalszeit nochmals einen Höhepunkt erreichen. Wie kann da der göttliche Bund mit David in Erfüllung gehen?

In den Versen 47-52 ruft der zukünftige Überrest im Glauben zu Gott. Er hält daran fest, dass der HERR trotz des Versagens seines Volkes die Verheissungen an David erfüllen wird. Was diese Gläubigen an Feindschaft und Hohn erfahren werden, hat Christus schon erduldet. So treten sie in die «Fussstapfen des Gesalbten», bis Er selbst als ihr Retter erscheinen wird. Sie werden den HERRN preisen, der dann in Christus sein Wort an David erfüllen wird.

Auch wir werden aufgefordert, dem Herrn Jesus in seinen Fussstapfen nachzufolgen. Er hat uns ein Beispiel gegeben, wie wir uns verhalten sollen, wenn wir beschimpft und bedroht werden (1. Petrus 2,21-23).

Zwei Briefe im Neuen Testament beschreiben die Entfaltung des christlichen Lebens:

- Der erste Thessalonicher-Brief zeigt die *Frische* dieses Lebens am Beispiel der jungbekehrten Christen in Thessalonich. Sie lebten in Hingabe an Gott und erwarteten das Kommen des Herrn Jesus. Dieser frische geistliche Zustand kann mit einem blühenden Apfelbaum im Frühling verglichen werden.

- Der Philipper-Brief beschreibt die *Reife* des christlichen Lebens. Paulus selbst ist ein Beispiel davon, wie sich nun alles um Christus dreht. Er hat in den vielfältigen Erfahrungen seines Lebens mit dem Herrn gelernt, die Gesinnung Jesu Christi zu offenbaren und in der Kraft des Heiligen Geistes über die Umstände zu triumphieren. Sein gereifter geistlicher Zustand gleicht einem Apfelbaum im Herbst, der voller gesunder Früchte ist.

In den Kapiteln 2 und 3 unterweist uns der Apostel, wie sich unser christliches Leben in dieser Schönheit entfalten kann.

- Zuerst lenkt er unsere Blicke auf *Jesus,* der auf der Erde demütig und gehorsam gelebt hat. Wenn wir seine Gesinnung nachahmen, sehen die Menschen in unserem Verhalten etwas von Ihm.

- Dann weist Paulus auf *Christus* im Himmel hin. Der tiefe Eindruck seiner herrlichen Person richtet uns ganz auf Ihn dort oben aus. Er wird zum Mittelpunkt unseres Lebens, dem sich alles andere unterstellt.

Obwohl Paulus der eigentliche Verfasser des Briefs ist, verbindet er sich mit Timotheus, der sein vertrauter Mitarbeiter war und die Gläubigen in Philippi gut kannte. Beide sind Knechte Christi Jesu, die seinem Beispiel folgten und den Erlösten in Demut dienten. Der Apostel wünscht den Philippern *Gnade* und *Frieden*. Sie hatten beides nötig, um einmütig den Glaubensweg weiterzugehen und trotz Widerstand den Dienst am Evangelium fortzusetzen.

DONNERSTAG
16. DEZEMBER

Paulus betete mit Freuden für die Gläubigen in Philippi, weil sie sich in einem guten geistlichen Zustand befanden. Das zeigte sich in ihrer beharrlichen Teilnahme am Evangelium. Ihr Einsatz für die Verbreitung der guten Botschaft war kein Strohfeuer, sondern bezeugte, dass Gott in ihnen wirkte. Wir sehen hier, wie die beiden Seiten nebeneinander herlaufen:

• Einerseits ist es die Aufgabe der Glaubenden, mit dem Herrn Jesus zu leben und von Ihm zu zeugen.

• Anderseits beginnt Gott bei ihrer Bekehrung ein gutes Werk, das Er vollenden wird. Am Tag Jesu Christi, d. h. vor seinem Richterstuhl, wird offenbar werden, was Gott in ihrem Leben zu seiner Ehre bewirkt hat.

Aus Vers 7 erkennen wir, dass die Philipper eine gute Beziehung zu Paulus hatten. Sie trugen ihn auf einem sorgenden, liebenden und betenden Herzen. Ausserdem bezeugten sie ihm ihre Verbundenheit mit seiner evangelistischen Arbeit durch ihre materielle Unterstützung (Kapitel 4,15-17). Gott wusste, wie Paulus die Gläubigen in Philippi liebte und sich nach ihnen sehnte, obgleich er sie nicht besuchen konnte.

Auf das Dankgebet in den Versen 3-8 folgen in den Versen 9-11 einige Bitten, die auch unser Glaubensleben betreffen:

FREITAG
17. DEZEMBER

- Unsere *Liebe* zum Herrn Jesus, zu den Gläubigen und zu den Verlorenen nimmt in dem Mass zu, wie wir uns mit der göttlichen Liebe zu uns beschäftigen.
- Unsere Liebe soll durch die *Erkenntnis* des Wortes Gottes geprägt sein, indem wir die biblischen Grundsätze mit *Einsicht* im täglichen Leben umsetzen.
- Wie freut sich der Herr, wenn wir *aufrichtig* sind und uns so verhalten, dass wir uns selbst und anderen *keinen Anstoss* zur Sünde geben.
- Eine *gerechte Lebensführung* ehrt und verherrlicht Gott. In einer lebendigen Beziehung zu Jesus Christus können wir diese Frucht bringen (Johannes 15,5).

Ab Vers 12 spricht Paulus über seine persönliche Situation. Er befand sich schon ungefähr vier Jahre in Haft, was bestimmt nicht leicht für ihn war. Trotzdem war er nicht entmutigt, sondern erkannte, dass Gott dadurch einen zweifachen Segen bewirken konnte. Einerseits wurden durch seine Gefangenschaft *neue Zuhörer* mit dem Evangelium erreicht (Vers 13). Anderseits wurden *neue Verkündiger* ermutigt, den Menschen die gute Botschaft zu bringen (Vers 14). Leider geschah es nicht bei allen mit guten Beweggründen: Einige predigten Christus aus Neid und Streit, andere jedoch aus Liebe.

Paulus zeigt hier durch seine Einstellung, wie ein Christ in der Gemeinschaft mit dem Herrn Jesus und in der Kraft des Heiligen Geistes über schwierige Umstände triumphieren kann.

Paulus freute sich nicht über die unguten Motive in der Verkündigung des Evangeliums, sondern über die Tatsache, dass Christus gepredigt wurde. Das Heil in Vers 19 ist nicht die Errettung der Seele bei der Bekehrung, sondern die Bewahrung in den Schwierigkeiten auf dem Weg zum himmlischen Ziel. Paulus vertraute darauf, dass er in seiner Haft vom Heiligen Geist die Kraft bekommen würde, dem

SAMSTAG
18. DEZEMBER

Herrn treu zu bleiben. Er hatte den Wunsch, Ihn in jeder Situation zu verherrlichen, ob er nun am Leben blieb oder den Märtyrertod erleiden sollte. Der Grund dafür lag in der Tatsache, dass Christus sein Lebensinhalt war. Alles drehte sich um diese herrliche Person. Folglich sah Paulus im Sterben einen Gewinn: Dann würde er bei Christus im Paradies sein!

Paulus sah zwei Möglichkeiten vor sich: Entweder würde er freigelassen, um noch eine gewisse Zeit auf der Erde zu leben. Oder er würde als Märtyrer sterben und zu Christus in die Herrlichkeit gehen, was für ihn persönlich viel besser wäre. Weil er jedoch ganz auf den Herrn Jesus ausgerichtet war und sich selbst vergaß, erkannte er, dass sein Bleiben auf der Erde noch nötig war. Paulus wusste, wie kostbar dem Herrn die Erlösten sind. Darum wollte er ihnen noch eine Zeit lang dienen. Wie glich der Apostel in seiner Selbstlosigkeit seinem Meister!

Die Verse 25 und 26 zeigen, was der Besuch eines Dieners in einer Versammlung bewirken kann: Durch die Unterweisung wird das Glaubensleben gefördert und durch die Gemeinschaft wird die geistliche Freude vertieft.

Es lag dem Apostel am Herzen, dass die Philipper in ihrem Glaubensleben nicht von ihm abhängig waren. Darum gab er ihnen in seinem Brief manche Anweisungen. Sie sind auch für uns wichtig. Im gelesenen Abschnitt legt Paulus zuerst grossen Wert auf unsere Lebensführung. Wie kann sie dem Evangelium des Christus angemessen sein? Wenn unser Verhalten im Alltag die Gnade Gottes und unsere himmlische Berufung widerspiegelt.

SONNTAG
19. DEZEMBER

Im Weiteren werden wir aufgefordert, gemeinsam ein Zeugnis für den Herrn zu sein: Wir sollen an dem Ort, wo wir als Christen zusammengestellt sind, in *einem* Geist feststehen und in *einer* Seele mitkämpfen. Es geht darum, dass wir trotz des Widerstands durch den Feind miteinander an der Wahrheit des Evangeliums festhalten und uns für die Verbreitung der guten Botschaft einsetzen. Wenn Christus der Zentralpunkt unseres Lebens ist, kann Er diese Einmütigkeit bewirken.

Wir brauchen uns von denen, die der Ausbreitung des Evangeliums aktiv widerstehen, nicht einschüchtern zu lassen. Wenn sie in ihrer Feindschaft verharren, werden sie ewig verloren gehen. Wir hingegen, die wir Jesus Christus als persönlichen Erlöser angenommen haben, besitzen eine ewige Errettung. Weil Gott sie uns geschenkt hat, wird Er auch dafür sorgen, dass wir das himmlische Ziel erreichen. Auf dem Weg dorthin erfahren wir das Glück unserer Glaubensbeziehung zu Christus und die Leiden vonseiten der Welt (Apg 5,41; 2. Tim 3,12). Beides gehört zusammen, wie es auch das Leben und der Dienst des Apostels Paulus deutlich machen.

In der Versammlung von Philippi gab es ein Problem, das der Apostel nun anspricht: Die Gläubigen hatten Mühe miteinander, obwohl sie alle dem Herrn Jesus nachfolgen und dienen wollten.

MONTAG
20. DEZEMBER

Bevor Paulus ihnen zeigt, wie sie einander begegnen sollen, lobt er ihr Verhalten ihm gegenüber. Durch ihre materielle Unterstützung war er ermuntert und getröstet worden, denn sie hatten ihm dadurch ihre Verbundenheit und ihr Mitgefühl ausgedrückt. – Wir erkennen hier, dass der Umgang mit den Christen, die wir nur ab und zu sehen, einfacher ist als mit den Gläubigen, die sich mit uns am gleichen Ort versammeln.

Die Philipper konnten die Freude des Apostels noch steigern, indem sie untereinander gleich gesinnt und einmütig waren. Damit ist nicht Uniformität im Denken und Handeln gemeint. Das wäre eine Übereinstimmung, die von aussen aufgedrückt wird. Es geht um etwas anderes. Paulus bittet um eine gleiche Denkweise, ohne die Vielfalt unter den Glaubenden einzuschränken. Es geht darum, dass wir alle die Ehre des Herrn und das Wohl der anderen suchen. Das Gegenteil davon ist eine egoistische Einstellung, die schnell zu Streit und Ehrsucht führt, weil in diesem Fall jeder selbst im Mittelpunkt stehen möchte.

Stattdessen werden wir aufgefordert, *in Demut* den anderen höher zu achten als uns selbst und *in Liebe* dem anderen Beachtung zu schenken. Das ist nur möglich, wenn wir uns selbst verleugnen und vom Herrn Jesus lernen. Darum wird uns ab Vers 5 seine beispielhafte Gesinnung in seinem Leben auf der Erde vorgestellt.

Die Verse 6-8 beschreiben den *Weg*, den Jesus Christus freiwillig gegangen ist. Er, der von Ewigkeit her Gott ist, wurde Mensch. Durch diesen ersten Schritt des Hinabsteigens nahm Er Knechtsgestalt an, um seinem Gott und den Menschen zu dienen. Obwohl Er sündlos ist, glich Er äusserlich den anderen Menschen. Doch Er stieg noch tiefer hinab, weil Er den letzten Platz einnehmen wollte. Als gehorsamer Mensch erniedrigte Er sich bis zum Tod am Kreuz. Das war der zweite Schritt seines Hinabsteigens. Der Weg unseres Herrn auf der Erde ist einzigartig. Unmöglich können wir Ihm darauf folgen. Aber wir stehen voll Bewunderung vor Ihm still, der sich so tief erniedrigt hat!

DIENSTAG 21. DEZEMBER

In diesen Versen erkennen wir auch die *Gesinnung*, die Jesus auf seinem Lebensweg offenbart hat. Er war von Herzen demütig und gehorsam. Darin können wir Ihn nachahmen. Gott möchte, dass in unserem Verhalten etwas von der Einstellung sichtbar wird, die den Herrn Jesus in seinem Leben auf der Erde gekennzeichnet hat.

In seiner freiwilligen Erniedrigung hat Er seinen Gott und Vater völlig geehrt. Darum hat Gott Ihn hoch erhoben und Ihm den Ehrenplatz zu seiner Rechten gegeben. Christus besitzt nun den Namen, der über jeden Namen ist, d. h. Er nimmt als Mensch eine Stellung ein, in der Er alle anderen übertrifft. Bald wird seine Überlegenheit für alle sichtbar sein, wenn sich jedes Knie vor Ihm beugen und jeder Mund seine Herrschaft anerkennen wird. Seine zukünftige Erhöhung wird zur Verherrlichung seines Gottes und Vaters ausschlagen.

Nach der Aufforderung zur *Demut* in Vers 3 folgt nun in Vers 12 die Erinnerung an den *Gehorsam*. Beides hat uns der Herr Jesus vorgelebt.

MITTWOCH
22. DEZEMBER

Der Apostel fordert uns auf, das eigene Heil zu bewirken. Damit will er uns zu einem selbstständigen Glaubensleben anhalten. Die Errettung der Seele konnten wir nicht selbst erlangen. Sie ist ein Geschenk Gottes. Um jedoch auf dem Weg zum himmlischen Ziel aus den Gefahren errettet zu werden, ist es nötig, dass wir uns nahe beim Herrn aufhalten und uns davor fürchten, Ihn zu verunehren. Gott unterstützt uns dabei, damit wir gern seinen Willen tun und uns bewahren lassen.

Wenn wir alles im Namen des Herrn Jesus tun, der nie gemurrt und nie an der Liebe Gottes gezweifelt hat, können wir in einer dunklen Welt Himmelslichter sein und den Menschen den Weg zu Gott zeigen. Wir stellen dann durch unser Verhalten das Wort des Lebens dar, d. h. wir offenbaren die Wesenszüge unseres Meisters, der immer makellos und aufrichtig gewesen ist.

Ein solches Leben ist nicht nur zur Ehre Gottes, sondern auch eine Ermutigung für die Mitarbeiter, die uns durch ihren Dienst geistlich unterstützen. Sie werden am Richterstuhl des Christus Lohn für ihren Einsatz und ihre Treue bekommen.

Paulus glich in seiner Denkweise dem Herrn Jesus. Bescheiden nannte er den eigenen Dienst ein kleines Trankopfer, während er im hingebungsvollen Glauben der Philipper das Hauptopfer sah. Sein Herz war voll Freude, weil er gern den unteren Platz einnahm und sich mit den Gläubigen in Philippi verbunden fühlte.

Paulus dachte nicht an seine Bedürfnisse, sondern an das Wohl der Philipper. Darum war er bereit, auf Timotheus zu verzichten und ihn nach Philippi zu senden. Dieser Mitarbeiter besass die gleiche Gesinnung wie der Apostel. Er war von Herzen für das geistliche Wohlergehen der Gläubigen besorgt.

Weil Paulus und Timotheus dasselbe dachten und zu erreichen suchten, standen sie sich innerlich sehr nahe. – Wir sehen an ihrem Beispiel deutlich, wie eine selbstlose, demütige Denkweise die Herzen miteinander verbindet und eine Einmütigkeit unter den Erlösten bewirkt.

**DONNERSTAG
23. DEZEMBER**

In diesem Moment hatte Paulus keinen Mitarbeiter bei sich, der so die Gesinnung des Herrn Jesus mit ihm teilte wie Timotheus. Traurig musste er sagen: «Alle suchen das Ihre.» Dieser kurze Satz stellt uns ins Licht Gottes. Wie bin ich persönlich eingestellt? Suche ich meine eigenen Interessen oder liegen mir die Glaubensgeschwister am Herzen?

Timotheus hatte sich als Mitarbeiter im Werk des Herrn bewährt. Seine selbstlose Hingabe war echt und dauerhaft. Viele Jahre hatte er in einer guten Beziehung mit dem Apostel Paulus am Evangelium gedient. – Wie schön, wenn es heute diese gute geistliche Gemeinschaft zwischen älteren und jüngeren Mitarbeitern gibt!

Sobald der Apostel wusste, wie seine Verhandlung in Rom ausgehen würde, sollte Timotheus die Philipper besuchen und sie darüber informieren. Paulus vertraute zugleich dem Herrn, dass er selbst zu ihnen kommen würde. Wie lagen ihm doch die Philipper am Herzen!

Aus Kapitel 4,18 wissen wir, dass Epaphroditus die materielle Gabe der Philipper dem gefangenen Apostel gebracht hatte. Unterwegs oder in Rom war er bei der Erfüllung dieses Auftrags todkrank geworden. Von dieser Krankheit war er aber inzwischen genesen. Nun sollte Epaphroditus mit dem Brief des Apostels Paulus zu den Philippern zurückkehren.

FREITAG
24. DEZEMBER

Epaphroditus war ein Gläubiger, der verbindend wirkte. Das wird aus seiner *Aufgabe* und aus seiner *Einstellung* ersichtlich:

- Mit seiner Reise nach Rom und zurück nach Philippi stellte er einen Kontakt zwischen den Gläubigen seines Heimatortes und dem Apostel her. Er informierte Paulus über die Situation der Philipper und konnte ihnen die Umstände des Apostels mitteilen.
- In seiner selbstlosen Gesinnung dachte Epaphroditus mehr an die Sorgen der Philipper als an seine eigene Krankheit. Darum zog es ihn nach Philippi und verband es ihn mit Paulus, der auch so uneigennützig eingestellt war (Vers 28).

Der Apostel benutzte seine Gabe der Krankenheilung nicht, um seinen Mitarbeiter gesund zu machen. Warum? Weil das nicht dem Zweck dieser Gabe – nämlich der Unterstützung des Evangeliums – entsprochen hätte. Aber er durfte erfahren, wie sich Gott über ihn erbarmte und Epaphroditus heilte.

Gläubige, die sich wie Epaphroditus für das Werk des Herrn und für die Seinen einsetzen, sollen wir anerkennen und schätzen (Vers 29). Vergessen wir nicht: Jeder Dienst erfordert Verzicht und bringt Leiden mit sich.

In diesem Kapitel zeigt uns der Apostel, was uns Kraft und Motivation für ein Leben in der Gesinnung des Herrn Jesus gibt. Es ist der Glaubensblick *nach oben* auf den verherrlichten Christus und *nach vorn* auf das Ziel. Paulus beginnt mit zwei Aufforderungen:

a) Freut euch im Herrn! Er ist die Quelle einer Freude, die nicht vergeht und uns im Glauben stärkt.

SAMSTAG
25. DEZEMBER

b) Hütet euch vor bösen Arbeitern, die den christlichen Glauben mit jüdischen Elementen vermischen. Dadurch wollen sie dem natürlichen Menschen wieder Platz zur Entfaltung geben. Doch sie zerstören damit alles.

In Vers 3 geht es um eine geistliche Beschneidung: Die Glaubenden halten daran fest, dass der alte Mensch am Kreuz gerichtet worden ist. Als Folge davon verurteilen sie das, was aus ihrer alten Natur kommt. Im Gottesdienst lehnen sie alles Zeremonielle ab und unterstellen sich der Führung des Heiligen Geistes. Sie haben den Wunsch, dass der Herr Jesus geehrt wird, und stützen sich nicht auf menschliche Fähigkeit und Tatkraft, sondern auf Gott.

Wenn jemand Grund hätte, auf «Fleisch», d. h. auf seine Person, seine Bildung und seine Frömmigkeit zu vertrauen, dann wäre es Paulus gewesen. Er war ein gebürtiger Israelit aus dem Stamm Benjamin. Als Pharisäer zählte er zu den strenggläubigen Menschen in Israel. Sein Eifer für den jüdischen Glauben und seine Gesetzestreue galten als vorbildlich. Alle diese Vorzüge machten Paulus in der Gesellschaft zu einem angesehenen religiösen Menschen. Doch welchen Wert hatte diese menschliche Gerechtigkeit vor Gott?

Als Paulus vor Damaskus eine Begegnung mit dem verherrlichten Christus hatte, sah er seine menschlichen Vorzüge in einem anderen Licht. Alles, was ihm bis zu diesem Zeitpunkt wertvoll war, achtete er für Verlust, weil es ihn daran hinderte, den Herrn Jesus zu erkennen. Er konnte nicht gleichzeitig ein religiöses Ansehen bei den Menschen geniessen und Christus zum Lebensinhalt haben. Das eine schloss das andere aus.

**SONNTAG
26. DEZEMBER**

Der Herr Jesus Christus im Himmel ist so vortrefflich, dass es Paulus nicht schwerfiel, alles andere für Dreck zu achten. Er hatte nur *einen* Wunsch, der sein ganzes Leben bestimmte: Er wollte Christus in der himmlischen Herrlichkeit gewinnen. Darum strebte er im täglichen Leben nicht mehr nach einer menschlichen Gerechtigkeit, sondern nach einem Verhalten, das mit Gott übereinstimmte. Auf diesem Weg konnte er Christus praktisch erkennen, wie Er das Herz ganz erfüllt und auf das himmlische Ziel ausrichtet. Wer den himmlischen Herrn so kennt und erfährt, sucht keinen Platz mehr auf der Erde, sondern sehnt sich nach dem Himmel.

Auf dem Weg dorthin wünschte Paulus, dass die göttliche Auferstehungskraft in ihm wirkte, damit das neue Leben zur Entfaltung kam. Weil ihm Christus so viel bedeutete, war er auch bereit, wie sein Meister durch Leiden und durch den Tod zu gehen. Paulus wusste, dass er zur Auferstehung aus den Toten gelangen und so die himmlische Herrlichkeit erreichen würde. Sein zielgerichtetes Leben spornt uns an, ebenfalls ganz auf Christus im Himmel ausgerichtet zu sein.

Paulus war noch nicht zur Auferstehung aus den Toten gelangt und noch nicht im verherrlichten Körper bei Christus im Himmel angekommen. Aber er lief auf dieses Ziel zu. Wo fand er die Kraft dazu? In Christus Jesus, dieser unvergleichlich herrlichen Person! Von Ihm war Paulus so ergriffen, dass er Ihm mit Energie entgegenlief.

MONTAG
27. DEZEMBER

Paulus war seinem Herrn sehr nahe, aber er hatte das Ziel noch nicht erreicht. Darum lief er unentwegt weiter. Er blickte nicht zurück, um zu sehen, was er alles zurückgelassen hatte oder wie weit er schon gelaufen war. Nein, er schaute nach vorn, ans Ziel. Er streckte sich nach Christus aus und wurde so wie von einem Magneten angezogen. Sein Glaubenslauf war nicht ein Krampf, sondern die glückliche Folge davon, dass der Herr Jesus sein Herz erfüllte.

Gott hat die Glaubenden der Gnadenzeit von Anfang an dazu bestimmt, bei Christus im Himmel zu sein. Erlöste, die diese Berufung Gottes im Herzen erfassen und im Leben verwirklichen, sind «vollkommen», weil sie sich auf das richtige Ziel ausrichten. Davon sollen sie sich durch nichts abhalten lassen. Gläubige, die «anders gesinnt» sind, haben Christus in der Herrlichkeit noch nicht als ihr Lebensziel. Doch Gott wird dafür sorgen, dass in ihrem Herzen dieses Licht aufgeht und sie beginnen, dem verherrlichten Herrn entgegenzulaufen.

Obwohl wir noch nicht alle auf den Himmel ausgerichtet leben, sollen wir den Glaubensweg trotzdem gemeinsam weitergehen und dabei die Gesinnung Jesu Christi offenbaren.

In Vers 17 fordert uns der Apostel auf, seinem guten Beispiel zu folgen. Ein Nachahmer ist jemand, der einen anderen genau beobachtet und es ihm gleichtut. Es geht hier darum, dass wir Paulus und alle zielorientierten Christen in ihrem Wettlauf zu Christus im Himmel zum Vorbild nehmen und sie darin nachahmen.

In den Versen 18 und 19 warnt uns Paulus vor dem schlechten Einfluss irdisch gesinnter Menschen, die uns von einer himmlischen Ausrichtung abbringen können. Er nennt sie «Feinde des Kreuzes des Christus», weil sie meinen, ohne das Kreuz von Golgatha auszukommen.

DIENSTAG
28. DEZEMBER

Sie anerkennen Jesus als historische Persönlichkeit. Aber sie nehmen seinen Tod nicht als Grundlage ihrer Errettung an und wollen der Schmach seines Kreuzes ausweichen. Darum werden sie ewig verloren gehen. Diese religiösen Menschen leben so, dass sie selbst und der Genuss des Irdischen im Mittelpunkt stehen. Ausserdem möchten sie auf der Erde zu Ehre und Ansehen kommen. Das ist eine Schande für sie, weil ein Christ dadurch gekennzeichnet sein soll, dass er die Ehre seines Herrn sucht und auf den Himmel ausgerichtet ist.

Unser Bürgertum ist im Himmel. Darum warten wir sehnsüchtig auf den Moment, an dem der Herr Jesus unsere Errettung zum Abschluss bringen wird. Er wird wiederkommen und in göttlicher Kraft unseren schwachen, sterblichen Körper umgestalten, so dass wir uns mit einem verherrlichten Körper im Himmel aufhalten können. Dort werden wir Christus gleich sein und Ihn sehen wie Er ist (1. Johannes 3,2). Was für eine herrliche Hoffnung!

Die Aussicht auf das herrliche Ziel nimmt der Apostel als Anlass, um den geliebten Brüdern und Schwestern in Philippi einige Hinweise für das Glaubensleben zu geben. Sie gelten auch uns. Zuerst fordert er uns auf, im Herrn festzustehen. Anstatt in den Schwierigkeiten mutlos zu werden und aufzugeben, sollen wir bei unserem Herrn bleiben.

MITTWOCH
29. DEZEMBER

Sowohl Evodia als auch Syntyche setzten sich für das Evangelium ein. Aber sie waren uneins. Nun ermahnt Paulus sie, im gleichen Sinn und Geist zu handeln, d. h. einander in einer demütigen Gesinnung zu begegnen. Epaphroditus, der treue Mitknecht des Apostels, konnte ihnen dabei behilflich sein, weil er gelernt hatte, selbstlos an andere zu denken (Kapitel 2,25.26).

Der Herr Jesus ist Quelle und Inhalt einer echten und bleibenden Freude. Lassen wir uns durch notvolle Situationen nicht davon abhalten, uns in Ihm zu freuen! Unser Verhalten gegenüber unseren Mitmenschen soll milde und nachgiebig sein. Jesus hat es uns vorgelebt. Nie hat Er auf seine Rechte gepocht, nie ist Er den Menschen mit Härte begegnet.

Immer wieder steigen Sorgen in unseren Herzen auf. Sie trüben den Blick zum Herrn, nehmen uns die Freude weg und beschäftigen uns mit uns selbst. Wie können wir sie loswerden? Durch das Gebet! Werfen wir die Sorgen auf Gott! Er nimmt sie uns ab und gibt uns seinen Frieden, so dass unser Herz und unsere Gedanken zur Ruhe kommen. Wenn wir zu Gott beten und Ihm unsere Anliegen vorstellen, wollen wir das Danken nicht vergessen. Wie viel Gutes hat Er uns schon geschenkt!

In den Versen 6 und 7 lernen wir, in unserem Leben das *Vertrauen auf Gott* zu setzen. Nun führt uns Paulus in den Versen 8 und 9 einen Schritt weiter. Er zeigt uns, wie wir die *Gemeinschaft mit Gott* geniessen können. Dazu ist zweierlei nötig:

DONNERSTAG
30. DEZEMBER

1) Es gilt, das Wahre und Gute zu erwägen (Vers 8). Dann beschäftigen wir uns mit dem, was von Gott kommt. Das führt uns in die Gemeinschaft mit Ihm.
2) Paulus fordert uns auch auf, seine Belehrungen zu befolgen (Vers 9). Wenn wir dem Wort Gottes gehorchen, ist der Gott des Friedens mit uns, so dass wir in der Lage sind, seine Liebe zu geniessen (Johannes 14,23).

Paulus drückt in Vers 10 seine Freude darüber aus, dass die Gläubigen in Philippi an ihn gedacht und ihn materiell unterstützt haben. Eine Zeit lang ist es ihnen nicht möglich gewesen. Als sich dann aber eine Gelegenheit bot, lebten sie auf und sandten ihm gern durch Epaphroditus eine Unterstützung (Vers 18).

Ab Vers 11 spricht Paulus über seine persönlichen Erfahrungen im Blick auf seinen täglichen Lebensbedarf. Er kannte Zeiten des Mangels und Zeiten des Überflusses. Durch jede Situation ging er mit dem Herrn. Dabei lernte er, sich in der aktuellen Lage mit dem zu begnügen, was vorhanden war. Die Kraft, um in allen Umständen zufrieden und glücklich zu sein, bekam Paulus vom Herrn. Aus seinen Erfahrungen wusste er: «Alles vermag ich in dem, der mich kräftigt.» Auch uns will der Herr Jesus jeden Tag Kraft geben, damit wir im neuen Leben über die Umstände triumphieren können.

Paulus stellt uns hier einige geistliche Aspekte vor, die mit der praktischen Unterstützung von Dienern des Herrn zusammenhängen:

- Die materielle Gabe ist ein Ausdruck der Gemeinschaft mit dem Diener und seiner Situation (Vers 14).
- Paulus hat die Gabe von der Versammlung in Philippi bekommen (Vers 15). Das stimmt mit seinen Belehrungen über das Sammeln und Verwalten des Geldes in der örtlichen Versammlung überein (1. Korinther 16,1-3).
- Die Unterstützung der Diener im Werk des Herrn soll eine Frucht des neuen Lebens sein. Das hat einen geistlichen Wert für Gott (Vers 17).
- Durch unsere materielle Freigebigkeit sammeln wir uns Schätze im Himmel (Lk 12,33; 1. Tim

FREITAG
31. DEZEMBER

6,19). Paulus sagt es hier so: Die Gabe aus Philippi als eine Frucht, die Gott bewirkt hat, wird dem «Konto» der Philipper im Himmel gutgeschrieben (Vers 17).
- Der Apostel nennt die materielle Unterstützung der Diener «einen duftenden Wohlgeruch, ein angenehmes Opfer, Gott wohlgefällig» (Vers 18). Damit bezeugt er, wie der Herr solche Gaben wertschätzt.
- Aus der Erfahrung mit seinem Gott weiss Paulus, dass Gott keinem Geber etwas schuldig bleibt, sondern nach seinem Reichtum alles Nötige gibt (Vers 19).

In Vers 20 verbinden sich der Empfänger und die Geber miteinander und sagen mit anderen Worten ausgedrückt: *Wir kennen gemeinsam unseren Gott und Vater im Himmel und wünschen zusammen, dass Er verherrlicht wird.* Auch durch die gegenseitigen Grüsse soll diese Verbundenheit der Gläubigen zum Ausdruck kommen.

Bestellung «tägliches Manna 2022»

Wenn Sie das «tägliche Manna» auch im Jahr 2022 lesen möchten, können Sie es hier bestellen:

www.taeglichesmanna.ch

www.taeglichesmanna.ch

Tipp: Alle 40 Jahrgänge «tägliches Manna» sind noch erhältlich. Besuchen Sie unseren Online-Shop **www.beroea.ch**.

WIr wünschen Ihnen für das Jahr 2022 Gottes Segen und viel Freude beim Lesen der Bibel.

Beröa-Verlag
Postfach
CH-8038 Zürich
info@beroea.ch